本书由河北省社会科学基金项目资助（项目编号：HB14GL055）

本书由河北经贸大学学术著作出版基金资助

本书由河北经贸大学会计学院河北省重点学科会计学学科建设基金资助

中国ST公司脱困路径研究

基于重组选择视角

和丽芬 著

中国社会科学出版社

图书在版编目（CIP）数据

中国 ST 公司脱困路径研究：基于重组选择视角 / 和丽芬著 . —北京：
中国社会科学出版社，2015. 12

ISBN 978 – 7 – 5161 – 6958 – 2

Ⅰ. ①中…　Ⅱ. ①和…　Ⅲ. ①企业重组 – 研究 – 中国　Ⅳ. ①F279. 21

中国版本图书馆 CIP 数据核字（2015）第 246376 号

出 版 人	赵剑英
责任编辑	宫京蕾
责任校对	邓雨婷
责任印制	何　艳

出　　　版	中国社会科学出版社
社　　　址	北京鼓楼西大街甲 158 号
邮　　　编	100720
网　　　址	http：//www. csspw. cn
发 行 部	010 – 84083685
门 市 部	010 – 84029450
经　　　销	新华书店及其他书店

印刷装订	北京市兴怀印刷厂
版　　　次	2015 年 12 月第 1 版
印　　　次	2015 年 12 月第 1 次印刷

开　　　本	710 × 1000　1/16
印　　　张	14.75
插　　　页	2
字　　　数	224 千字
定　　　价	59.00 元

前　言

　　随着改革开放和市场经济进程不断完善，我国资本市场经过 20 多年的发展取得了不菲成绩：截至 2014 年 12 月，我国上市公司数量 2613 家，总市值 37.25 万亿元，流通市值 31.56 万亿元，2014 年股票成交总金额 74.39 万亿元，证券市场已成为我国企业资金筹集和流通的最重要场所。然而，伴随着证券市场的快速发展，市场化竞争也越来越激烈，每年，都会有一批上市公司由于各种原因出现亏损、资不抵债等财务状况异常现象，甚至陷入困境。沪深两市不断涌现的特别处理 ST 及 *ST 公司就反映了这一问题。

　　上市公司是我国资本市场的基石，也是整个国民经济健康发展的最有力支撑。每年由于各种原因而被 ST 或 *ST 公司在陷入困境之后面临严峻的考验：或遭遇股价下跌，或被暂停上市，甚至面临退市；给股东、员工、债权人造成巨大损失；同时，一些 ST 公司为尽早摘帽在盈余管理上大做文章，甚至不惜财务造假，严重影响了我国证券市场的健康稳定发展。面对复杂、多变的市场竞争环境，我们不可能做到令所有上市公司避免困境，但是，通过本研究，认识公司困境形成原因，分析困境公司最频繁的重组活动及其行为选择对脱困的影响，明确不同因素对公司脱困的作用，探求 ST 公司的脱困路径与业绩优化规律，从而采取措施使 ST 公司尽快脱困并提升业绩水平，不仅能减少利益相关者的损失，而且有助于提高我国上市公司的整体管理水平和经营质量。

　　本书首先从我国制度环境背景出发，分析证券市场严格的 IPO 制度、新退市制度与 ST、*ST 制度，以及证券市场历史所造就的法人大股东集中控制，依据困境形成理论、重组之于脱困理论，解释 ST 公司频繁重组的客观现实及其本质，确定基于重组选择视角的 ST 公司脱困路径研究理论框架。在此基础上，利用 logistic 回归、因子分析法、事件研究法和多元线性回归等方法，探讨重组行为选择对 ST 公司脱困的影响，对脱困预测的作用，以及对脱困后的绩效影响。研究发现：重组是 ST 公司摆脱困境的最主要手段，ST 公司重组的时间、成本、行为选择方式均对其摘帽脱困产生影响。重组时间越早、成本越高，ST 公司脱困的可能性就越大。资产置换与股权转让重组选择对困境摆脱具有促进作用，兼并收购与债务重组等重组选择方式则不利于 ST 公司的脱困。重组方式的引入能够改善脱困预测模型的准确率，ST 公司的财务能力、公司治理也对脱困预测产生较显著影响。不同重组选择方式下，脱困公司的市场绩效存在差异。放弃式重组的短期市场效应最好，内部重组公司的短期市场反应最差；支持性重组的长期市场绩效最高，放弃式重组的长期市场绩效最低。此外，ST 公司脱困摘帽后的经营绩效较摘帽之前有显著改善，不同年度经营绩效水平在不同重组选择方式之间存在差异。摘帽当年，放弃式重组业绩最好，支持性重组业绩居中，自我重整公司的绩效水平最差；摘帽后第 1—2 年，放弃式重组依然保持了最高水平业绩，自我重组公司业绩提升至居中水平，支持性重组公司业绩下降至最差；摘帽后第 3—5 年，自我重整样本的绩效水平开始显著提升，并居于最高，放弃式重组业绩下降，第 3—4 年居中，至第 5 年甚至低于支持性重组的样本水平。从摘帽当年至摘帽后第 3—5 年的中长期绩效水平来看，放弃式重组获得了最高水平的中长期经营业绩，自我重整公司获得了最低水平的中期业绩和居中水平的长期业绩，支持性重组则获得了中等水平的中期业绩和最低水平的长期业绩。最后，本书实证检验了 ST 公司脱困之后的绩效提升影响因素，发现产业结构调整、机构投资者持股比例与经营绩效正相关，关联交易比重与经营绩效负相关，公司治理对脱困后绩效则未能发挥作用。依据研究结论，本书分别从 ST 公司及其控股股东、投资者和监管机构角度提出建议，包括实施产业结构调整、提高资产重组效率、关注脱困后的整体绩效水平、强化公司治理和规范与控股股东之间的关联交易等。

本书立足于我国证券市场的 ST 或 * ST 公司，初步确立了 ST 公司脱困路径研究的基本思路：脱困前的影响（重组选择）—脱困中的预测—脱困后的绩效衡量与提升，从一定程度上弥补了我国 ST 公司脱困研究的空白，并为后续研究者们提供一个可资借鉴的研究框架。

在撰写本书过程中，我们参考了大量文献，引用了很多数据，获得启发并进行借鉴。感谢这些文献和数据作者的前期工作，对此，在引文中力求做到一一注明，如有遗漏敬请谅解。对于 ST 公司的脱困研究中，本书受到了河北省社会科学基金项目（HB14GL055）资助，是以作者的博士学位毕业论文为基础，经过课题组成员共同修改、调整、补充之后最终成稿。除本书主要著作人外，课题组其他两位成员：刘东英、张旭蕾参与了第三章、第六章、第七章中部分内容的撰写与修改。

ST 公司脱困在我国还是一个比较新的研究角度，直接文献较少。本书在该方面做了初步的探讨，还有很多问题需要后续研究者进行多方位、多角度思考。由于笔者水平所限，书中难免存在不足，希望广大读者予以批评和指正。

和丽芬

2015 年 8 月

目　录

第一章　绪论 ……………………………………………（1）

第一节　研究背景 ……………………………………………（1）

一　研究背景 ……………………………………………（1）

二　问题提出 ……………………………………………（5）

第二节　研究意义 ……………………………………………（14）

第三节　相关概念界定 ………………………………………（15）

一　ST 公司脱困 ………………………………………（15）

二　重组选择 ……………………………………………（18）

第四节　研究思路与方法 ……………………………………（21）

第五节　研究内容 ……………………………………………（23）

第二章　研究现状 …………………………………………（25）

第一节　文献梳理与汇总 ……………………………………（25）

第二节　文献分类 ……………………………………………（28）

一　困境预警研究 ………………………………………（29）

二　困境本身研究 ………………………………………（30）

三　脱困研究 ……………………………………………（32）

第三节　研究体系架构 ………………………………………（35）

第四节　本章小结 ……………………………………………（36）

第三章　制度背景与理论分析 ……………………………（38）

第一节　制度背景 ……………………………………………（38）

　　一　证券市场的 IPO 制度 …………………………………（38）

　　二　退市制度与 ST 或 *ST 制度 ………………………（40）

　　三　法人大股东集中控制 …………………………………（42）

第二节　理论分析 ……………………………………………（46）

　　一　公司困境形成理论 ……………………………………（46）

　　二　重组之于困境脱困理论 ………………………………（48）

　　三　本书的理论框架 ………………………………………（50）

第三节　本章小结 ……………………………………………（51）

第四章　中国 ST 公司的重组行为选择影响 …………………（53）

第一节　文献回顾 ……………………………………………（53）

第二节　研究假设 ……………………………………………（54）

第三节　样本选取与数据来源 ………………………………（57）

第四节　样本公司的重组选择 ………………………………（60）

　　一　重组选择总体情况 ……………………………………（61）

　　二　重组次数 ………………………………………………（61）

　　三　重组金额 ………………………………………………（63）

　　四　重组方式 ………………………………………………（64）

第五节　实证分析 ……………………………………………（65）

　　一　模型与变量设计 ………………………………………（65）

　　二　描述性统计 ……………………………………………（68）

　　三　回归结果 ………………………………………………（71）

第六节　本章小结 ……………………………………………（76）

第五章　考虑重组选择方式的 ST 公司脱困预测研究 …………（77）

第一节　文献回顾 ……………………………………………（77）

第二节　研究假设 ……………………………………………（79）

第三节　研究设计 ……………………………………………（82）

　　一　样本选择 ………………………………………………（82）

　　二　指标设计 ……………………………………………（83）

　　三　研究方法与思路 ……………………………………（85）

　第四节　实证结果 …………………………………………（86）

　　一　不考虑重组选择方式的ST公司脱困预测模型 ………（86）

　　二　考虑重组选择方式的ST公司脱困预测模型 …………（96）

　　三　动态重组选择下的ST公司脱困预测模型 …………（100）

　第五节　本章小结 …………………………………………（113）

第六章　中国ST公司脱困后绩效衡量与提升 …………（115）

　第一节　ST公司脱困后的市场绩效 ……………………（115）

　　一　问题提出 ……………………………………………（115）

　　二　样本选取 ……………………………………………（117）

　　三　研究方法 ……………………………………………（118）

　　四　实证分析 ……………………………………………（120）

　第二节　ST公司脱困后的经营绩效 ……………………（138）

　　一　问题提出 ……………………………………………（138）

　　二　研究设计 ……………………………………………（139）

　　三　实证分析 ……………………………………………（141）

　第三节　中国ST公司脱困后绩效提升研究 ……………（162）

　　一　研究现状与假设 ……………………………………（162）

　　二　样本选择 ……………………………………………（165）

　　三　实证分析 ……………………………………………（167）

　第四节　本章小结 …………………………………………（171）

第七章　结论与建议 …………………………………………（175）

　第一节　研究结论 …………………………………………（175）

　第二节　相关建议 …………………………………………（179）

　　一　对ST公司及其控股股东的建议 …………………（179）

　　二　对投资者的建议 ……………………………………（180）

三　对政府监管机构建议 ……………………………… （180）

第三节　主要贡献 …………………………………………… （183）

第四节　研究局限及后续研究方向 ……………………… （184）

一　研究局限 ……………………………………………… （184）

二　后续研究方向 ……………………………………… （184）

参考文献 …………………………………………………… （186）

附录　样本公司明细 …………………………………………… （206）

后记 ……………………………………………………………… （223）

第一章

绪　　论

第一节　研究背景

一　研究背景

自 1990 年沪深两个证券交易所成立至今，我国证券市场历经初创、试验、规范、转轨进而进入当前的重塑阶段。伴随证券市场的发展，上市公司的困境问题逐渐引起大家的关注。证券市场上 ST、＊ST 公司的引致原因、脱困方式、脱困后业绩状况成为困境公司研究的着眼点。

ST 及 ＊ST 是英文 "special treatment" 的缩写。为保证投资者利益和相关信息及时披露，证监会于 1998 年 3 月 16 日以 "部门规章" 形式发布《关于上市公司状况异常期间的股票特殊处理方式的通知》，要求上交所和深交所根据其股票上市规则规定，对异常状况的上市公司股票交易实行特殊处理。事实上，上交所、深交所在 1997 年就已颁布了基本统一的《股票上市规则》，并于 1998 年 1 月 1 日正式实施。在《股票上市规则》中，专门就特殊处理问题做出详细规定，即第九章 "上市公司状况异常期间的特殊处理"。其中，9.1.1 指出："当上市公司出现财务状况、其他状况异常，导致投资者对该公司前景难以判定，可能损害投资者权益的情形，对其股票交易实行特殊处理。" 9.1.2 对 "特殊处理" 予以了明确的解释：（1）对该公司股票及其衍生品种的交易行情另板公布，以区别于其他股票；（2）股票报价日涨跌幅限制为 5%；（3）实行特殊处理期间，公司中期报告必须审计。而 9.1.3 则对特殊处理的性质做出说明："特殊处理不属于对公司的处罚，公司权利和义务不变。"由此可见，ST 制度的核心内容，是针对日报价涨跌幅度的限制和信息披露要求所实行的特殊处理，简而言之，就是公司股票日涨跌幅度限制为 5%，中期报告必须经过审计。

1998 年 4 月 28 日，"辽物资 A"因 1996 年、1997 年连续两年亏损，被深交所实施股票交易特殊处理，股票名称前冠以"ST"，成为中国证券市场历史上第一只 ST 股票。从此，我国股票市场出现了一个特别板块：ST 板块。

我国《公司法》第 157 条明确规定：上市公司发生下列情形之一的，由国务院证券管理部门决定暂停其股票上市：（1）公司股本总额与股权分布等发生变化不再具备上市条件；（2）公司不按规定公开其财务状况，或者对财务会计报告作虚假记载；（3）公司有重大违法行为；（4）公司最近三年连续亏损。对因连续两个会计年度亏损而被 ST 的上市公司，在特殊处理期间如果财务状况没能明显改善，出现了连续第三个会计年度亏损，根据《股票上市规则》第九章和第十章的有关规定，首先，该 ST 公司在收到连续亏损三年的审计报告后两个工作日内，向证交所和证监会作出报告，同时提交公司董事会对审计结果的书面意见，并作出公告；其次，证交所自收到报告下一个交易日起暂停该 ST 公司股票交易，并在暂停交易后三个工作日内就是否暂停其上市出具意见，报证监会批准；最后，证交所接到证监会作出的暂停该 ST 公司股票上市的决定后，于下一个工作日在证监会指定报刊上公布该事实，同时按照证监会要求采取相应的技术措施。

1999 年 7 月 3 日，上交所和深交所分别发布《股票暂停上市有关事项的处理规则》和《上市公司股票暂停上市处理规则》，根据《公司法》《证券法》和《股票上市规则》有关规定，对股票暂停上市做出具体的处理细则，并对此类公司股票的投资者提供"PT 服务"。"PT"是特别转让"particular transfer"的缩写，指连续三年亏损的上市公司被暂停上市之后，证交所和相关会员公司在每周星期五为投资者提供的一种交易服务。1999 年 7 月 9 日，PT 双鹿、PT 农商社、PT 渝钛白、PT 苏三山四只冠以"PT"的股票首次进行特别转让，使得中国证券市场又出现了一个新的特殊板块：PT 板块。特别转让与正常股票交易有两点不同：一是交易时间上，特别转让仅限于每周五的开市时段内，而非逐日持续交易；二是价格形成上，特别转让的申报委托按不超过上一次转让价格上下 5% 的幅度进行（2000 年 6 月 17 日，深沪两市取消 PT 股票特别转让跌幅控制），交易所于收市后按集合竞价方式对有效申报进行撮合，当天全部有效申报都以集合竞价所产生的唯一价格成交。转让信息由指定报刊设专栏在次日公告，不在交易行情中显示，不计入指数计算，成交数据不计入市场统计。

随着证券市场发展，投资者呼吁股票市场建立退出机制。2001 年 2 月 22 日，证监会发布《亏损上市公司暂停上市和终止上市实施办法》，对连续三年亏损的上市公司的暂停上市、恢复上市和终止上市的条件、法律程序、信息披露和处理权限等做出详细规定。《办法》的实施，标志着我国股市的退出机制正式出台，证券市场上的"只进不退"的现象将成为历史。2001 年 4 月 23 日，上交所的 PT 水仙被终止上市，同年 6 月 15 日，深交所的 PT 粤金曼被终止上市，这是两市的首家退市公司。退出机制的正式启动，掀开了证券史上新的一页，对实现上市公司的优胜劣汰和证券市场的健康发展具有重要意义。

2001 年 6 月，上交所、深交所修改其股票上市规则，增加对财务状况异常和其他状况异常的解释。其中财务状况异常主要包括：（1）最近两个会计年度审计结果净利润均为负值；（2）最近一个会计年度审计结果股东权益低于注册资本；（3）CPA 对最近会计年度报告出具无法表示意见或否定意见审计报告；（4）调整后最近一个年度股东权益低于注册资本；（5）调整后连续两个会计年度亏损；（6）其他财务状况异常。明确了特别处理的两大类别。

2002 年 1 月，修改后的《亏损上市公司暂停上市和终止上市实施办法》正式实施。2 月，上交所、深交所再次修改上市规则，取消 PT

制度，规定上市公司连续三年亏损，暂停其股票上市，暂停上市后其股票停止交易，证交所不再提供特别转让服务。

2003 年 5 月，沪深交易所第六次修订其股票上市规则，关于特别处理的规定如下：上市公司出现财务状况或其他状况异常，导致其股票存在终止上市风险，或者投资者难以判断公司前景，其投资权益可能受到损害的，证交所将对该公司股票交易实行特别处理：终止上市风险的特别处理（简称"退市风险警示"）和其他特别处理。退市风险警示的处理措施包括：在公司股票简称前冠以"＊ST"字样，以区别于其他股票；股票报价的日涨跌幅限制为 5%。其他特别处理的处理措施包括：公司股票简称前冠以"ST"字样；股票报价的日涨跌幅限制为 5%。证交所对上市公司股票交易实行退市风险警示的情况很多，但主要包括"最近两年连续亏损或追溯调整后最近两年连续亏损"；证交所对上市公司股票实施其他特别处理的主要原因包括"最近一年净资产为负"。自此，我国证券市场上开始了终止上市风险特别处理（＊ST）与其他特别处理（ST）并存的局面，每年证券市场都会出现因各种原因而被 ST 或 ＊ST 的公司。

ST 与 ＊ST 板块的设置，目的是使股民能够容易区分哪些股票存在退市风险与特别处理，便于做出投资决策。同时将证券市场上的劣势股票与优质公司区别开来，并将不能如期摘帽的公司依法暂停上市或退市。然而，制度实施以来，特别处理公司暂停上市的不少，真正退市的却寥寥。据上交所和深交所的数据统计，截至 2011 年年底，除了因吸收合并以及分立等特殊原因而退市的上市公司外，A 股市场真正意义上因监管规则而退市公司只有 42 家，占上市公司总数的 1.8%，从我国股票市场设立开始计算，年均退市公司只有 2 家。鉴于此，证监会在近两年开始大规模启动退市新规的运作和出台，2012 年 4 月，上证所、深交所下发《退市方案（征求意见稿)》，2012 年 6 月，《关于完善上海证券交易所上市公司退市制度的方案》《关于改进和完善深圳证券交易所主板、中小企业板上市公司退市制度的方案》相继出台，标志着我国证券市场退市新规的正式启动。新的退市制度主要聚焦在净资产指标、营业收入指标、审计意见类型和市场交易指标等四个方面，基于此，＊ST公司被实施退市风险警示后又被暂停上市的，公司最近一个会计年度经审计的期末净资产为负，或经审计的营业收入低于1000万元，或其财务报告被会计师事务所出具否定意见、无法表示意见或者保留意见，或被暂停上市后未在法定期限内披露年报的，其股票应终止上市。可以说，新的退市规则对ST和＊ST公司的摘帽时间、要求设置了硬性规定，各指标如期达到，则能继续交易，否则面临摘牌退市。这些ST、＊ST公司的摘帽脱困面临更加严峻的挑战。

二 问题提出

从1998年我国实施特别处理制度以来，至2012年年末，沪深两市先后被特别处理的上市公司共计601家次（见图1-1），其中因财务原因而被ST或＊ST共569家次，因其他原因而被ST或＊ST共32家次，有77家公司两次被特别处理，2家公司三次被特别处理，涉及公司共计520家，占上市公司总量的20%左右。我们先对这些被特别处理公司的总体情况进行特征分析，然后提出本书的研究问题。

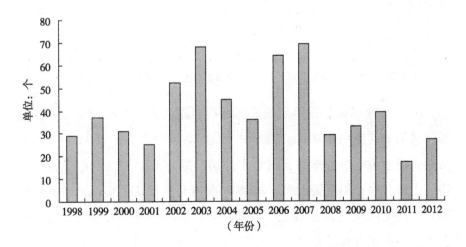

图1-1 1998—2012年各年被特别处理公司家数

数据来源：根据国泰安数据库"中国特殊处理与特别转让股票研究数据库"资料整理得到。

（一）我国 ST 公司总体特征情况

第一，看各年 ST 或 *ST 公司数量。由图 1 - 1，从 1998 年特别处理制度实施以来，我国证券市场每年被 ST 或 *ST 公司数量经历了一个由低至高再降低的总体趋势过程。1998—2001 年，每年被 ST 公司数量没有较大变化。2002 年、2003 年 ST 或 *ST 公司数量突然激增，到 2008 年，ST 或 *ST 公司数量又出现较大幅度下降，一直至 2012 年没有明显增长。这是因为：2001 年下半年开始，全球经济增速出现减缓，上市公司作为国民经济的晴雨表反映最为明显。2001 年度，上市公司重要财务指标较之前都有不同程度下滑（见表 1 - 1）。另外，2001 年财政部颁布的新会计制度开始实施，新制度对债务重组利得不能计入当期损益的相关规定和追溯调整使得很多企业陷入亏损，导致在接下来的 2002 年及以后年度中 ST 或 *ST 公司数量比较高。

表 1 - 1　　　　　　　　　　上市公司重要财务指标

指　标	1999 年	比上年增长	2000 年	比上年增长	2001 年	比上年增长
每股收益（元/股）	0.2	5.26%	0.2	0%	0.13	- 35%
净资产收益率（%）	8.23	10.47%	7.63	- 7.29%	5.35	- 29.88%
净利润（亿元）	628.88	34.67%	768.22	22.16%	694.22	- 9.63%

数据来源：中国证券监督管理委员会：《中国证券期货统计年鉴（2011）》。

2007 年度我国居民年消费价格指数明显上涨，上市公司总体营业收入增加带动净利润增长，创出史上最辉煌年报业绩。2008 年，以美国为首的金融危机并未对我国上市公司造成影响，相反，由于出口优势，上市公司业绩反而上升。2008 年我国新所得税法实施，企业税负减轻，加上奥运经济的促进，使得 2008 年、2009 年度被 ST 或 *ST 上市公司数量大幅度减少。

第二，我们看这些 ST 或 *ST 公司的构成。从来源看（见图 1 - 2），深交所、上交所数量相差不大；A 股占据了 94%，B 股仅为

6%，因为证券市场上 A 股比 B 股数量本身就高出很多；从 ST 或 *ST 公司被戴帽的原因看，"两年亏损"和"净资产低于面值"这两项原因占据 85.86%，说明我国特别处理公司的"困境"主要体现在"亏损"上。经营异常或经营受损、信息披露违规以及重大诉讼这些非财务原因合计 5.32%，而财务原因加总起来共占 94.68%，表明上市公司的"困境"主要是"财务困境"（见表 1 - 2）。

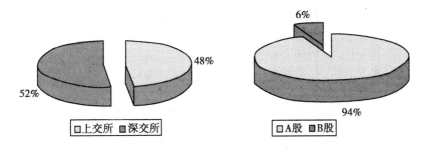

52% 48%

□上交所 ■深交所

6%

94%

□A股 ■B股

图 1 - 2 ST 或 * ST 公司构成

表 1 - 2 上市公司被 ST 或 * ST 的原因

上市公司被 ST 或 * ST 的原因	公司家数	比例（%）
两年亏损或追溯调整后两年亏损	451	75.04
净资产低于面值	65	10.82
审计否定	40	6.66
财务异常	13	2.16
经营异常或经营受损	14	2.33
信息披露违规	10	1.66
重大诉讼	8	1.33
合 计	601	100

第三，行业集中。ST 或 * ST 公司的行业分布比较广，几乎所有行业都有涉及，但却比较集中。由图 1 - 3 看出，制造业 ST 或 * ST 公司在所有特别处理公司中的比重最高，达到了 60%，但这类企业在上市公司本身所占的比例也最高。综合类、信息技术类企业比例分别为 9%、8%，位列第二和第三，其余行业则数量较少，所占比例也比较低。

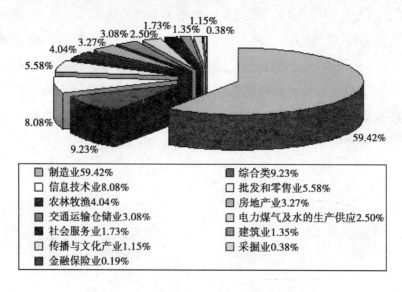

图 1 - 3　ST 或 * ST 公司的行业分布

　　以上是绝对数量的 ST 或 * ST 公司行业分布情况，从相对数的角度来看，各行业中 ST 或 * ST 公司比例最高的是综合类（见图 1 - 4）。这是由于综合类公司主营业务不突出，加上很多是新兴产业企业，从短期来看盈利能力较弱[①]，致使该行业有很多公司经营不景气从而被ST 或 * ST。

　　第四，地域分布。ST 或 * ST 公司的覆盖区域比较广，到目前为止，全国 31 个省、市、自治区都曾出现过被特别处理的上市公司。其中，华东、华南地区的 ST 或 * ST 公司数量最多（见表 1 - 3）。其原因主要有两点：一是上海位于华东地区，广东位于华南地区，上海、广东两地的上市公司数量在沪、深两个证交所的数量最高，所以华东、华南成为ST 或 * ST 公司的聚集地区；二是当初我国股票市场建立的目的主要是解决国有企业脱困问题，而上海、广东因为经济发展较早，很多传统的制造业企业如纺织、机械等相继上市。随着市场竞争的不断加剧，加之

---

　　① 杨天宇、杨诶：《中国综合类上市公司盈利持续性研究》，《湖北经济学院学报》2009 年第 2 期。

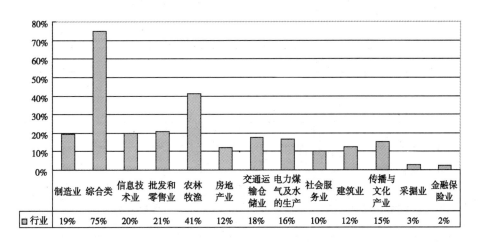

	制造业	综合类	信息技术业	批发和零售业	农林牧渔	房地产业	交通运输仓储业	电力煤气及水的生产	社会服务业	建筑业	传播与文化产业	采掘业	金融保险业
行业	19%	75%	20%	21%	41%	12%	18%	16%	10%	12%	15%	3%	2%

图 1 – 4　ST 或 * ST 公司占各行业上市公司相对比例

行业不景气原因，使得这些底子并不厚重的公司逐步步入困境。图 1 – 5 较详细地描述了这些 ST 或 * ST 公司的省份。

表 1 – 3　　　　　　　　　　ST 或 * ST 的地区分布

区域	华北	东北	华东	华中	华南	西北	西南	合计
数量	59	63	149	50	93	45	61	520
比例（%）	11. 35	12. 12	28. 65	9. 62	17. 88	8. 65	11. 73	100

　　第五，上市年龄与时间。从表 1 – 4 可以看出，1998—2012 年，所有 ST 或 * ST 公司在首次被特别处理时，上市年龄 6—10 年的超过了一半以上。上市 11—15 年的上市公司所占比例也较高，占据 25%。上市在 5 年以内和 15 年以上的公司其被 ST 或 * ST 的比例则较低。说明上市公司在最初上市的几年中，无论是经营情况还是获利状况都还不错，但是，5 年以后，一些公司开始走下坡路。这些公司中，有些可能本身就属于包装上市，有些则是由于经营管理不善，还有一部分是由于大股东的资金占用和关联方交易，无论基于何种原因，6—10 年是上市公司容易陷入财务困境的高发期，应引起管理者的注意。另外，这些 ST 或 * ST 公司首次被特别处理的平均年龄为 8. 8 年，也说明了上市公司在上市 8 年左右最易出现各种问题。

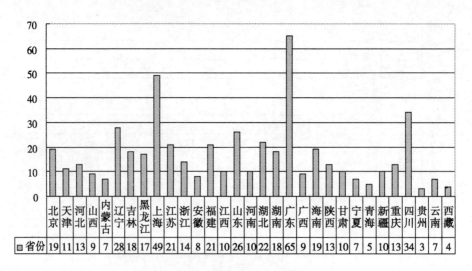

	北京	天津	河北	山西	内蒙古	辽宁	吉林	黑龙江	上海	江苏	浙江	安徽	福建	江西	山东	河南	湖北	湖南	广东	广西	海南	陕西	甘肃	宁夏	青海	新疆	重庆	四川	贵州	云南	西藏
省份	19	11	13	9	7	28	18	17	49	21	14	8	21	10	26	10	22	18	65	9	19	13	10	7	5	10	13	34	3	7	4

图 1 - 5　　ST 或 * ST 公司的省份分布

表 1 - 4　　　　　　　　上市公司首次被特别处理时的上市年龄

上市年龄	1—5 年	6—10 年	11—15 年	16—20 年	合计
数量	80	288	130	22	520
比例（%）	15.38	55.38	25.00	4.23	100

　　另外，我们从这些公司的上市年份看，1996 年上市的公司中被 ST 或 * ST 的数量和比例是最高的（见图 1 - 6）。比较深层次的原因是：1996 年我国股市迎来首个牛市，上证指数暴涨 120%，深成指暴涨 340%，无论是投资者账户还是上市公司数量，在这一年扩容尤其厉害。大量公司上市难免出现以次充优的情况，从而导致后期陷入财务困境的公司数量最多。从总体趋势来看，2000 年以前上市的公司中，被 ST 或 * ST 的数量较多，2000 年以后，尤其是最近几年上市的公司中被 ST 或 * ST 的数量较少。说明了我国股票市场在 20 世纪末的初期阶段，上市公司的总体质量偏低，而随着市场经济的发展、资本市场逐渐完善，各项规范制度逐步到位，上市公司总体质量水平得以提升，也说明我国资本市场在朝着良性状态不断发展。

　　第六，公司财务状况。ST 或 * ST 公司的财务状况与非 ST 公司的

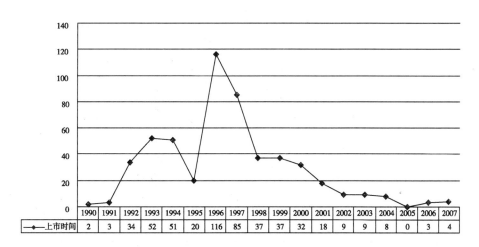

图 1-6 各年份上市公司中被 ST 或 * ST 的数量

财务状况存在较大差异。由图 1-7 所示，ST 或 * ST 公司的资产净利率、每股收益、总资产周转率均低于非 ST 公司，营运资金比率更是远低于非 ST 公司，而其资产负债程度却比非 ST 公司要高出将近 3 倍，期间费用率也高于非 ST 公司两倍以上，表明 ST 或 * ST 公司的盈利能力、偿债能力、营运能力以及管理水平都比其他正常的上市公司要低。

第七，公司行为选择。上市公司被 ST 或 * ST 之后会采取不同的行为策略积极脱困，如提高管理效率、加速存货和应收账款周转、更换管理层和缩减成本费用等。我国财务困境公司的一个非常明显的特征是，在上市公司被 ST 或 * ST 之后，会实施频繁的资产重组。重组策略，尤其是外部资产重组策略，是 ST 或 * ST 公司最为经常采取的行为选择方式。表 1-5 列举了 1998—2012 年被特别处理公司在被 ST 或 * ST 之后的第 1 年内实施重组的情况。可以看到，除了最初的 1998 年、1999 年这两年的平均重组次数和每家 ST 所涉及重组金额稍低些以外，其余年份的 ST 或 * ST 公司重组行为非常明显。1 年内所有 ST 或 * ST 公司平均重组次数最高达到了 4.101 倍，所有年份的 ST 或 * ST 公司在被处理后第 1 年内的平均重组次数为 2.255 次，平均重组金额高达 36452.01 万元，可以说 ST 或 * ST 公司的重组频率和重

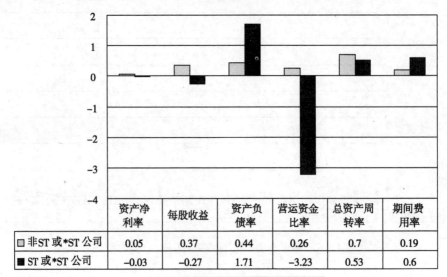

	资产净利率	每股收益	资产负债率	营运资金比率	总资产周转率	期间费用率
□ 非ST 或*ST 公司	0.05	0.37	0.44	0.26	0.7	0.19
■ ST 或*ST 公司	−0.03	−0.27	1.71	−3.23	0.53	0.6

□ 非ST或*ST公司　　■ ST或*ST公司

图 1 - 7　ST 或 * ST 公司与非 ST 或 * ST 公司的财务指标比较

注：本图所用数据来源于 2012 年上市公司年报财务指标，由国泰安数据库提供初始资料并自行整理计算得出。

组力度都比较大。这是由于我国资本市场准入门槛较高，上市公司的"壳资源"匮乏，很多陷入财务困境的公司在被 ST 或 * ST 之后如果不能自我摆脱困境，借助外力来谋求摘帽就势在必行。

表 1 - 5　　　　ST 或 * ST 公司被特别处理第 1 年内的重组情况

年份	ST 或 * ST 公司数量（家）	平均重组次数（次/家）	平均重组金额（万元/家）
1998	29	0.414	3032.68
1999	37	0.676	4352.16
2000	31	1.548	7080.58
2001	25	3.040	245432.40
2002	52	1.192	4288.22
2003	68	1.552	7913.01
2004	45	2.022	10299.35
2005	36	2.028	12666.41
2006	64	1.766	19121.22

（续表）

年份	ST或＊ST公司数量 （家）	平均重组次数 （次/家）	平均重组金额 （万元/家）
2007	69	4.101	70942.66
2008	29	3.689	29830.35
2009	33	3.576	124805.80
2010	39	3.615	40316.78
2011	17	2.177	10177.56
2012	27	2.370	28703.41
平均	—	2.255	36452.01

数据来源：国泰安数据库，依据各年被 ST 或 ＊ST 公司在特别处理之后 1 年内的重组数据计算得到。

（二）问题提出

从以上的分析情况看，上市公司被 ST 或 ＊ST 之后，其竞争能力弱化，偿债能力、获利能力下降，想要生存下去必须采取一系列措施。现实中，一部分公司通过改善经营，提高收入、降低成本费用而脱星摘帽，但大部分 ST 或 ＊ST 公司采取了不同的资产重组方式和策略来谋求脱困。2012 年新的退市制度出台，ST 与 ＊ST 公司，尤其是之前遗留下来的那些公司，更是面临前所未有的压力，其重组活动和重组力度愈加频繁和明显。这些重组很多是缘于控股股东的支持，也有一部分发生了控制权转移和控股股东变更。发生重组的 ST 或 ＊ST 公司有些成功摘帽，有些则未能成功脱困，而已经摘帽脱困的那些公司，其市场绩效与经营绩效也存在相应差异，这些现实引发我们一系列的思考：当上市公司陷入困境而被 ST 或 ＊ST 之后，其脱困路径是什么？外部的资产重组是否成为其摘帽脱困的最有效手段？ST 或 ＊ST 公司都采取了哪些重组策略？其重组行为选择的本质是什么？这种行为选择对公司的脱困影响如何、在脱困预测中发挥了何种作用？通过不同重组方式而摘帽的公司其绩效水平是否存在差异？

本书从我国制度环境背景出发，将 ST 公司的重组行为选择分为内部重组（自我重整）、支持性重组以及放弃式重组三大类别，在借鉴国内外学者相关成果的基础之上，构建ST脱困路径研究的整体框架，针对上述一系列问题展开研究。

第二节　研究意义

上市公司是我国资本市场的基石，也是整个国民经济健康发展的最有力支撑。每年由于各种原因而被特别处理（ST或＊ST）公司在陷入困境之后会临严峻的考验：或遭遇股价下跌，或被暂停上市，甚至面临退市，给股东、员工及债权人造成巨大损失；同时，一些ST公司为尽早摘帽在盈余管理上大做文章，甚至不惜会计造假，严重影响了我国证券市场的健康稳定发展。面对复杂、多变的市场竞争环境，我们不可能做到令所有上市公司避免困境，但是，通过本研究，认识公司困境形成的原因，分析困境公司最频繁的重组活动及其行为选择对脱困的影响，明确不同因素对公司脱困的作用，探求ST公司的脱困路径与业绩优化规律，从而采取措施使ST公司尽快脱困并提升业绩水平，不仅能减少利益相关者的损失，而且有助于提高我国上市公司的整体管理水平和经营质量。本书的具体研究意义如下：

第一，为ST、＊ST公司及其控股股东的战略行为选择提供决策支持。本书分析ST或＊ST公司控股股东的重组行为及其对脱困影响，利用公司财务数据指标、公司治理指标及重组选择指标构建脱困预测模型，研究困境公司脱困的影响因素、这些因素在摘帽脱困中发挥的作用以及困境公司如何采取措施走出困境，为已陷入和即将陷入财务困境的公司明确其应关注的方向，为困境公司控股股东的重组行为选择提供决策帮助。

第二，为其他投资者、债权人等利益相关者的投资决策提供帮助。当投资者和债权人所投资的公司出现状况异常而被ST或＊ST时，他们如何判断这些公司能否度过困境并最终恢复和盈利，投资者是否应继续持有该公司股票，其他潜在的投资者是否购买该股票，债权人是催收债务、推动企业破产清算还是进行债务重组，抑或是推迟债务期限，都需要具有指导性的信息以辅助决策。通过本研究，困境公司的利益相关者可以预测公司的脱困与否及其脱困之后的绩效状况，为其提供后续行动决策支持。

第三，为政府监管提供政策支持。ST 公司的脱困及其脱困质量关系着整个证券市场的健康发展。本书通过针对不同脱困途径而摘帽的 ST 或 ＊ST 公司的绩效衡量与比较，评价这些公司的脱困质量，为政府监管部门制定政策引导困境公司的良性脱困提供政策支持。

第三节 相关概念界定

一 ST 公司脱困

（一）国外学者的研究界定

国外的证券市场没有 ST、＊ST 板块，故而国外没有针对 ST 公司的研究。相关的研究主要针对"财务困境"。国外学者对财务困境的理解主要包括五个方面：①破产；②现金流不足；③失败；④亏损；⑤连续负 Z 值。

自阿特曼（Altman，1968）"财务比率、判别分析和公司破产预测"一文开始，"破产"逐渐被纳入财务困境概念框架。阿哈罗尼、琼斯（Aharony、Jones，1980），弗莱德曼、阿特曼、考（Frydman、Altman and Kao，1985），阿齐兹、伊曼纽尔和劳森（Aziz、Emanuel and Lawson，1988），阿齐兹、劳森（1989），哈兰德（Harland，1994），塞西莉亚（Cecilia，2003）均采用了"破产""申请破产"或"已破产"来表述公司财务困境状况。

与破产比较相近的概念是现金流不足。弗鲁克（Wruck，1990），达塔（Datta，1995），沃德（Ward 等，1997）分别将"经营现金流不足"和"由于现金不足而导致贷款违约"界定为财务困境；罗斯（Rose 等，1999）认同"经营现金流不足以抵偿到期债务的状态"为财务困境，并从现金流不足、流动资金不足、债务比例失衡及资本结构失衡来表述财务困境表现；特瑞斯克（Turetsky 等，2001）也基于现金流量角度讨论该问题，他们认为"持续经营的现金流量急剧下降是财务困境开始的信号"。

德肯（Deakin，1972），布鲁姆（Blum，1974）研究了公司的"失败"。德肯（1972）认为"失败"包括破产、无力偿债或迫于债权人利益的清算；布鲁姆（1974）也认同"失败"是不能偿付、进入破产程序或与债权人达成债务减少协定。阿亨蒂（Argenti，1976），米耶斯克（Zimijewski，1984），克拉普、史蒂温森（Crapp、Srevenson，1987）把以上"公司失败"的研究界定为"财务困境研究"。

卡罗斯（Chalos，1985），迪戈罗（DeAngelo，1990）将亏损界定为财务困境，希尔、派瑞和安得斯（Hill、Perry and Andes，1996），克哈亚、西奥西欧（Kahya、Theodossiou，1996）以"累计亏损次数"作为财务困境判断标准；普拉特（Platt 等，2002）认为财务困境是"连续几年负的经营收入"，其实质也是亏损概念。

阿特曼、霍尔德曼、纳拉亚南（Altman、Haldeman and Narayanan，1977）使用 Z 值模型判断企业是否陷入财务困境，施莱弗斯和史蒂温斯（Shrieves and Stevens，1979），塔夫勒（Taffler，1983），苏达珊拉姆（Sudarsanam 等，2001）也使用 Z 值来定义财务困境，即"如果企业在两个年度连续的负 Z 值后有一个最低 Z 值年度，则企业处于困境之中"。

由于对财务困境的理解不同，导致国外学者对财务困境脱困的解释也存在差异，但主要立足于两个方面：①从《破产法》第 11 章中走出；②亏损转为盈利。比伯尔特（Bibeault，1982），宏（Hong，1984）将重组成功与破产清算作为区分脱困与未脱困公司的标准，罗宾斯（Robbins，1992），叶赫宁、韦斯顿和阿特曼（Yehning、Weston and Altman，1995），查特吉（Chatterjee 等，1996），阿斯塔、托勒（Ashta、Tolle，2004）也分别将从《破产法》第 11 章中成功重组的公司定义为脱困公司；而拉伊、苏达珊拉姆（Lai、Sudarsanam，1997），巴克尔、帕特森和米勒（Barker、Patterson and Mueller，

2001）却阐释了不一样的理解，他们将连续亏损转为连续盈利定义为脱困，迪戈罗等（2002），拉斯法、雷默（Lasfer、Remer，2010）在选择脱困样本时也认同 3 年亏损转为连续 3 年盈利作为脱困标准。

（二）国内学者的研究界定

国内证券市场建立于 1990 年年底，而 ST 板块则始于 1998 年 3 月。因此，早期的研究主要模仿国外，关注点在"财务困境"。吴世农、黄世忠（1987）在"企业破产的分析指标和预测模型"一文中将企业破产界定为"由于企业不能偿还到期债务而丧失法人资格的事件"，并从"资产变现力低，负债状况不合理，资产使用效率低，盈利能力低"四个方面解释企业破产的原因。吕长江、周现华（2005）将该研究界定为我国较早的财务困境研究。可以看出国内最初对财务困境的理解与国外相同，是以企业的破产行为作为其陷入财务困境的标志。之后，国内学者对财务困境的理解开始多元化：谷祺、刘淑莲（1999）将财务危机视为"企业无力支付到期债务或费用的一种经济现象，包括从资金管理技术性失败到破产以及处于两者之间的各种情况"的解释也被后来的很多研究者界定为财务困境；傅荣、吴世农（2002）沿用德肯等的说法，从失败角度界定财务困境，将"连续 2 年净资产收益率低于 0"视为企业失败。刘景瑞等（2002）也使用"失败"来界定财务困境；吕长江、韩慧博（2004）认为财务困境必须满足两个条件：①连续两年流动比率小于 1，②两年中至少一年营业利润小于零；吕长江、徐丽莉、周琳（2004）还将"流动资产小于流动负债"定义为财务困境，具体选择财务困境样本时，要求"至少连续两年出现过 0.8 < 流动比率 < 1"的情况；李秉祥（2004）使用"资不抵债"作为公司陷入财务困境的标志。可以看出，以上学者对财务困境的理解多是以国外的界定为依据，基本上涵盖"破产""失败""流动性不足"及"亏损"等内容，但没有形成对财务困境统一的公认标准。

1999 年，陈静采用 27 家 ST 公司与 27 家非 ST 公司连续三年的财务数据对公司财务恶化进行预测，取得较好的效果。之后，国内学者基本将财务困境研究等同于被特别处理（ST、＊ST）[①] 公司研究。吴世农、章之旺（2005），吕峻（2006），鲜文铎、向锐（2007），田菁（2008），潘越等（2009），廖义刚等（2010），徐全华（2011），章铁生、徐德信、余浩（2012）等众多学者都在自己的研究中，将 ST、＊ST 公司看作陷入财务困境公司，很多财务困境研究的副标题则标注为"以 ST 公司为例"。

不同于财务困境初始理解的多元化，我国学者对财务困境脱困的界定非常统一。中国特别处理制度为 ST 公司的脱困研究提供了宝贵的数据资料，尽管研究数量非常有限，但现有研究全部是以 ST 或 ＊ST 的摘帽为脱困界定标准。赵丽琼（2008，2009），路璐（2010），颜秀春、徐晞（2012）在脱困样本的确定上均采取了以上方法。

（三）本文的研究界定

从国内外概念分析看，针对 ST 公司，西方学者的相应研究是"财务困境"，其界定标准主要集中在破产、现金流不足、失败、亏损及连续负 Z 值几方面，脱困则认为是从《破产法》第 11 章中走出，或亏损转为盈利；我国学者早期的相应研究模仿西方，关注"财务困境"，缺乏脱困研究。后来，自陈晓之后，很多学者开始认同 ST 公司即为"财务困境"，而脱困即为这些公司的"摘帽"。鉴于此，本书界定 ST 公司是指由于财务状况异常而被特别处理（包括 ST 和 ＊ST，以下统称为 ST）的上市公司。同理，将这些公司的最终"摘帽"和恢复正常交易界定为 ST 公司脱困。

二　重组选择

（一）国外学者的研究界定

国外主要从两个方面对重组进行界定：一是狭义重组，二是广义

---

①　2003 年 5 月 8 日开始，证交所将对公司股票实行特别处理包括两类：（1）终止上市风险的特别处理（简称"退市风险警示"，启用新标记 ＊ST）；（2）其他特别处理（ST）。自此，ST 成为其他特别处理（ST）和退市风险警示（＊ST）的统称。

重组。狭义重组指兼并与收购。国外对兼并收购的研究比较早，对其概念界定和区分比较清楚。兼并是由两个或两个以上的单位形成一个新的实体，收购则是被收购方纳入并融入收购方的公司体系。由于在收购中被收购方的融入经常使得收购方的结构发生重大变化，故而收购也往往被看作一种兼并，或简称为并购（M&A）。这是早期狭义的重组概念。20世纪80年代，美国公司的重组活动频繁，重组的范围也不断扩大，传统的并购概念开始拓展到包括接管及其相关的资产重组、公司控制及所有权变更等问题，这些活动被统称为重组，广义重组概念出现，它包括公司利用资本市场对存量资产进行调节和重新组合的所有行为。1998年，韦斯顿（1998）将公司并购分为扩张（expansion）、售出（sell – off）、公司控制（corporate control）、所有权结构变更（changes in ownership structure）四大类，这是对重组比较经典的定义，也是一个广义的重组概念定义。弗鲁克（1990）从财务困境公司角度认为重组包括缩减成本、高管变更、产品重新定位、缩减投资以及聚合资金。Franks等（2005）的研究提出，财务困境公司重组应包括短期的经营、财务重组以及长期的管理重组。

（二）国内学者的研究界定

国内对重组的理解包括兼并收购、资产重组和资本重组等，其中比较广泛使用的概念是资产重组。张新（2003）的研究中将重组理解为兼并收购，对其价值效应进行分析；陈惠谷、张训苏（1998）认为，重组包括对企业已有存量资产的重新配置和对增量资产的经营重组；魏杰（1999）界定重组是通过对不同法律主体的财产权、出资人所有权和债权人债权进行符合资本最大增值目标的调整和改变，以实现对实物资本、金融资本、产权资本以及无形资本的重新组合；汤谷良（2001）认为重组是出资者或授权经营者以企业战略目标为导向，以长期资产或资源为对象，以控制权的转移为核心所进行的资源重新组合和优化配置行为；万潮领等（2001）将上市公司重组分为四类：扩张式重组、收缩式重组、公司控制权转移、公司内部重整；朱宝宪、王怡凯（2002）认为并购是一个"多重理解的概念"，广义并购包括兼并、收购、股权转让、资产置换和债务重组等行为，狭义并购则仅指获得控股权的收购或转让；李善民、李珩（2003）把重组分为收购公司的收购兼并、目标公司的股权转让和资产剥离。李秉祥（2003）认为财务困境公司的重组包括整合产业链、优化产品结构以及整合公司治理。

从以上研究可见，我国对重组概念的界定还未形成统一意见，但近些年上市公司重组活动频繁发生，使得学者们对重组的概念与分类逐渐形成一种自动的约定俗成印象，即重组是一种广义概念，股权转让、收购兼并、资产剥离、债务重组、资产置换以及其他类型的重组都被涵盖纳入公司重组的范畴。

（三）本书的重组及重组选择界定

由上述分析可知，重组是指公司扩张、收缩、所有权结构变更和内部业务重整等广泛意义上的行为与活动的总称，进行重组的公司既包括具有市场优势的大规模公司，又包括那些因多方面原因而陷入困境的劣势企业。基于本书研究需要，我们将公司重组定义为广义的重组。同时，本书中所提到的重组选择特指因财务原因而被 ST 公司在面临困境时所做出的支持抑或是放弃的重组行为选择。即当上市公司被戴帽披星而陷入困境之后，这些 ST 公司采取了何种方式去应对困境，是内部重整还是大股东支持下的非控制权转移重组，或者是控制权转移式重组？基于此，我们对困境公司的重组行为分为三大类：

内部重组，也称为内部重整，指通过公司自身的管理效率提高和业务整合而应对困境的一种重组行为，在内部重组下，公司与其他法人主体之间不发生资产转移、股权转移等联系。

支持性重组，指 ST 公司在股东支持下发生的各种资产重组，具体包括兼并收购、债务重组、资产剥离、资产置换及非控制权转移的股权转让。

放弃式重组，指控股股东将所掌握的 ST 公司的控制权进行转让，由新的股东来控制该困境公司，并帮助其尽快脱困，其实质是控制权转移的一种股权转让重组方式。其中，支持性重组与放弃式重组均属于外部资产重组。

第四节　研究思路与方法

本书研究的主要问题包括：ST 公司的脱困路径是什么？重组行为选择的本质是什么？这种行为选择对 ST 公司脱困的影响如何？在 ST 公司脱困预测中其发挥了何种作用？通过不同重组方式而摘帽的公司其绩效水平是否存在差异？针对以上问题，本书首先介绍我国证券市场特别处理制度不断改进的背景环境以及 ST 公司不变的频繁重组特征，提出所研究问题；其次，结合当前制度背景，通过对财务困境理论与重组理论分析，确定 ST 公司重组行为选择本质；再次，针对 ST 公司的重组行为选择及其影响进行实证分析；最后，总结研究结论并提出相应政策建议。具体研究思路见图 1 - 8。

本书采取了规范研究与实证分析相结合的研究方法。

（一）规范研究。本书从我国证券市场的 ST 制度、退市制度、IPO 制度以及法人大股东的集中控制入手，分析 ST 公司重组的制度背景及本质，并对财务困境理论、重组理论进行分析，以此为基础提炼相关假设，为实证研究打下基础。同时，运用规范研究方法解释实证分析的结果，总结研究的主要结论，提出相应建议对策，探讨后续的研究方向。

（二）实证研究。本书采用描述性统计、非参数检验、logistic 回归、因子分析方法、事件研究法、会计研究法和多元线性回归等方法对以下问题进行实证研究：

①运用描述性统计方法分析我国 ST 公司重组的特征、样本分布以及主要变量的基本情况；

②运用非参数检验方法对 ST 的财务指标与公司治理指标进行显著性检验，以便选取变量进入恢复预测模型；

③运用 logistic 回归方法研究重组行为选择对 ST 公司脱困的影响；

④运用因子分析方法对通过非参数检验的财务指标与公司治理指

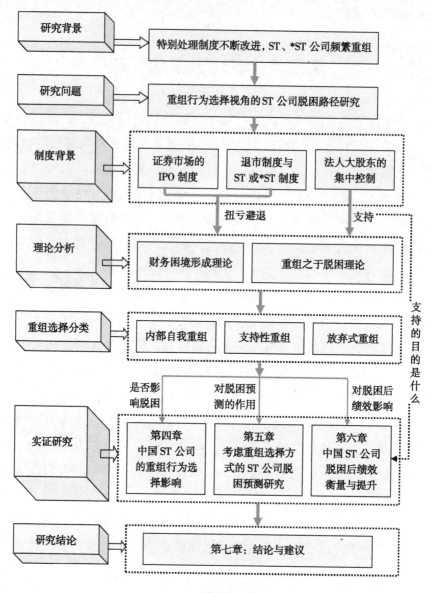

图 1 - 8　研究技术路线

标进行因子提炼，结合 logistic 回归方法构建 ST 公司脱困预测模型；

　　⑤运用事件研究方法计算 ST 公司摘帽前后的短期市场反应和长期市场绩效；

　　⑥运用因子分析与会计研究相结合的方法对 ST 公司摘帽脱困之

后的长期经营绩效进行衡量和评价；

⑦运用多元线性回归方法分析不同重组行为选择方式对摘帽后短期市场反应和长期市场绩效的影响；运用该方法对脱困 ST 公司的业绩提升进行探究。

第五节　研究内容

本书以"中国 ST 公司脱困路径研究：基于重组选择视角"为题，考察我国证券市场上 ST 公司的脱困路径，分析重组选择差异，进而研究不同的重组行为选择对 ST 公司脱困以及脱困之后业绩状况的影响。本书主体部分共有七章，其具体内容安排如下：

第一章：首先阐述本文的研究背景，提出所研究问题，分析研究意义；之后，进行相关概念界定，包括 ST 公司、ST 公司脱困和重组选择等相关概念，最终确定研究思路、方法及主要内容。

第二章：针对国内现有财务困境方面的研究文献进行梳理汇总，分析研究现状，确定本研究的领域及方向。

第三章：从我国证券市场的 IPO 制度、退市制度与 ST 制度，以及法人大股东的集中控制入手，分析 ST 公司的脱困路径、重组的制度背景及其本质，并对财务困境理论、重组理论进行分析，为后续的实证研究奠定基础。

第四章：首先通过文献回顾提炼研究假设，针对 ST 公司的重组情况进行分析，然后，通过实证方法，研究 ST 公司采取的不同重组行为选择方式对其脱困的影响。

第五章：首先回顾已有文献，提出脱困预测研究的意义；其次，分析 ST 公司脱困的影响因素，提出相应假设；再次，基于 ST 公司第 $(T-1)$ 年的财务指标与公司治理指标，构建脱困预测模型，在以上模型基础上引入重组方式选择指标；再其次，构建模型，并与前述模型进行比较；最后，引入动态重组样本再次构建脱困预测模型，以便于投资者和 ST 公司能够关注和预测处于困境中公司的动态恢复情况。

　　第六章：本章从两个角度对脱困公司的绩效进行衡量和评价：市场绩效与经营绩效。在市场绩效方面，根据短期的超额收益率（AR）及累计超额收益率（LAR）对 ST 公司摘帽的市场反应进行分析，计算长期的累计超额收益率（LCAR）对 ST 公司摘帽的长期市场价值进行研究，并对不同重组行为选择方式对短期和长期市场绩效的影响进行分析和实证检验；经营绩效方面，基于盈利、风险及增长三维视角，界定脱困公司经营绩效的衡量指标，通过纵向定比分析和横向比较对 ST 公司脱困后的长期经营业绩进行评价。最后，针对脱困公司摘帽之后的业绩表现，以及不同业绩水平公司之间的差异与特征，实证研究并探求脱困公司业绩提升途径。

　　第七章：对全书进行总结，并提出相应建议，归纳本著作的创新点，指出存在的不足和今后的研究方向。

第二章

研究现状

　　无论是国内还是国外，在脱困研究方面，较之困境预测与困境本身的研究而言，都具有比较明显的三个方面的特征：起步晚、数量少及研究内容比较窄。国外对脱困的研究始于20世纪80年代，相对于困境预测与困境本身，该方面的研究数量比较有限，而且多集中在脱困的影响因素及困境公司战略措施上。我国在该方面的研究则更少。本章主要针对国内现有的财务困境文献进行全面梳理汇总，分析研究现状，确定本书的研究领域及方向。

第一节　文献梳理与汇总

　　不同于国外的早在20世纪30年代就开始财务困境问题探索，我国对公司困境的研究始于20世纪80年代末期，学术界比较认可的起点是吴世农等发表于《中国经济问题》（1987年第6期）的"企业破产的分析指标和预测模型"。从1987年至今，我国在该方面已积累了20多年的八百多篇研究成果，涉及公司困境的方方面面。接下来，我们对这些文献进行梳理汇总，以备后续分类使用。

　　截至2012年12月，在中国知网上可以搜索到关于公司困境的有效研究文献共837篇。其中，通过"篇名"搜索"财务困境"共829篇选择806篇（舍弃的23篇文献中8篇重复文献、11篇不相关文献、2篇个人理财困境、2篇报纸新闻资料）；通过"财务困难"搜索13篇选择11篇；通过"困境公司""ST摘帽""ST公司"去掉搜索过程中已被选择过的文献和不相关文献，增加19篇；加上我国公司困境研究中大家公认的起点研究，即吴世农、黄世忠发表于《中国经济问题》（1987 年第 6 期）上的"企业破产的分析指标和预测模型" 1 篇；有效文献共计 837 篇①。具体见表 2 - 1。

表 2 - 1 　　　　　　　公司困境研究文献汇总　　　　　　单位：篇

篇名关键词	财务困境	财务困难	困境公司	ST 公司	ST 摘帽	起点研究	合计
有效文献数量	806	11	8	3	8	1	837

首先，从研究对象看（见图 2 - 1），我国现有的 837 篇公司困境研究文献绝大部分以企业作为研究对象，其中针对上市公司 445 篇，非上市一般性企业 232 篇，二者合计占到了 80% 以上；其他研究对象（主要针对财务困境方法）109 篇，行政事业单位财务困境研究 45 篇，针对金融类企业的研究只有 6 篇，数量最少。

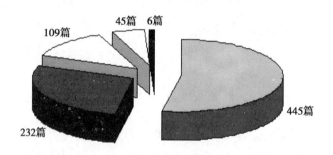

图 2 - 1 　公司困境文献研究对象

其次，从文献来源和研究内容看（见图 2 - 2，图 2 - 3），我国公司困境文献绝大多数发表于各种学术期刊，硕士论文数量也不少，但博士论文数量偏低。我们认为，博士论文相较于硕士论文，其研究触角更加广泛，对问题的分析更具有深度。当前博士论文数量较少说明

---

① 彭韶兵、邢精平（2005）认为从管理角度看"财务危机"要严重于"财务困境"。本文认同该观点，故从文献选取上没有从"财务危机"角度进行。

该研究领域的质量和深度有待提升；同时，现有文献绝大部分集中在
对困境的预测、预警以及困境本身的研究上，针对困境发生后的脱困
研究很少。这可能源于两点：其一，国外脱困研究比预测研究晚了近
半个世纪，我国在 20 世纪 80 年代开始对公司困境进行初始研究时，
国外的脱困研究刚刚起步，尚没有经典的可借鉴文献；其二，我国困
境预警、困境本身的研究还没有完全成熟，针对脱困进行研究可能有
一定难度。但无论何种原因，都为后来学者的研究留下了空间。

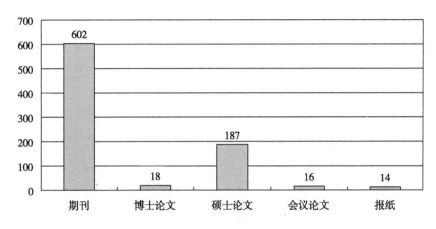

图 2 - 2 公司困境研究文献的来源（篇）

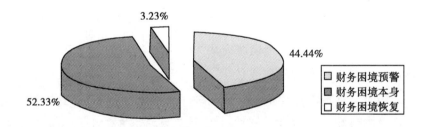

图 2 - 3 公司困境文献的研究内容

　　最后，从文献发表年度和学术贡献看，我国公司困境研究始于 20
世纪 80 年代，1999 年以前共 20 篇，2000—2012 年间，几乎每年在
数量上都有所增长。大量文献涌现是在 2007 年以后，除了 2011 年稍
微低一些，基本上每年的文献数量都在 100 篇左右（见图 2 - 4），说
明近些年我国的困境研究很是火热。在学术贡献方面，针对这些困境

研究文献的引用次数从 0 次至 1823 次不等，现有 837 篇文献中 0 引用比例的占 43.61%，10 次以上被引用的文献仅 104 篇，仅占 12.43%，被引用 100 次以上的文献有 7 篇。即现有困境研究成果中，既包括被高引用的学术精品，又包括近一半的不能为其他研究者所用的文献成果，学术水平差距较大。考虑到 2012 年文献的出版时间较晚，可能导致其引用率偏低，我们将该年的 102 篇文献去掉，剩余 2011 年及以前的共 735 篇文献再进行分析，所得结果与前述情况差异不大，现有绝大部分困境研究成果的学术贡献不高。

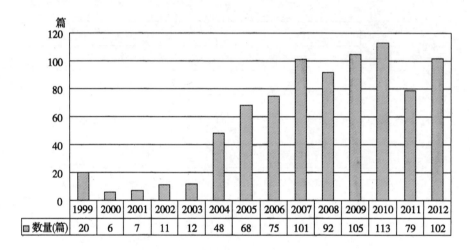

图 2-4　公司困境研究文献的发表年度

　　综上所述，我国现有困境研究成果比较丰富，且绝大部分以企业为切入点，针对其他对象研究较少，这与企业的运营模式和市场环境有关。同时，从现有成果的研究内容来看，困境预测、困境本身研究较多，脱困研究文献较少；研究成果水平参差不齐，少数高质量、学术贡献大的成果和大量的中等研究水平成果及一些低质量的大家相互模仿的"伪成果"并存。

第二节　文献分类

　　从以上文献的梳理汇总看，我国困境研究成果可以按照不同的角

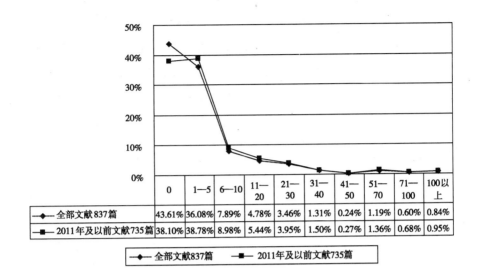

	0	1—5	6—10	11—20	21—30	31—40	41—50	51—70	71—100	100以上
全部文献837篇	43.61%	36.08%	7.89%	4.78%	3.46%	1.31%	0.24%	1.19%	0.60%	0.84%
2011年及以前文献735篇	38.10%	38.78%	8.98%	5.44%	3.95%	1.50%	0.27%	1.36%	0.68%	0.95%

◆ 全部文献837篇　　　　■ 2011年及以前文献735篇

图 2 – 5　公司困境研究文献的引用情况

度进行分类，比较容易为大家所认可的标准是，按照困境的研究内容，将困境研究成果分为三大类：困境预警研究；困境本身研究；脱困研究。

一　困境预警研究

我国公司困境的预警研究始于《企业破产的分析指标和预测模型》（吴世农等，1987），该文的引用率尽管不高，但为其后续研究《我国上市公司财务困境的预测模型研究》（吴世农等，2001）奠定了基础。在 2001 年的财务困境预测研究中，吴世农应用 Fisher 线性判定分析、多元线性回归模型和 Logit 回归分析三种方法，分别建立困境预测模型。该篇文章自发表以来为后续困境研究者开启了思路，其引用率在所有困境研究文献中居于最高，达 1823 次①。其后，乔卓（2002）、姜天（2004）、庄永友（2006）就 Logit 在上市公司困境预警中的应用进行研究；刘彦文（2007）、鲜文铎（2007）、文拥军（2009）研究混合多类 Logit 方法的困境预测模型；张昕（2001）、薛

①　指从文章发表至 2012 年 12 月该文献被引用次数。

峰等（2003）、张玲（2005）、马喜德（2005）、庞素琳等（2006）、龚斌（2010）探讨了基于神经网络的困境预测；陈磊（2007）、陈艳梅（2012）分析了基于 COX 危险成分模型的困境预测应用；近两年，困境预测模型研究开始拓展到互补双对数模型（肖珉，2010）、遗传算法（韩建光、赵冠华，2010）、支持向量机（肖智，2010）、Dirichlet 模型（易莹莹，2012）及数据挖掘技术（卜耀华，2012）等新的领域。我们发现，国外关于困境预测的经典模型和方法在我国的困境预测研究中已全部引进，我国财务困境的预警研究已经达到比较成熟的阶段，后续研究者除了在新模型、新方法的构建和使用上，很难再有其他创新。

二　困境本身研究

随着困境预警研究的启动，针对困境本身的研究成果也开始大量涌现。20 世纪 90 年代，该方面的研究主要是对财务困境原因与对策进行简单的探讨，缺乏深刻的思考和学术性。2000 年，陈晓等较为系统地论述了企业困境研究的理论、方法及应用，此后，困境本身的研究成果逐渐丰硕。当前，针对困境本身的研究主要包括以下几个方面：

（一）概念和综述类。李秉成（2003）、王耀（2007）、符大海（2010）分别针对财务困境概念和边界进行探讨；陈文俊（2005）、赵丽琼等（2007）对财务困境研究进行综述；章之旺、吴世农（2006）、张培莉（2006）、胡向坤（2012）、玉花（2012）针对困境成本理论、实证方法和计量模型进行综述研究；黄卫、周进、蒲文燕（2010）就公司治理、管理者特征和管理者过度自信与财务困境关系进行综述研究；李薇（2012）对高校财务困境研究进行梳理和评述。

（二）方法类。主要包括对财务困境的判别（赵宇恒，2003；李志毅，2003；殷尹，2004）；分析（李波，2004）；估值（刘安，2004）；识别（王国红，2006；韩立岩，2011；刘启明，2012）。这些判别、分析、估值以及识别主要涉及不同的研究方法，如解释结构

模型和 CART 树（赵晶，2012），结构支持向量（韩立岩，2011），
COX 模型（江一涛，2011），Z 模型（周仁全，2008），贝叶斯概率
估计（殷尹，2004）等。这些文献与困境预测文献很难完全区分，本
书的划分标准是：没有明确的预测、预警信息，主要针对困境本身的
判别、估计、估值和应用等方法性研究归属于此类。

（三）困境公司行为类。这些文献主要研究困境公司的不同行为
及其后果：如困境公司的筹资、投资、成本、盈余管理和破产重组
等。易伟（2007）对困境公司的筹资行为及其有效性进行了分析；黄
国轩（2003）、敖宏（2006）、张功富等（2007）、朱洁（2012）研
究了困境公司的投资行为；谢宗成（2008）分析了困境公司在被 ST
前后年度的盈余管理状况；甘晓凡（2010）研究了新准则下 ST 公司
盈余管理程度；李志云等（2012）探讨了困境公司盈余管理的动机；
冼国明等（2003）就困境公司债务重组博弈进行了分析；赵丽琼等
（2009，2008，2011）就困境公司的重组战略、重组的市场反应和股
价效应进行研究；赵丽琼（2009）、张华蓉（2011）分析了困境公司
重组的绩效。

（四）财务困境成本类。对于企业财务困境成本的研究近些年也
取得比较丰硕的成果：吕长江等（2004）、廖冠民等（2006）深入探
讨了财务困境、股权结构、困境成本与公司绩效的关系，戚拥军等
（2007）分析了利益相关者视角下的财务困境成本与收益问题，黄辉
（2007）、张波涛（2008）、袁淳（2010）、张培莉等（2010）分别就
公司治理、认知偏差、所得税、政府干预、股权结构与财务困境成本
的关系进行了研究，吴世农等（2005）、章之旺等（2008）、鲍新中
等（2009）则就财务困境成本的影响因素进行了深入分析。

（五）与困境公司关系类。很多学者试图从不同的角度探讨其与
困境公司的关系。邓晓岚（2007）、王耀（2007）用实证方法证明困
境公司治理的弱化特征，王志伟（2004）、王宗军（2007）、钱忠华
（2009）、李伟（2010）研究了公司治理与财务困境的关系；廖冠民
等（2006）、郑海燕（2009）则从更细致的股权结构角度进行研究；

章之旺等（2005）阐述了财务困境与公司业绩的关系；沈艺峰（2007）、吴粒（2007）分别就高管和事务所变更对财务困境的影响进行研究；龚凯颂等（2005）、王克敏（2006）、肖斌（2007）、蔡玉（2007）分别从对外担保、权利配置及债权人治理角度探讨其与公司困境的关系。

综上所述，我国对于困境本身的研究成果数量很多，角度也比较全。但是，这些研究偏于零乱，且数量多于质量①。每一个新角度出现后受到研究者的追捧，会出现大量的类似文献，但这些后续研究的创新点不足，研究质量有待提升。大量研究成果的数量汇集最终必成质的突破，该领域新的研究方向应是对于困境本身的机理进行精品研究，探求指导财务困境公司行为的理论方针。

三　脱困研究

截至 2012 年 12 月，我国对脱困研究的文献共 27 篇，具体情况见表 2-2。

表 2-2　　　　　　　　公司脱困研究文献汇总

序号	篇　名	作者	文献来源	发表时间	被引频次
1	证券发行管制下的地方"护租"与上市公司财务困境风险化解	章铁生 徐德信 余　浩	会计研究	201208	0
2	我国上市公司财务困境恢复的影响因素研究	尹　斌	会计之友	201206	0
3	CEO 变更与财务困境恢复——基于 ST 上市公司"摘帽"的实证研究	过新伟 胡　晓	首都经济贸易大学学报	201205	1
4	后金融危机时代财务困境企业解困的路径选择	颜秀春 徐　晞	统计与决策	201202	0
5	基于 Cox 比例危险模型的制造业财务困境恢复研究	倪中新 张　杨	统计与信息论坛	201201	1
6	上市公司解除财务困境的影响因素研究	任冠军	安徽大学（硕士）	201104	1

① 针对财务困境本身研究的 419 篇文献中：202 篇 0 引用，0 引用比例为 48.21%，远高于全部文献的 0 引用比例 43.61%（见图 2-5）。

续表

序号	篇名	作者	文献来源	发表时间	被引频次
7	高管报酬激励与困境公司的恢复	赵丽琼	经济研究导刊	201012	1
8	上市公司治理结构对财务困境恢复影响的分析	路璐	中国科学技术大学	201004	1
9	通过不同方式进行摘帽的ST公司后续发展能力对比研究	马莎 李燕梅	中国经贸导刊	200912	1
10	董事会特征与困境公司的恢复——基于中国上市公司的实证分析	赵丽琼 张庆芳	工业技术经济	200908	1
11	上市公司解除财务困境影响因素的实证分析	颜秀春	山东财政学院学报	200908	2
12	我国上市公司财务困境恢复影响因素研究	董保国	厦门大学（硕士）	200904	0
13	ST公司摘帽后债务融资结构与公司绩效关系的研究	张雨菱	暨南大学（硕士）	200809	4
14	股权结构特征与困境公司恢复——基于中国上市公司的实证分析	赵丽琼 柯大钢	经济与管理研究	200809	2
15	我国财务困境公司恢复过程预测研究	赵丽琼 柯大钢	统计与决策	200807	4
16	中小企业如何走出财务困境	陈英	商业研究	200809	9
17	探讨企业摆脱财务困境的出路——以"夏新电子"的发展轨迹为例	杨涵	财会学习	200808	1
18	探索小企业走出财务困境的途径	丰俊	财政监督	200707	0
19	五种手段帮助企业走出财务困境	徐茜	中国农业会计	200611	0
20	走出民营企业的财务困境	王静	河南财税高等专科学校校报	200403	1
21	走出财务困境	文进平	通信企业管理	200210	0
22	略谈国有企业如何摆脱财务困境	黄平	经济师	199512	0
23	我国运输企业的财务困境与出路	林强	南开经济研究	199408	0
24	国有企业财务困境与出路	苏宁 卢中原	财贸经济	199408	0
25	企业突破财务困境的十条对策	王军	管理评论	199405	0
26	行政事业单位面临的财务困境及其出路	易延凤	湖湘论坛	199303	0
27	上海自行车厂缓解一时财务困境的若干措施	朱关祥	上海会计	198904	0

　　从表 2 - 2 中的有限的 27 篇文献可见：我国的脱困研究在早期主要集中于简单的对策建议类，1989—2008 年间共有此类文献 12 篇，且引用频次不高。尽管 2008 年陈英在《商业研究》上所发"中小企业如何走出财务困境"目前引用次数为 9，有一定的学术贡献，但其主要聚焦点不是财务困境而更偏重于中小企业的融资问题。所以严格来说，我国真正对于脱困的研究始于赵丽琼、柯大钢（2008）"我国财务困境公司恢复过程预测研究"。"虽然文章存在初始指标选取主观性过强的缺陷，但是作为财务困境恢复研究的重要尝试是非常有意义的。"①

　　此后，学者们开始就 ST 公司脱困的不同角度展开研究：赵丽琼、柯大钢（2008）采用 logistic 模型建立了 ST 公司摘帽脱困的预测模型，发现 ST 公司脱困与困境严重程度负相关，而与自由资产数量和效率主导战略呈正相关关系。接下来，赵丽琼等（2008，2009，2010）就股权结构、董事会特征、高管激励与 ST 公司脱困的关系进行检验，发现这些公司治理结构特征对脱困均有积极作用。过新伟（2012）就 CEO 变更研究发现：公司财务困境期间非正常更换 CEO 对于脱困具有显著积极作用；在其他条件相同时，有职业经验继任者比无职业经验继任者更能显著帮助困境公司摆脱危机；而具有职业经验的 CEO 继任者中，外部继任者的作用大于内部继任者。倪中新等（2012）利用生存分析中的 Cox 比例危险模型对影响 ST 公司成功摘帽的因素进行实证研究发现：困境公司能否顺利摆脱困境受到财务和公司治理因素的共同影响。董保国（2009）、尹斌（2012）就 ST 公司摘帽的影响因素进行实证检验，发现对摘帽具有显著性影响的因素既包括公司偿债能力和盈利能力等财务指标，又包括宏观经济形势以及是否更换高管等非财务指标。

　　总体来说，我国的脱困研究起步较晚，研究成果数量较少，除了

---

　　① 倪中新、张杨：《基于 Cox 比例危险模型的制造业财务困境恢复研究》，《统计与信息论坛》2012 年第 1 期。

章铁生在 2012 年所发表的"证券发行管制下的地方护租与上市公司财务困境风险化解"之外，高层次的文献还几乎没有。现有研究视角大多沿袭之前对困境预测、困境本身的研究思路，缺乏新的研究角度。相对于以往的研究成果来看，困境扭转与摆脱方面可研究的内容和角度大量存在，支撑脱困的研究成果有待从数量和质量上大幅度提高。

第三节　研究体系架构

　　ST 是每一个上市公司在市场交易过程中可能会随时面临的一种境地，企业对于困境的管理可以遵循管理学中常见的"事前、事中、事后"管理模式。对于 ST 公司的研究，我们也可以被 ST（陷入困境）作为事件本身，按照事前（困境预警、预测）、事中（困境本身的多角度研究）和事后（即困境发生之后如何脱困）的研究思路进行研究体系的架构（和丽芬、朱学义、苏海雁，2013）。也就是说，将现有的困境研究成果看作是一个整体，该体系由困境的事前预警研究、事中自身研究和事后脱困研究三部分内容共同支撑（见图 2 – 6）。

　　由图 2 – 6 的研究体系可见，困境研究分为三大类，每一类别的研究又可分为三个层次：起点研究、中间支撑性研究和总结拔高研究。起点研究是指该领域最早的、具有意义的初始性研究，如困境预警研究中的"企业破产的分析指标和预测模型"（吴世农等，1987）；财务困境本身研究中的"企业财务困境研究的理论、方法及应用"（陈晓等，2000）；脱困研究中的"我国财务困境公司恢复过程预测研究"（赵丽琼等，2008）。中间支撑性研究是指继初始研究之后，后续研究者所跟进的大量中等水平研究成果，可能会有重复性研究，也可能会有纯为发表而拼凑的文章成果，研究数量会很多，但水平不会特别理想。总结拔高研究则是指当某一领域研究成果已经非常丰富，一般研究者很难再有新角度和新思路，需要高层次学者对其进行尖端性的总结和拔高。该类别研究会有较大难度，也是当前各类别困境研究中普遍缺少的成果。

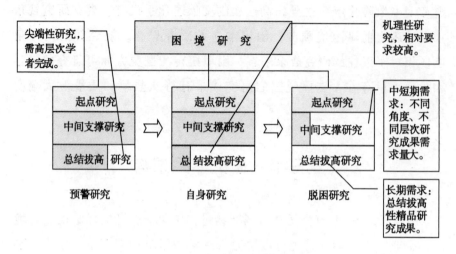

图 2 - 6　我国困境研究体系

当前，困境研究体系中的预警研究类别在我国已达到比较成熟的阶段，其研究空白点在于该类别的第三层次，即新的困境预测模型和方法的探索，需要高水平学者完成；困境本身研究的文献数量目前也很多，角度也比较全，但偏于零乱，且总结拔高性文献欠缺，需较高层次学者就困境机理进行精品研究，弥补该领域的空白；对于脱困研究，我国目前尚处于起步阶段，尽管一些新的研究视角出现，但远不能满足现实需求。该领域的中间支撑性研究成果大量欠缺，需要各层次研究者去填补。这也是本书研究的落脚点。

第四节　本章小结

本章通过对我国当前困境研究文献进行梳理汇总，依据不同研究内容分类，初步确定了以事前预警研究、事中自身研究和事后脱困研究为支撑的困境研究体系。当前困境研究大多集中于事前困境预警和事中困境本身，对事后脱困的研究较少。本书界定了我国困境研究的三类九层：即事前、事中、事后及其所属的起点基础研究、中间支撑研究和总结拔高性研究。研究发现，当前我国对困境的事前研究基本成熟，很难再有其他创新；事中研究数量多、精品少，质量上尚需拔高和提升；事后研究则处于起步阶段，需要大量多方位、多角度思考的中间支撑性成果。本章理顺了我国现有公司困境研究文献的分类关系，构建了我国困境研究体系，探明了未来不同层次学者应关注的领域，并确定了本书的研究方向。

第三章

制度背景与理论分析

第一节　制度背景

以重组视角研究 ST 公司摘帽脱困问题，必须充分考虑我国的制度背景，主要包括证券市场的 IPO 制度，退市制度与 ST 或 * ST 制度，以及法人大股东的集中控制。

一　证券市场的 IPO 制度

IPO（Initial Public Offering）制度，即新股发行制度，是证券市场的基础制度，其合理性与完善程度直接决定进入证券市场的上市公司质量，间接影响进入或即将进入证券市场的各项资源的利用效率，以及资本市场的稳定与发展。IPO 有狭义和广义两种理解：狭义的 IPO 制度，主要指发行审核制度或发行监管制度；广义的 IPO 制度还包括发行机制等与股票发行上市有关的所有制度安排。我们此处所讨论的是狭义 IPO 制度。

为了规范不断发展中的证券市场，我国的发行监管制度也在不断变迁。按照管理特征，可以分为三个阶段。

（一）1991—1998 年的审批制时期。由于我国经济体制改革的政府推动并主导的客观性特征，证券市场最初的发行制度也很自然地采取了审批制方法。该阶段的股票发行有如下几个特点：第一，额度管理。1993 年，我国提出"总量控制、划分额度"的方法，对我国股票发行规模和发行企业数量进行双重控制。具体做法是：每年首先确定公开发行股票数量的总规模（额度），然后将这些额度在各地区和部门之间进行切分，之后各地区和部门按照所分配额度选择上市公司；第二，两级审批。拟发行证券的企业先向当地政府、中央部委提交额度申请，第一级的额度审批获准通过之后，再报送证监会进行第二级的资格审批；第三，倾向选择国有大型企业。我国证券市场设立的初衷是为经营不善陷入困境的国有企业筹集资金，因此，在制度安排上对其倾斜，也是很自然的选择；第四，规定新股发行价格。新股发行价格一律按照市盈率法计算，即"发行价＝每股税后利润×发行市盈率"。其中，发行市盈率固定在 13—15 倍之间，由证监会决定；第五，增量发行。国家股和法人股不流通，只有在额度内向社会公众投资者发行的新股才进入二级市场流通交易。由以上特点看出，审批制阶段的股票发行，无论是上市公司选择、股票发行价格确定，还是发行数量，都是行政审批的结果。在这种制度安排下，股票发行成为一种变相的资金分配，上市额度属于严重稀缺资源，企业对行政部门的依附关系增强，上市公司的行为选择被扭曲，这些都为日后上市公司的大股东"侵占"和业绩下降埋下了隐患。

（二）1999—2003 年的核准制时期。随着 1999 年《证券法》的实施，行政审批制度逐渐向核准制过渡。主要变化有：第一，取消了额度控制，企业可根据市场供求状况、自身对资金的需求和企业资本结构自主确定发行规模；第二，采用网下累计投标询价和网上累计投标询价等方式协商确定新股发行价格；第三，取消了地方政府和主管机构的推荐职能，由证监会作为核准者，根据相关规定和股票上市条件对公司的发行资格进行审核，并做出其是否上市的核准决定。在核准制要求下，很多企业由于经营质量低下，达不到上市所要求的利润和资产质量标准，所以采取剥离优质资产分拆方式支持其子公司成功上市。这种分拆使得上市子公司与其控股母公司之间存在密切联系，往往滋生大量关联交易，加之当时控股股东所持股份的非流通性特征，严重地影响了上市公司股东财富价值的实现。

（三）2004 年以后的企业上市保荐制度。保荐制是指由保荐人负责对发行人的上市推荐和辅导，核实公司发行文件与上市公司文件中所载资料是否真实、准确、完整，协助发行人建立严格的信息披露制度，并承担风险防范责任。我国的保荐制度始于 2004 年 2 月 1 日起开始实施的《证券发行上市保荐制度暂行办法》。该办法对企业发行上市提出了"双保"要求，明确了保荐责任和保荐期限，建立了监管部门对保荐机构和保荐代表人实行责任追究的监管机制。相较于前两个阶段的 IPO 制度安排，保荐制度的市场化程度更高。它把以往由监管部门承担的市场风险转移到市场主体身上。同时，保荐中多层面的连带责任风险也迫使保荐人具备很高的业务素质和严谨的工作作风，从而促使其推荐质量好的企业上市。但是，当前关于保荐人的责任义务方面的相关法制还不健全，IPO 过程中的各种"寻租"行为依然存在。

　　虽然历经三个发展阶段，证券市场 IPO 的审核制度本质并未改变。我国 IPO 制度从诞生至目前越来越处于各种争议乃至批评中，其根本原因在于，基于政府对经济运行的强烈"父爱"情结而设立的 IPO 审核制已经越来越不适应当前市场经济的发展：严格的上市门槛阻止了一批优秀但规模不够的新兴产业企业，而"权力把门并不能阻挡住不合格企业，反而给一些有政府资源的企业进入市场提供了保护'背书'"。① 涉及本文的研究问题是，一些已经严重亏损的 ST 公司及其控股股东想方设法要保住其珍贵的上市资格，往往采取大规模资产置换、剥离等重组策略，关联交易严重，不利于证券市场的优胜劣汰。

二　退市制度与 ST 或 *ST 制度

　　退市又称终止上市或者摘牌，是指上市公司股票由于各种原因不再继续挂牌交易而退出证券市场。和 IPO 制度一样，退市制度也是证券市场建设的基础性制度之一。退市制度的实施有利于提高上市公司

---

① 周俊生：《郭树清之问和 IPO 的制度困境》，《国际金融报》2012 年 2 月 13 日（第 2 版）。

整体质量，以优胜劣汰机制净化市场，从而优化资源配置，提高对投资者的保护，促进证券市场的健康发展。

我国上市公司的退市制度源于 1994 年 7 月 1 日起开始实施的《公司法》。不过，该法只是初步规定了上市公司股票暂停上市和终止上市的条件，可操作性并不强。1998 年证监会引进 ST 制度，对状况异常的上市公司实施特殊处理，予以特别监管。其核心内容是：对两年连亏上市公司实行 ST，ST 公司股票的日涨跌幅度限制为 5%，中期财务报告必须经过审计。2001 年 2 月，证监会发布《亏损上市公司暂停上市和终止上市实施办法》，并于 2002 年 1 月修订实施。该办法规定，若上市公司连续三年亏损，其股票暂停上市，暂停上市期间如果年度净利润依然为负，则被摘牌退市。这是我国退市制度的正式启动。该退市制度的实施不仅从净利润指标对上市公司的暂停上市和退市做出规定，同时也为那些已陷入财务困境的 ST 公司的摘帽设置了原则性期限。暂停上市和退市的压力促使 ST 公司采取各种措施摆脱困境，重组对于 ST 公司的摘帽具有显著的效果（吕长江、赵宇恒，2007）。

2003 年 5 月，沪深交易所发布《关于对存在股票终止上市风险的公司加强风险警示等有关问题的通知》，开始启动"退市风险警示"即 * ST 制度。从此，我国证券市场上开始了 ST 与 * ST 并存的局面，而且人们习惯将两者合并简称为"ST"。

ST、* ST 制度，其设置的本意是将证券市场上的劣质股票与优质股票区分开来，使股民容易区分不同股票的风险，以便做出正确的投资决策，同时将不能如期摘帽的公司依法退市以实现优胜劣汰。然而，制度实施以来，特别处理公司暂停上市的不少，真正退市的却寥寥。2012 年 6 月，《关于完善上海证交所上市公司退市制度的方案》《关于改进和完善深圳证券交易所主板、中小企业板上市公司退市制度的方案》相继出台，退市法律规范又一次成为各方关注的焦点。按照新规定，退市标准主要包括：（1）上市公司最近一年年末净资产为负数，实行退市风险警示；（2）上市公司最近两年营业收入均低于

1000 万元，实行退市风险警示；最近三年营业收入均低于 1000 万元，暂停上市；最近四年营业收入均低于 1000 万元，终止上市；（3）连续三年被出具无法表示意见或否定意见的，终止上市。同时规定，被暂停上市的股票，发生下列情况将会被终止上市：（1）最近一年扣除非经常性损益前、后的净利润任一为负数；（2）最近一年营业收入低于 1000 万元；（3）最近一年期末净资产为负数；（4）最近一年财务会计报告被出具否定意见、无法表示意见或者保留意见；（5）保荐机构未就公司持续经营能力发表意见，或者其发表的意见不符合规定的要求；（6）保荐机构未就公司治理水平发表意见，或者其发表的意见不符合规定的要求。

可以说，新的退市规则对 ST 和 ﹡ST 公司的摘帽时间、要求设置了具体的数量和非数量指标，各指标如期达到，则能继续交易，否则面临摘牌退市。同时，上交所在其《退市制度方案》中明确表示即将启动风险警示板块。届时，ST 或 ﹡ST 公司股票将与退市整理公司、重新上市公司的股票一并纳入风险警示板进行交易。可以说，ST 或 ﹡ST 公司面临着比以往任何时候都更加严峻的挑战。

作为新的退市制度的一个缓和，沪深交易所于 2012 年 7 月先后发布再次修改的《股票上市规则》，不再将"扣除非经常性损益后的净利润为正"[①] 作为 ST 公司摘帽的必要条件。该项规定的变革为 ST 或 ﹡ST 公司的重组摘帽提供了更为充分的运作空间。

三　法人大股东集中控制

我国证券市场的历史背景造就了法人大股东的集中控制。20 世纪 90 年代初，我国证券市场建立，其直接目的便是为国企筹集资金。很多国企经营状况不佳，为了达到法律规定的上市条件（比如净资产收益率、主营业务突出、减少关联交易、避免同业竞争），在改组为股

---

① 2001 年 6 月开始，沪深交易所将"扣除非经常性损益后的净利润为正"作为 ST 公司的摘帽条件之一。

份有限公司之前往往会剥离部分资产，只将符合上市要求的高质量资产注入股份有限公司，原有企业成为股份公司的母公司。后来，随着IPO制度的不断发展，一部分在当地做大做强的民营企业集团也在政府支持下采取以上模式将其控股公司成功上市。造就了我国证券市场上法人股东集中控制特征。以2012年上市公司为例，2469家A股上市公司中，第一大股东为法人的公司家数为1895家，占比76.75%。如果扣除创业板的355家公司，沪、深两市2114家A股上市公司中，法人大股东公司数为1772家，占比83.82%，自然人大股东公司比例仅为16.18%（见图3-1）。

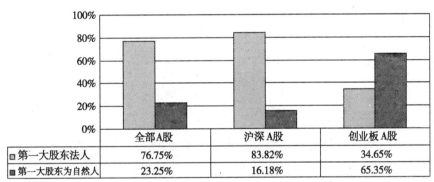

图3-1 2012年A股上市公司第一大股东情况

表3-1 2012年A股上市公司控股股东持股情况

持股比例	50%以上	40%—50%	30%—40%	20%—30%	10%—20%	10%以下	合计
公司家数	521	429	519	645	313	42	2469
比例（%）	21.10	17.38	21.02	26.12	12.68	1.70	100

注：此表根据中国证监会《中国证券期货统计年鉴（2012）》与国泰安数据库资料共同计算得到。

另外，这些大股东的持股比例也非常集中（见表3-1）。2012年A股上市公司中，第一大股东持股比例在50%以上的公司共521家，占全部A股上市公司数的20%以上，其中，最高持股比例达89.41%；第一大股东持股比例在30%以上的公司共1469家，占全部 A 股公司数量的 60% 左右；第一大股东持股比例在 10% 以下的公司仅 42 家，占全部 A 股公司的 1.7%。法人大股东集中控制的属性显现无疑。事实上，我国证券市场的这种大股东集中控制由来已久（见表 3-2）。2005 年及以前，第一大股东持股比例平均在 40% 以上，而前两大股东持股比例均在 50% 以上。2005 年 4 月证监会正式启动股权分置改革，2006 年的股权过度集中情况稍有缓解，第一大股东持股比例 2006—2012 年一直稳定在 36% 左右的水平，前两大股东持股比例则在 45% 左右。然而，结合表 3-2、图 3-1 的情况看，证券市场的法人大股东集中控制特性依然非常明显。

施莱弗和维西理（Shleifer and Vishney, 1986）认为，高股权集中度相对于分散的股权特征，有利于所有者与经营者之间代理冲突的缓解。因为大股东有能力且有动力对公司管理者进行监督和约束，导致代理成本相应降低。然而，股权集中度的提高，也会导致新的代理问题——大股东与小股东的利益冲突出现。因为大股东有足够的能力和动机参与公司治理，在大小股东利益不完全重合的情况下，大股东完全可能以侵害中小股东利益为代价谋求自身利益最大化。约翰逊（Johnson 等，2000）将其定义为"掏空"。拉波特（La Porta, 1997）曾提出：控股股东可以掏空上市公司来获取私人收益，公司的控制权是有价值的。这种掏空和控制权价值主要通过并购重组以及关联方交易来实现。从我国证券市场的实际情况看，因为母公司在股份公司上市前期做出了很多"牺牲"，很多母公司认为自己对上市公司的资金占用、巨额担保等掏空行为无可厚非，认为这属于后者的反哺，而不是一种违法行为。又由于我国证券市场最初的制度安排就是为国企脱困和发展服务的，因此证券监管部门对作为国企的大股东的控制行为（包括掏空和盈余操纵行为）经常采取睁一只眼闭一只眼的态度，导致大股东的上述控制行为更加随心所欲和无所顾忌。然而，也有研究发现，大股东对上市公司，除了掏空之外，也可能提供"支持"［弗里德曼等（Friedman et al.），2003］。即大股东既有把资源从上市公司转移出去的动机，也有向上市公司输送资源的动力。支持的原因可

能是多方面的，比如整合产业链、取得协同效应，获取私人收益（大
股东可能会利用其在董事会的权力，负向影响增发新股价格从而换取
更多的新发股票数量）（刘建勇、朱学义、吴江龙，2011）。然而，
最可令人信服的一种观点是，"支持"是为了使处于困境中的上市公
司摆脱困境，满足监管部门对 ST 与 ＊ST 公司摘帽的明线规定。约翰
逊、布恩、布里奇和弗里德曼（Johnson、Boone、Breach and Fried-
man，2000）的研究就曾发现：当公司的投资回报率暂时较低，为了
保持未来继续掏空的能力，控股股东将采取各种方式支持上市公司。
所以，这种支持的目的并非仅为了支持，而是支持后期望上市公司能
够为自身带来更大化的利益，或者说，为了将来能够更多地掏空上市
公司。只有将掏空、支持这两种看似相反的动机结合起来，对证券市
场中大股东动机的分析才会更加客观和完整。

表 3 – 2　　　　　　1998—2012 年上市公司控股股东持股情况

年份	公司数量	第一大股东持股比例（％）	第二大股东持股比例（％）	前两大股东持股比例（％）	前五大股东持股比例（％）
1998	830	45.66	7.74	53.40	59.57
1999	922	45.44	7.99	53.43	59.69
2000	1085	44.30	8.24	52.54	58.73
2001	1133	44.03	8.29	52.32	58.49
2002	1198	43.45	8.74	52.19	58.65
2003	1259	42.50	9.26	51.76	58.59
2004	1346	41.63	9.83	51.46	58.77
2005	1344	40.30	9.84	50.14	57.46
2006	1427	36.22	9.20	45.42	52.79
2007	1545	35.97	8.97	44.94	52.22
2008	1600	36.26	8.95	45.21	52.32
2009	1749	36.59	8.94	45.53	52.99
2010	2051	36.55	9.36	45.91	54.11
2011	2320	36.18	9.64	45.82	54.31
2012	2469	36.32	9.69	46.01	54.43

注：表中 1998—2009 年数据摘自刘建勇《我国上市公司大股东资产注入动因及经济后
果研究》（中国矿业大学博士论文，2011），2010—2012 年数据根据《中国证券期货统计
年鉴（2012）》与国泰安数据库资料共同计算得到。

第二节　理论分析

上市公司被 ST 或 * ST 意味陷入困境，并涉及两方面问题：困境成因和困境脱困。本文以重组行为选择视角对 ST 公司摆脱困境进行研究，因此，本章的理论分析主要包括两个方面：一是公司困境的形成理论，二是重组之于困境脱困理论。

一　公司困境形成理论

西方主要从破产成本理论、非均衡理论、代理理论、期权定价理论和契约理论来解释困境的成因。

（一）破产成本理论

自 MM 资本结构理论开创以来，以其为基础的企业融资行为研究不断被创新，企业破产成本理论是其中一个重要分支。贝克斯特（Baxter, 1967）指出，在正常情况下，除非企业能够让债权人相信，融资企业自身所拥有的权益足够为将来的债务作为保障，否则它就不可能从债权人那里得到债务性融资。因此，任何一家企业都会存在一个"可以为债权人所接受的债务水平界限"。该界限主要取决于企业的经营获利情况。一旦企业的负债水平超过债权人可接受的界限，其平均资本成本会随债务水平的增高而加大，因而其发生破产的概率及可能性就增大。破产成本理论实质是对资本结构在破产成本量化过程中所发挥的作用进行探讨，其核心是由于平均资本成本增加而导致了破产与财务困境。

（二）非均衡理论

该理论主要用外部因素冲击来解释公司困境，如灾害理论（Ca-tastrophe）。霍和桑德斯（Ho and Saunders, 1980）首次将灾害理论应用于破产研究领域，他们使用灾害理论研究美国银行监管，发现银行的破产不是逐步衰落而引起的，而是一种由管制机构行为所引起的突然倒闭。另外一些研究则将破产与具体的经济原因联系在一起，如消费者偏好、市场结构、行业特征和公司生命周期等。

（三）代理理论

代理理论基础源自于人们的有限理性（Bounded rationality）、自利动机（Self - interest）与风险规避（Risk Aversion）三个假设。该理论将经济资源所有者定义为委托人，而把通过负责的方式使用及控制这些资源的经理人称作代理人。不管是委托人还是代理人，他们都是经济理性和自身效用的最大化者。在现代公司体系中，作为委托人的股东与作为代理人的公司管理者之间的利益并不总是一致，因而，管理者出于自利的动机，可能会做出不顾外在股东和债权人利益的行为，出台某些伤害公司的经营决策，以牺牲委托人的利益为代价而追求自身利益最大化 ［詹森和麦克林（Jensen and Meckling），1976］。如冲动并购以增加自己声誉，购置豪华私人设备，去国内外旅游胜地进行与公司经营联系并不大的所谓商务考察活动，这些都会增加公司的经营成本，甚至威胁其生存和导致其陷入困境。

（四）期权定价理论

自布莱克－斯科尔斯（Black - Scholes）于 1973 年发表关于期权的开拓性论文，即期权和公司债务的定价以来，期权定价理论就被广泛应用于公司的财务问题研究。从期权与公司资产价值关系角度看，负债经营的企业被看作由债权人持有的一组有价证券，公司股东则持有以该证券为标的物的一个看涨期权。当公司的总市值高于公司所欠的债务价值时，股东会行使看涨期权，即偿还所欠债务并继续拥有公司；反之，若公司的总市值低于其所欠的债务价值，股东会选择让公司破产，并把公司资产出售给那些看跌期权的持有者，即债权人将拥有公司。期权定价理论认为，企业破产的可能性与期权价值之间存在着直接的联系。

（五）契约理论

该理论试图通过股东与债权人之间的潜在利益冲突对公司财务困境的形成进行研究。阿德曼和海德曼（Altman and Haldeman，1995）建立了一个专门研究公司破产过程的模型，该模型的三类参与者，即股东、银行和其他债权人形成一个契约体。如果公司只会处于两种状态：好的现金流状态与坏的现金流状态，并假设所有参与者都风险中庸，经理人员以股东利益最大化为目标。那么，公司的变现价值与其债务的账面价值之比会对公司的投资行为产生有很大影响。同时，公司债务的期限结构也是对投资效率产生显著影响的重要因素，银行短期借款在总负债额中的比率越大，公司的投资效率就会越高。反之，则会越低。高的投资效率无疑会提升公司价值，而较低的投资效率则可能使企业陷入困境。

二　重组之于困境脱困理论

重组之于脱困，实质是重组活动所产生的影响对困境公司脱困的作用。这种作用可以从重组的效率理论和信号传递理论来进行解释。

（一）重组的效率理论

该理论认为，企业间的重组活动是一种能够为社会带来潜在增量效益的行为。通过重组，公司可以获得管理与资源利用的协同效应，从而为社会创造价值。根据对效率来源的不同解释，效率理论又可以分为效率差异化理论、经营协同效应理论、多角化经营理论和战略规划理论。

1. 效率差异化理论

重组效率理论的最一般解释是重组双方在效率上存在差别。如 A 公司的管理者比 B 公司的管理者更有效率，那么在 A 公司收购 B 公司之后，B 公司的管理效率会提升至 A 公司的水平，使得 B 公司的管理效率通过重组而得到提升。财务困境公司如果被一家管理效率更高的公司收购，则其提高管理水平和摆脱困境的可能性就大大增强。

2. 经营协同效应理论

经营协同效应是指重组双方通过重组行为使各自的生产经营活动在效率和效益方面有所提升，重组并购会产生优势互补、规模经济和市场占有率扩大等一系列的好处。经营协同效应理论假设行业中已经存在规模经济，而并购前双方经营水平均达不到此规模经济要求，企业进行重组的一个重要的目的，就是为谋求双方的经营协同。如 A 方可以利用 B 方成熟的销售渠道，而 B 方也可利用 A 方高水平的管理团队。经营协同效应不仅可以扩大市场份额和降低成本，而且使重组双方达到各项资源的协同互补。

3. 多角化经营理论

多角化经营理论是基于经济学中"不要将所有鸡蛋放在一个篮子里"的理念，其目的就是扩大市场同时又合理规避风险。公司在单一经营模式下，其管理层和员工会承担较大的风险，一旦环境变化或不利政策出台冲击到公司经营业务，很可能使企业陷于困境。而分散的多角化经营模式可以分散股东投资回报来源，降低企业经营风险。对于困境公司而言，重组所带来的多角化经营会对原有业务的亏损进行补偿，甚而帮助公司盈利并扭转困境。

4. 战略规划理论

战略规划理论认为公司重组可以调整公司的短期或长期战略规划。财务困境公司陷入困境的原因尽管是多方面的，但积极行动、改变战略是其尽快恢复的重要手段。困境公司有时受限于严重亏损和流动性不足不能很好地实施恢复战略，而重组可以为公司注入新的动力和资源，以促进公司调整战略和尽快脱困。

（二）重组的信号传递理论

重组的信号传递理论认为：上市公司进行并购重组，无论其重组行为最终成功与否，目标公司股价也会在收购过程中被重新提高估价 [杜德和理查德（Dodd and Richard），1977]。该理论在我国证券市场实践中的体现尤其明显。当 ST 或 * ST 公司发布重组意向公告，股价会在短时期内异动上涨。这是由于市场对重组信息的分析，考虑到重组后困境公司摘帽和双方业务领域合作的美好前景，以及当前公司股票价格可能被低估的可能性，投资者会加大该股票的持有量从而导致了公司股票市场价格的上升。当然，如果重组未能成功或是即使成功而 ST 公司未能如期摘帽，股价又会迅速回跌，但是，一部分内幕信息拥有者却已获得了超额的回报。

三　本书的理论框架

以上的理论分析表明，重组由于对困境公司的业绩提升具有相应积极作用，无论是基于重组的效率理论还是信号传递的正能量作用，困境公司都具有重组的主动意愿。我们之前对制度背景的分析表明：新的退市制度出台以及 ST、＊ST 制度规定使得困境公司面临"扭亏避退"的巨大压力，法人大股东集中控制、IPO 制度严格造成上市公司壳资源的珍贵和稀缺，又为困境公司重组渠道的开拓提供了便利和可能。因此，重组成为上市公司陷入困境被 ST 后最频繁使用的脱困策略和手段。

重恩、乔和弗兰克（Chong－en、Qiao and Frank，2004）曾以"控制权竞争"来解释中国 ST 公司的重组行为本质。本书认为，即使是股权分置改革已经完成，我国证券市场上大股东的集中控制依然存在，加上制度的不完备以及公司治理的不健全，使得控制权的争夺在我国证券市场上短期内会很少出现。因此，"控制权竞争"对该问题缺乏解释力。

就 ST 公司频繁重组的本质而言，本书更认同"支持性重组"观点（李哲等，2006）。鉴于控制权私有收益在我国较大规模存在（马磊，2007），而 ST 或＊ST 公司重组的对象选择会受到诸多限制，即便是重组成功，其摘帽与否也未可知。因此，控股股东的支持此时尤为重要。

然而，大股东的支持并不是无限制的。波西尔和维瓦塔纳唐（Polsiri and Wiwattanakantang，2004）曾对东南亚金融危机中泰国公司的重组行为进行研究，认为重组行为的本质是大股东对金融危机做出的反应。本书认为，这一论断颇具洞察性。ST 公司的重组本质，其实是大股东面对上市公司困境时所做出的反应，这种反应最终体现在大股东对困境上市公司的重组行为选择上。困境公司是否重组、如何重组，公司资源的所有者即股东，尤其是控股股东具有最终的话语权。当公司困境程度较低，出于对未来控制权收益的预期，控股股东会做出支持性选择，通过资产重组方式向上市公司"输血"；当困境公司的困境程度加重，控股股东认为其自身支持能力不足以使得上市公司脱困，或是经过权衡这种支持的成本收益严重不对等，控股股东可能会更倾向于放弃对困境公司的控制权，即将上市公司的股权转让给其他法人，为上市公司寻找另一个支持主体。

基于此，我们从对上市公司重组行为最具有话语权的控股股东角度，可以将 ST 公司的重组选择分为三大类：内部重组、支持性重组与放弃式重组。内部重组是一种无须支持也无须转移的困境公司自我重整，这种重组行为选择一般是基于两种完全不同的情况：一种是困境公司的困境程度较低，有能力自我恢复，另外一种则是由于困境公司的困境程度过高，正常的支持无法令其脱困，而转移控制权的重组却无人接手；支持性重组是 ST 或 * ST 公司的控股股东以重组的方式对困境公司实行的一种利益输送，可以通过困境公司的兼并收购、债务重组、资产剥离、资产置换和非控制权转移的股权转让等实现；放弃式重组指控股股东将所掌握的 ST 或 * ST 公司的控制权进行转让，由新的股东来控制该困境公司，并帮助其尽快脱困，其实质是控制权转移的一种股权转让重组方式。不同的重组选择对困境公司的脱困会产生影响，对投资者和困境公司针对是否脱困的预测会产生影响，对脱困之后的绩效状况也会产生影响。本书所研究的 ST 公司脱困路径的理论框架见图 3 – 2。

第三节　本章小结

本章首先分析了我国困境公司重组脱困的制度背景，包括严格的 IPO 制度、新的退市制度与 ST、* ST 制度，以及证券市场历史所造就的法人大股东的集中控制。继而，依据困境形成、重组之于脱困的理论，从制度和理论两个方面解释我国 ST 公司频繁重组的客观现实及其本质，并最终确定本书的理论分析框架。具体有以下几方面。

（一）证券市场严格的 IPO 制度造成上市公司壳资源的稀缺与珍

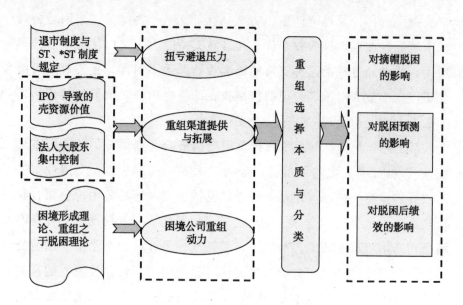

图 3 - 2　理论框架：ST 公司脱困路径

贵，这种壳资源价值一方面使得困境公司想方设法保住其上市资格和地位；另一方面也赢得重组方对其的青睐。

（二）新退市制度与 ST、＊ST 制度规定使得困境上市公司面临"不摘则停"或"不恢复则退市"的生存压力，困境公司希望获得重组机会以扭转困境的愿望就更加强烈，而能否扭亏与重组方的支持方式与支持力度密切相关。

（三）控股股东出于对未来利益的综合考量，会根据困境公司的情况选择内部重组、支持性重组或放弃式重组。困境公司面对重组方的三种选择，会采取哪些应对策略？这三种重组分类，对困境公司未来的困境恢复、恢复预测以及恢复后的绩效的影响是否有明显差异？本书将结合我国制度背景，对此展开深入探讨。

第四章

中国 ST 公司的重组行为选择影响

第一节 文献回顾

ST 公司的重组行为选择影响是指已陷入困境并被特别处理的公司，在面对困境时所采取的重组行为选择对其脱困的影响。重组是对资源的一种重新优化调配，是"以实现资产最大增值为目的的不同企业之间或同一企业内部经济资源的重新配置和组合"，作为企业整合资源和提升效率的一种整顿手段，对 ST 公司而言，重组是其摆脱困境的一种有效运作方式。约翰、朗格和尼特（John, Lang and Netter, 1992）曾提出，大企业在应对业绩降低时会自愿采取各种重组措施，如变更企业规模和扩大业务范围；欧芬克（Ofek, 1993）的研究也发现，公司在业绩下降后会采取出售资产、关闭工厂和减少资本支出等重组策略；康等（Kang et al., 1997）针对日本 1986—1990 年经营业绩下滑企业的重组活动进行研究后发现，这些企业采取出售资产、关闭厂房，也采取并购和多元化措施，但不愿过多裁员；丹尼斯和克鲁斯（Denis and Kruse, 2000）也提出了随着企业业绩下降，出现相当多的公司重组，并使企业业绩得以显著改善。

国内对于 ST 公司重组的研究成果多集中于对 ST 公司重组的绩效评价上。为数不多的关于 ST 公司重组行为的研究包括：秦锋（2000）分析了 ST 公司的出路，发现资产重组是有效的脱困途径；杨薇、王伶（2002）则提出扭亏 ST 公司所采取的资产置换、债务重组等措施普遍存在与大股东的关联交易问题；李秉祥（2003）分析了 ST 公司的债务重组所存在的问题并给出具体的建议方式和策略。以上研究均从现状入手进行探讨，没有进行实证检验。李哲、何佳（2006）以 1998—2001 年被实施 ST 的上市公司为样本，考察困境公司摘帽的因素后发现，重组次数、规模对 ST 公司摘帽具有正向影响，通过资产置换方式进行重组的 ST 公司其摘帽概率明显增加；赵丽琼（2009）对 1998—2002 年陷入财务困境的 ST 公司的重组方式进行研究后则得出了与上述完全不同的结论：摘帽公司采取了更为频繁的兼并收购策略，而未摘帽公司则忙于资产置换和剥离。

从以上分析可以看出，重组对 ST 公司摆脱困境的作用与效果已得到国内外学者的一致认可。然而，针对 ST 公司具体重组行为的研究依然存在很多空白与遗憾，尤其是国内，样本数量少和时间跨度短（现有研究几乎全部集中于 1998—2002 年间的 ST 公司样本）是当前研究的共有缺陷，面对几乎相同的样本得出不同的分析结论也令后来的研究者迷惑。此外，重组次数、重组规模在我国报表重组盛行的十几年前有利于 ST 公司的摘帽，那么，在当前，其是否具有相同的价值和效果？ST 公司的重组时机在其摘帽过程中是否发挥作用？兼并与收购、资产置换与其他类型的资产重组方式，到底哪一种选择更有利于困境公司的脱困？曾处于不同困境程度的摘帽 ST 公司，其重组方式选择是否存在差异？这些都是当前应当被关注的问题。本章就这些研究问题展开探讨和分析。

第二节　研究假设

对于 ST 公司的困境重组行为，西方比较成熟的理论解释包括效率协同和信号传递。这些理论从重组的目的与结果诠释了困境公司的行为选择。在我国，ST 公司的重组呈现更为明显的关联方特征和政府属性，传统的重组理论对这种特征的解释显然存在不足。约翰逊等（2000）和弗里德曼等（2003）所提出的"掏空"与"支持"理论被认为更符合该种情况。该理论认为，控制权价值的体现即控股股东可以通过关联交易掏空上市公司，当公司陷入困境而被 ST 时，这种

"掏空"演变为"支持",即控股股东会采取各种措施支持上市公司。李增泉等（2005）针对我国 1998—2001 年股票市场发生的 416 起兼并重组事件进行实证研究后发现,当公司具有避亏动机时所实施的重组活动是"支持性"重组,而当公司没有保牌或保资格之忧时所进行的重组活动则属于"掏空性"利益侵占。侯晓红（2006）从产权理论和资本专用性理论两个方面对"掏空"与"支持"行为的存在进行了经济学分析。维尼（Winnie 等,2011）利用中国证券市场关联重组数据对弗里德曼所提出的掏空与支持模型进行验证后发现:掏空与支持取决于上市公司的财务状况,控股股东对财务健康公司的关联重组多属于"掏空",对财务困境公司的重组则多是"支持"。陈骏、徐玉德（2012）以评估增值率作为观测变量,检验 2001—2010 年我国上市公司并购重组过程中的控股股东与地方政府的行为后发现,在关联并购交易中,控股股东的掏空与地方政府的支持行为并存。

　　本书认为,我国股票市场的历史和现实制度背景造就了国有属性、法人股大股东的集中控制以及上市公司"壳"资源的稀缺,而 ST 制度的存在使得财务困境公司面临证券市场的生存压力。因此,资本市场上的重组活动,尤其是 ST 公司的重组行为本质上是困境公司大股东面对困境时所做出的反应。由于控制权收益的广泛存在,大股东的首选是支持,因此,ST 公司频繁上演的重组活动实际上是股东支持下的重组。同时,控股股东的支持结果（即困境公司的恢复情况）会囿于其自身能力和支持程度,国有属性的控股股东比非国有属性控股股东的支持能力更高,从而使困境公司恢复的可能性更大,而更早、更频繁、花费更大和方式更多的重组意味着更大的支持决心和支持力度,会提高困境公司的脱困概率。此外,大股东的支持是理性的。从理论上讲,当公司从正常经营逐步走入困境,其自身会对困境的成因、困境的程度以及依靠自身努力而摆脱困境的可能性有一个大致的估计,因此,ST 公司的重组选择实质是困境公司的实际控制人在面临生存时与制度、现实之间的一种博弈,这种博弈的结果是,大股东面对困境时会选择对自身最有利的处理方式,困境情况不相同,其处理行为也存在差异。规模较小的困境公司其支持成本较低，从而更可能获得控股股东的支持。当公司困境程度较低时，出于对未来控制权收益的预期，控股股东会做出支持性选择，通过资产重组方式向上市公司"输血"。尽管支持性重组会增加控股股东现实的成本，但只要未来控制权所带来的收益现值高于甚至不低于这种支持成本，控股股东的支持就会存在；但是，当ST公司的困境程度加重，控股股东认为其自身支持能力不足以使得上市公司脱困，或是经过权衡这种支持的成本收益严重不对等，控股股东可能会更倾向于放弃对困境公司的控制权，即将上市公司通过卖壳的方式进行重组。这种重组方式在当前的制度背景下会使并购所涉及各方都产生最起码的短期效益：上市公司依靠控制权转移的资产重组改变主营业务，获得优质资产并成功摘帽解困，控股股东将其不能获益的壳资源变现，并购方获得上市公司控制权或者壳资源而高调亮相，控股股东与并购方的高层同时可以通过掌控内幕消息而获取流通股收益，实现壳资源的短期最大化价值。基于此，本书具体分析如下：

第一，在其他条件相同的情况下，支持性重组、放弃式重组等外部资产重组选择对ST公司的脱困具有较显著的作用。因为放弃之前控股股东对ST公司已经提供了一部分支持，而放弃之后又产生了新的股东对ST公司的支持，故而，放弃式重组其实也反映了一种支持。而支持的程度、时间、方式以及控股股东的性质与能力会对ST公司脱困相应地产生影响。

第二，现实的重组过程中，很多ST公司采取多种重组方式策略。因为公司的困境形成原因并非单一，故而多种方式的综合治疗比单独某一种方式的治疗效果会更好。在困境公司采取了诸如资产置换、兼并收购、资产出售、股权转让和债务重组等不同重组方式策略下，有些ST公司成功脱困，有些未能成功脱困，因此，不同的重组方式对ST公司脱困的影响作用是不相同的。

第三，ST公司的状况不同，控股股东的支持的情况和结果也存在差异。在已经脱困的摘帽公司当中，不同的公司规模和困境程度会影响到控股股东的重组选择策略。

根据以上分析，本章提出假设：

H1：对于 ST 公司而言，外部资产重组比内部自我重整更利于其脱困；

H2：多种重组方式策略比单一重组方式策略更利于 ST 公司摆脱困境；

H3：资产重组时间、重组次数及重组所发生成本对 ST 公司的脱困具有显著影响；

H4：控股股东性质会影响 ST 公司的摘帽，国有控股属性的 ST 公司其脱困概率更高；

H5：脱困公司与未脱困公司着重采取了不同的资产重组方式；

H6：在成功脱困的公司当中，不同困境程度公司的重组选择存在差异。低困境公司的重组策略大多为控股股东的支持性重组，高困境程度公司的重组策略则更倾向于控制权转移的卖壳式重组。

第三节　样本选取与数据来源

本书沿用国内学者的研究惯例，以上市公司特别处理事件（ST 和 ＊ST）作为其陷入财务困境标志，以特别处理公司的"摘帽"作为其脱困的标志。选取 2003 年 1 月 1 日起至 2011 年 12 月 31 日止沪深 A 股非金融类上市公司作为全部样本来源。之所以选择 2003—2011 年作为样本来源期，是缘于以下三个方面的具体原因：

第一，我国证券市场的特别处理制度自 1998 年 4 月 22 日起开始实施，至 2003 年以前，特别处理制度尽管有小的调整，但影响不大。2003 年 5 月，我国证券市场特别处理制度发生较明显变更，沪深证交所在原特别处理基础上新增一类"终止上市风险特别处理"（简称"退市风险警示"），明确规定终止上市风险特别处理与其他特别处理分别涵盖的不同内容，并启用新标记 ＊ST。其中，＊ST 主要涵盖"2 年连续亏损"，其他特别处理 ST 则主要涵盖"1 年净资产为负"。直至 2012 年 7 月，沪深两所第 7 次修改《股票上市规则》，将原"特别处理"一章更名为"风险警示"，包括"退市风险警示"（即 ＊ST）和"其他风险警示"（即 ST），"退市风险警示"（＊ST）和"其他风险警示"（ST）所涵盖内容也相应发生变化，原来被涵盖在"其他特别处理"（ST）中的"1 年净资产为负"的条件，在新修改《股票上市规则》中被包括在了"退市风险警示"（＊ST）中。简单地说，2003 年以前，我国特别处理制度只包括 ST，2003 年以后，我国特别处理制度包括 ST 与 ＊ST，且 ST 与 ＊ST 所涵盖内容有调整。

　　第二，2001 年之前，上市公司被 ST 后只要最近一个会计年度的财务报告净利润为正，且每股净资产高于股票面值就可以申请摘帽。2001 年由于我国新会计制度规定债务重组利得不能计入当期损益，同年 6 月上交所、深交所修改其股票上市规则，增加"主营业务运营正常"和"扣除非经常性损益后的净利润为正"两个 ST 公司摘帽条件。因此，从 2001 年 6 月起，ST 公司的摘帽规则与以往相比偏严。到 2012 年 7 月，沪深交易所先后发布修改后的《股票上市规则》，不再将"扣除非经常性损益后的净利润为正"作为 ST 公司摘帽的必要条件。此外，2003 年以前，证监会规定，上市公司被实施特别处理 ST 之后，如果业绩没有扭亏改善，则一年后被暂停上市，再一年后则面临被摘牌退市的命运。即被 ST 之后的两年时间是其原则上的期限。2003 年新增"退市风险警示"制度规定，＊ST 公司的时间限制与之前的 ST 公司的原则上的两年期限是一致的。但是，其他特别处理即 ST 公司的时间限制则不同：被 ST 之后若业绩未能扭亏，则一年后被 ＊ST，而后才会按规定暂停上市或退市，即 ST 公司的时间期限原则上为三年。也就是说，以 2001 年和 2012 年为时间分界点，特别处理制度中的"摘帽"条件发生变化，以 2003 年为时间分界点，特别处理制度中的"摘帽"的原则期限发生变化。因此，2003—2011 年间，我国特别处理公司"摘帽"的规定是一致的。

　　第三，已有的关于 ST 公司摘帽的研究中，绝大部分以 1998—2002 年间的 ST 公司为实证样本，对于 2003 年以后的 ST 公司（包括

ST和＊ST）的研究则非常少，这也为我们的研究留下了空白。因此，以2003—2011年作为ST样本公司的来源期间，一方面与之前的研究有所区别；另一方面可以为今后风险警示制度的发展提供依据。

接下来，对上述时间段内的非金融类A股上市公司再进行筛选。只考虑由于财务原因而被特别处理的上市公司，将非财务原因剔除。另外，为了考察这些ST公司重组措施实施的真正效果，将先后两次或两次以上被特别处理的23家公司予以剔除。对上述所有ST和＊ST公司计算它们从被特别处理到"摘帽"的平均时间，得出的计算结果为27.5个月，即2.29年。基于稳健性考虑，我们以3年作为ST公司的脱困恢复期①。这样，从2011年12月31日开始向前推移3年，截取2003年1月1日至2008年12月31日作为样本时间窗口，确定该时间窗口内符合上述条件的样本公司共244家，其中ST公司37家，＊ST公司207家（以下统称ST公司）（见表4－1）。

表4－1　　　　　　　ST样本公司各年度分布情况

年份	2003	2004	2005	2006	2007	2008	合计
ST公司（家）	12	9	7	1	5	3	37
＊ST公司（家）	35	24	24	56	50	18	207
合计（家）	47	33	31	57	55	21	244

接下来，考察这些ST公司被实施特别处理3年后的"摘帽"情况后发现：这些ST公司被特别处理后3年内从困境中成功脱困（摘帽）的有104家，未成功脱困（未摘帽）的有120家，退市的有20家，具体情况见表4－2及图4－1。因为退市比"未摘帽"和"反复被ST"的境地要更糟，我们将退市公司也予以剔除，最后的样本公

---

① 之前关于ST摘帽的几乎所有研究都将恢复期界定为两年，原因是这些研究所使用的样本为2002年以前的ST公司，而当时证监会对ST摘帽的规定期限原则上为两年；2003年退市风险警示板块出现，沪深两市对＊ST公司摘帽期限有原则性规定，但对ST公司的摘帽期限则无明确界定。本书研究的财务困境公司为全部ST（包括ST和＊ST）公司，因而采取计算平均值方法确定恢复期更为科学。

司由 224 家（104 家摘帽与 120 家未摘帽）ST 公司构成。在这 224 家
公司中，有 212 家公司采取了由原控股股东或新控股股东所支持的外
部资产重组策略，其中 95 家公司成功摘帽脱困，117 家公司未摘帽
（见表 4－3）。本书所用样本公司被 ST、被 ＊ST 以及摘帽时间等数据
均来源于深圳国泰安信息技术有限公司开发的 CSMAR 数据库中的
"中国特殊处理与特别转让股票研究数据库"。ST 公司的重组数据依
据国泰安的"中国上市公司并购重组研究数据库"并参考沪深交易所
上市公司公告、财务报告整理取得。

表 4－2　　　　　　　　　样本公司被 ST 三年后的摘帽情况

年份	2003	2004	2005	2006	2007	2008	合计
摘帽（家）	20	14	15	22	24	9	104
未摘（家）	21	11	11	35	30	12	120
退市（家）	6	8	5	0	1	0	20

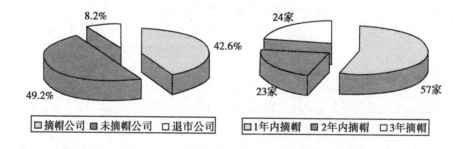

图 4－1　样本公司 3 年内的摘帽情况

表 4－3　　　　　　　　　实施外部重组 ST 公司的摘帽情况

重组 ST 公司的摘帽情况	恢复（摘帽）公司	未恢复（未摘帽）公司	合计
个数	95 家	117 家	212 家
比例	44.81%	55.19%	100%

第四节　样本公司的重组选择

样本公司的重组选择是指样本公司在被 ST 或 ＊ST 之后，其所进

行的重组行为方式的选择。我们接下来从重组选择总体情况、重组次数、重组金额和重组方式策略等几个方面对财务困境公司的重组行为选择现状进行分析。

一 重组选择总体情况

第一，我们看这些样本公司的内、外部重组情况（见图 4 - 2）。224 家 ST 公司中，有 212 家公司采取了外部重组策略，占比 94.64%；104 家摘帽公司中，有 95 家采取外部重组策略，占比 91.35%；120 家未摘帽公司中，117 家采取了外部重组策略，占比 97.50%。无论是摘帽还是未摘帽，ST 公司都普遍采取了外部重组策略，再次证明了 ST 公司对重组行为的利益趋向。第二，我们看图 4 - 3 所列示的这些公司的重组行为选择。无论是摘帽公司还是未摘帽公司，都更多地选择了支持性重组，而更少地选择了内部重整。ST 公司的重组选择特征非常明显，也说明了控股股东在上市公司陷入困境之后普遍采取了支持策略。

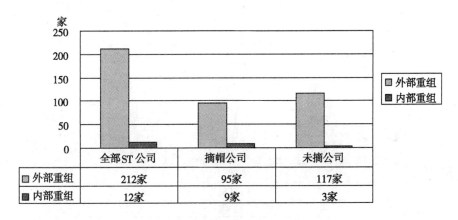

图 4 - 2 ST 公司的内外部重组情况

二 重组次数

从发生重组（指外部重组）的 ST 公司的具体重组情况看，重组次数在摘帽与未摘帽公司之间存在较为明显的差异性特征。由图 4 - 4，无论是在被 ST 之后的第 1 年还是第 2 年，或是第 3 年，摘帽

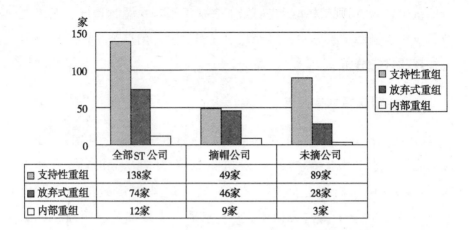

	全部ST公司	摘帽公司	未摘公司
▨ 支持性重组	138家	49家	89家
■ 放弃式重组	74家	46家	28家
□ 内部重组	12家	9家	3家

图 4 - 3   ST 公司的重组行为选择

公司的重组次数均高于未摘帽公司的重组次数。而且，摘帽公司第 1
年的重组次数要比第 2 年、第 3 年的重组次数均要高，而未摘帽公司
第 1 年的重组次数则比第 2 年和第 3 年均要低，说明了摘帽公司的重
组行为启动较早，而未摘帽公司的重组行为则启动较晚，其支持性重
组策略显得较为被动。

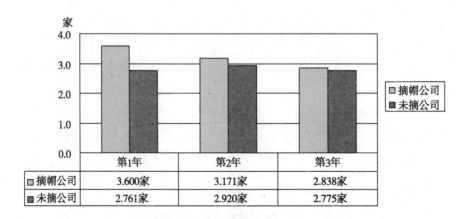

	第1年	第2年	第3年
▨ 摘帽公司	3.600家	3.171家	2.838家
■ 未摘公司	2.761家	2.920家	2.775家

图 4 - 4   ST 公司的重组次数

我们再看这些公司所采取的具体重组选择方式（见图 4 -5）。未
摘帽公司的兼并收购及债务重组方式的发生次数明显高于摘帽公司，
而摘帽公司的资产置换、资产剥离发生次数则要高于未摘帽公司。股
权转让说明摘帽公司较多地采用了资产剥离、资产置换这两种重组方

式，而未摘帽公司则较多地采用了兼并收购与债务重组方式。

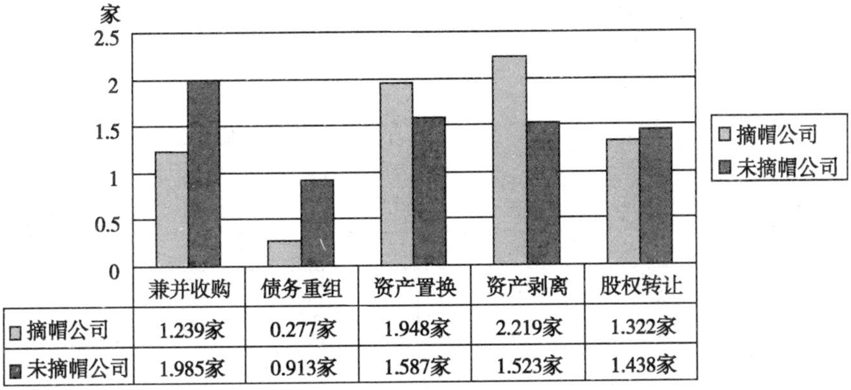

	兼并收购	债务重组	资产置换	资产剥离	股权转让
□摘帽公司	1.239家	0.277家	1.948家	2.219家	1.322家
■未摘帽公司	1.985家	0.913家	1.587家	1.523家	1.438家

图 4 - 5　ST 公司不同重组方式的具体次数

三　重组金额

由表 4 - 4 可见，ST 公司不仅实施了频繁的重组次数，其重组金额也非常可观。全部 ST 公司的平均重组金额为 94721 万元，而摘帽公司的平均每家所发生重组金额比未摘帽公司还要更高。我们再看这些公司具体的重组方式（见图 4 - 6）。摘帽公司在资产置换、资产剥离方式上所发生的平均重组金额要高于未摘帽公司，而未摘帽公司在债务重组及股权转让方面所发生的重组金额则高于摘帽公司。摘帽与未摘帽的兼并收购金额差异不大，但未摘帽公司稍微偏高。

表 4 - 4　　　　　　　ST 公司的平均重组金额　　　　　单位：万元/家

ST 公司	摘帽公司	未摘帽公司	全部 ST 公司
平均重组金额	101673	89222	94721

此处需要说明的是，无论是在重组次数还是重组金额的现状分析中，我们都没有将股权转让再细分为非控制权转移的股权转让与控制权转移的股权转让，而是将这两部分合在一起共同分析。这是因为，对于某一公司而言，可以将其某一次股权转让重组界定为控制权转移或非控制权转移，而针对全部重组次数和金额而言，这样划分会有失

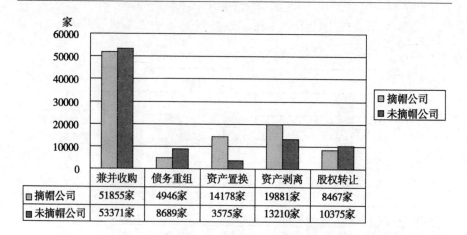

	兼并收购	债务重组	资产置换	资产剥离	股权转让
摘帽公司	51855家	4946家	14178家	19881家	8467家
未摘帽公司	53371家	8689家	3575家	13210家	10375家

图 4 - 6　ST 公司具体重组方式的平均重组金额

公允，因为控制权转移只有一次，而非控制权转移可能有很多次。因此，此处将其合在一起共同分析比较合适。另外，摘帽公司因为其摘帽期限有长有短，故而其重组数据截取的是在其恢复期内的重组数据，而未摘帽公司因为一直未能恢复，故而其重组数据截取的是在被ST 后三年内全部的重组数据。因此，当摘帽公司比未摘帽公司在某种方式上的重组次数和重组金额要高时，那么，这种结果是客观的；当摘帽公司比未摘帽公司在某种方式上的重组次数和重组金额要低时，那么，真实的情况可能是，因为未摘帽公司为了能够摘帽而一直在做相关的重组努力。

四　重组方式

我们在前面的分析中曾经提到，多种重组方式策略比单一重组方式策略可能更有利于 ST 公司的脱困。这一点从表 4 - 5 中可以反映出部分信息。212 家 ST 公司中，只有 24 家采取了单一的重组方式，其余的188 家公司均采取了两种或两种以上资产重组方式。24 家单一重组方式公司里只有 4 家成功脱困，另外 20 家则未能按期摘帽。而且，从图 4 - 7 中的重组方式策略详细情况看，无论摘帽与否，大部分 ST 公司采取了两至三种重组方式，采取单一重组方式与四种以上重组方式的公司比较少。说明在实践中，ST 公司重组的主要方式只有 2—3 种。

表 4－5　　　　　　　　　　ST 公司的重组策略

重组方式策略	单一重组方式（占比）	多种重组方式（占比）	合计
摘帽公司	4（4.21%）	91（95.79%）	95
未摘帽公司	20（17.09%）	97（82.91%）	117
全部 ST 公司	24（11.32%）	188（88.68%）	212

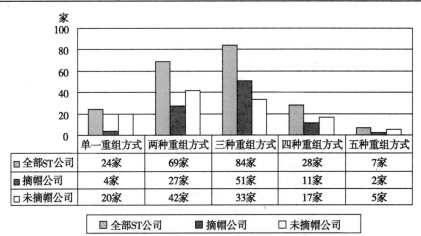

	单一重组方式	两种重组方式	三种重组方式	四种重组方式	五种重组方式
▨ 全部ST公司	24家	69家	84家	28家	7家
■ 摘帽公司	4家	27家	51家	11家	2家
□ 未摘帽公司	20家	42家	33家	17家	5家

▨ 全部ST公司　　■ 摘帽公司　　□ 未摘帽公司

图 4－7　ST 公司的重组方式策略详情

第五节　实证分析

以上我们只是从大体上分析了样本公司的重组选择，要想深刻了解这些重组行为选择对 ST 公司脱困的影响，还需要做进一步的实证分析。

一　模型与变量设计

根据前述分析和假设，以全体 224 家 ST 样本公司的重组行为选择作为解释变量，以其摘帽恢复作为被解释变量，构建模型 4.1；以发生外部资产重组的 212 家 ST 公司的重组策略、重组次数、时机和成本等为解释变量，以这些公司在 3 年内的摘帽情况为被解释变量，构建模型 4.2；以发生外部重组的 212 家 ST 公司的具体重组方式为解释变量，以这些公司的脱困情况作为被解释变量，构建模型 4.3 与模

型 4.4；以依靠重组而摘帽的 95 家脱困公司的财务困境程度作为解释
变量，以这些公司的重组方式选择作为被解释变量，构建模型 4.5。
其中，模型 4.1、4.2、4.3、4.4 中的控制变量均为各模型所用样本
公司的控股股东性质（CSN）、公司规模（SIZE）和困境程度（DS）；
模型 4.5 中的控制变量为依靠重组而摘帽的 95 家恢复公司的控股股
东性质（CSN）和公司规模（SIZE）。具体如下：

$$P\ (RECOVERY_j = 1)\ = \frac{1}{1 + e^{-Z_j}},$$

$$Z_j = a_0 + a_1 RA_j + a_2 CSN_j + a_3 SIZE_j + a_4 DZ_j + \varepsilon_j \quad 4.1$$

$$P\ (RECOVERY_i = 1)\ = \frac{1}{1 + e^{-U_i}}$$

$$U_i = b_0 + b_1 RS_i + b_2 RT_i + b_3 RM_i +$$

$$b_4 RC_i + b_5 CSN_i + b_6 SIZE_i + b_7 DZ_i + \mu_i \quad\quad 4.2$$

$$P\ (RECOVERY_i = 1)\ = \frac{1}{1 + e^{-K_i}}$$

$$K_{i-1} = f_0 + f_1\ (MA, DR, AT, AR, SHT)_i +$$

$$f_2 CSN_i + f_3 SIZE_i + f_4 DZ_i + \delta_i \quad\quad 4.3$$

$$K_{i-2} = d_0 + d_1\ (MA', DR', AT', AR', SHT')_i +$$

$$d_2 CSN_i + d_3 SIZE_i + d_4 DZ_i + \lambda_i \quad\quad 4.4$$

$$P\ (ABONR_k = 1)\ = \frac{1}{1 + e^{-Y_k}}$$

$$Y_k = h_0 + h_1 DS_k + h_2 CSN_k + h_3 SIZE_k + \partial_k \quad 4.5$$

其中，模型中各变量设定如下：

表 4 - 6　　　　　　　　　　　　变量设定表

变量符号	变量名称	变量设定
ST 公司脱困	RECOVERY	ST 公司 3 年内摘帽，设定 1；ST 公司 3 年内未摘帽，设定 0
重组方式选择	ABONR	依靠重组而摘帽的 ST 公司发生了控制权转移的股权转让重组，即控股股东的放弃式重组，取值 1；采取了其他方式的股东支持性重组，取值 0
重组行为	RA	ST 公司被戴帽之后发生了外部的资产重组行为，取值 1；否则取值为 0

续表

变量符号	变量名称	变量设定
重组策略	RS	ST 公司被戴帽后 3 年内采取了单一重组方式，取值 0；采取两种及以上重组方式，取值 1
重组次数	RT	ST 公司被戴帽之后 3 年内的重组次数
重组时机	RM	ST 公司被戴帽后首次重组距离戴帽时间（月）
重组成本	RC	ST 公司被戴帽后 3 年内发生的资产重组交易金额总和/（t−1）年年末总资产
兼并收购	MA	ST 公司恢复期内采取了非控制权转移的支持性重组，且最高金额重组方式为兼并收购，取值 1；否则取值 0
	MA′	ST 公司在恢复期内兼并收购重组方式所发生全部金额/（t−1）年年末总资产
债务重组	DR	ST 公司恢复期内采取了非控制权转移的支持性重组，且最高金额重组方式为债务重组，取值 1；否则取值 0
	DR′	ST 公司在恢复期内的债务重组所发生全部金额/（t−1）年年末总资产
资产剥离	AT	ST 公司恢复期内采取了非控制权转移的支持性重组，且最高金额重组方式为资产剥离，取值 1；否则取值 0
	AT′	ST 公司在恢复期内的资产剥离所发生全部金额/（t−1）年年末总资产
资产置换	AR	ST 公司恢复期内采取了非控制权转移的支持性重组，且最高金额重组方式为资产置换，取值 1；否则取值 0
	AR′	ST 公司在恢复期内资产置换重组方式所发生全部金额/（t−1）年年末总资产
股权转让	SHT	ST 公司恢复期内发生控制权转移，或最高金额重组方式为股权转让，取值 1；否则取值 0
	SHT′	ST 公司在恢复期内股权转让重组方式所发生全部金额/（t−1）年年末总资产
控股股东性质	CSN	控股股东性质为国企，取值 1；否则为 0
公司规模	SIZE	公司被 ST 前 1 年末总资产额的自然对数
困境程度	DS	公司被 ST 前 1 年的困境综合得分
变量符号	变量名称	变量设定
控股股东性质	CSN	控股股东性质为国企，取值 1；否则为 0
公司规模	SIZE	公司被 ST 前 1 年末总资产额的自然对数
困境程度	DS	公司被 ST 前 1 年的困境综合得分

其中，变量设定中的"困境程度"是根据 ST 公司被特别处理前一年的财务报表中的 10 个关键性指标进行因子分析，采用方差极大化正交旋转方法，以方差贡献率大于 80% 为原则提取因子，并以所提

取因子的方差贡献率为权重计算综合得分，作为公司财务困境程度的度量指标。这些关键性指标包括营运资金比率、现金流动负债比、权益负债比、总资产周转率、资产净利率、营业收入净利率、成本费用利润率、每股收益、每股净资产及每股经营活动现金净流量。10 个指标的计算方法见表 4 – 7。

表 4 – 7　　　　　　　　　　　困境程度因子分析指标

指标名称	指标计算
营运资金比率	（流动资产 – 流动负债）/流动负债
现金流动负债比	现金及现金等价物/流动负债
权益负债比	股东权益总额/负债总额
总资产周转率	营业收入/平均资产总额
资产净利率	净利润/总资产
营业收入净利率	净利润/营业收入
成本费用利润率	利润总额/（营业成本 + 期间费用）
每股收益	净利润/普通股股数
每股净资产	股东权益/普通股股数
每股经营活动现金净流量	经营活动现金净流量/普通股股数

二　描述性统计

表 4 – 8 显示的是 224 家全部样本公司各变量的均值描述。其中，控股股东性质、困境程度在摘帽公司与未摘帽公司之间的差异在 1% 水平上显著，公司规模与困境程度在摘帽公司与未摘帽公司之间的差异在 5% 水平上显著，重组行为在摘帽公司与未摘帽公司之间也存在 5% 水平上的显著差异。但是，未摘帽公司的重组行为均值要高于摘帽公司，说明未摘帽 ST 公司比摘帽 ST 公司较显著地采取了外部资产重组行为，而摘帽公司则较显著地采取了内部重组行为。这与我们之前的假设存在差异。我们将 12 家内部重组公司的基本情况与 212 家外部重组公司情况进行比较后发现，这些公司的困境程度明显偏低（困境程度得分高），而资产规模明显偏高。12 家内部重组公司的困境程度均值为 0.079，比 212 家外部重组公司的困境程度均值

（-0.786）高出 0.865，二者在 1% 水平上存在显著差异。而内部重组资产规模均值为 9.158，外部重组资产规模均值为 8.988，二者在 5% 水平上存在差异。然后，我们针对 12 家内部重组公司的详细情况进行研究，发现 12 家公司中存在两极分化现象，摘帽与未摘帽之间存在显著的差异（见表 4-9）。

表 4-8　　　　　　　　全部样本公司各变量均值

变量	全部样本（224）	摘帽公司（104）	未摘帽公司（120）
RA_j	0.946	0.913 **	0.975
CSN_j	0.536	0.654 ***	0.433
$SIZE_j$	8.997	9.070 **	8.933
DS_j	-0.740	-0.083 ***	-1.308

注：表中的 ***、** 分别表示差别在 1%、5% 水平上显著。

表 4-9　　　　　　　　内部重组公司各指标均值比较

变量	内部重组公司（12）	摘帽公司（9）	未摘帽公司（3）
CSN_j	0.500	0.667 **	0.000
$SIZE_j$	9.158	9.308 *	8.705
DS_j	0.079	0.252 **	-0.441

注：表中的 **、* 分别表示差别在 5%、10% 水平上显著。

表 4-9 显示：12 家内部重组公司有 9 家成功摘帽，3 家未能及时摘帽，摘帽率为 75%，显著高于全部样本公司摘帽率（104/224 = 46.43%）和外部重组公司的摘帽率（95/212 = 44.81%）。而 9 家摘帽公司的控股股东性质高于 3 家未摘帽公司（3 家未摘帽公司全部为非国有属性），并在 5% 水平上显著；摘帽公司的公司规模也显著高于未摘帽公司，并在 10% 水平上显著。说明摘帽公司的国有属性特征明显，而且规模也比较大。另外，摘帽公司的困境程度得分均值比未摘帽公司显著偏高，但未摘帽公司困境程度比外部重组公司的困境程度依然要好。从以上分析我们可以判断，内部重组公司的困境低、规模大，更容易摘帽恢复，其控股股东认为公司具备自我恢复的能力，从而理智地没有进行"支持"。对 3 家未摘帽公司进行追踪后发现，

3 年后这些公司均得到控股股东的支持并最终摘帽，只不过未能在 3 年内摘帽。除了样本中的 12 家内部重组公司之外，还有 6 家退市公司（我们先前在样本选择时将退市公司去掉了）也未实施外部重组，但这 6 家公司的困境程度明显偏高（得分低，均值为 −1.536），这 6 家公司的控股股东未对其进行支持性重组，从它们退市前的公告情况看，这 6 家公司一直在谋求卖壳式重组的主购方，也频繁地发布预告，但都未能成功。因此，我们认为，内部重组公司可以划分为两大类：一类是困境低，具备自我恢复能力，无须控股股东的支持其摘帽概率也会很高；另一类是困境高，难以恢复，控股股东认为其支持成本大于未来控制权收益，倾向于放弃，但又没有合适的接收者，或者因为其困境程度过高导致并购方不愿意实施购买，最终只好以退市结束。故而，内部重组只是控股股东对困境公司评估后的一种理智选择，加上 12 家公司的样本数量过少，并不能说明内部重组对摘帽具有积极作用。

表 4 − 10　　　　　　　　　　重组样本公司各变量均值

变量	全部样本（212）	摘帽公司（95）	未摘帽公司（117）
RS_i	0.714	0.885 ***	0.576
RT_i	2.932	3.132	2.770
RM_i	17.908	11.338 *	23.243
RC_i	0.055	0.096 **	0.022
MA_i	0.156	0.095 **	0.205
MA'_i	0.182	0.176	0.193
DR_i	0.052	0.011 **	0.085
DR'_i	0.005	0.004	0.007
AT_i	0.274	0.293	0.263
AT'_i	0.065	0.125 *	0.017
AR_i	0.094	0.126 **	0.068
AR'_i	0.009	0.019 **	0.003
SHT_i	0.425	0.505 **	0.359
SHT'_i	0.036	0.043 **	0.027

变量	全部样本（212）	摘帽公司（95）	未摘帽公司（117）
CSN_i	0.538	0.653 ***	0.444
$SIZE_i$	8.988	9.047 *	8.939
DS_i	− 0.786	− 0.115 ***	− 1.330

注：表中的 ***、**、* 分别表示差别在 1%、5%、10% 水平上显著。

　　由表 4 – 10 的重组样本公司均值看，发生外部重组的 212 家 ST 公司中，摘帽公司与未摘帽公司的重组策略、重组成本以及重组时机分别在 1%、5% 和 10% 水平上存在差异，重组次数在摘帽公司的均值比未摘帽公司要高，但差异并不显著。以最高金额定义重组方式来看，兼并收购、债务重组、资产置换与股权转让方式均在 5% 水平上差异显著；以所发生成本占总资产的比例来看，资产置换、股权转让在 5% 水平上差异显著，资产剥离则在 10% 水平上存在差异；控股股东性质与困境程度在 1% 水平上差异显著，公司规模则在 10% 水平上存在差异。

　　对于依靠重组而摘帽的 95 家恢复公司而言，控制权转移公司的困境程度评分均值低于控制权保留公司的困境程度评分均值，且差异在 5% 水平上显著。控制权转移样本公司的规模小于控制权保留公司的水平，也是 5% 的差异显著。控股股东性质在两种样本间的差异不显著（见表 4 – 11）。

表 4 – 11　　　　　　　　重组摘帽样本公司各变量均值

变量	全部样本（95）	控制权转移公司（46）	控制权保留公司（49）
DS_k	− 0.115	− 0.278 **	0.037
CSN_k	0.653	0.652	0.653
$SIZE_k$	9.047	8.953 **	9.136

注：表中的 ** 表示差别在 5% 水平上显著。

三　回归结果

　　对以上各组样本公司的指标数据进行 logistic 回归，得到模型回归结果（见表 4 - 12、表 4 - 13、表 4 - 14 和表 4 - 15）。

表 4 - 12 　　　　　　　　　　　　模型 4.1、4.2 的回归结果

变量	模型 4.1	模型 4.2
Constant	- 3.658（0.289）	- 5.221（1.836）
RA	- 1.285（0.07）*	
RS		1.081（0.022）**
RT		0.096（0.171）
RM		- 0.032（0.064）*
RC		0.204（0.028）**
CSN	0.826（0.004）***	0.570（0.012）**
SIZE	0.482（0.198）	0.331（0.283）
DS	0.283（0.240）	0.233（0.236）
- 2log likehood	287.662	205.943
Cox & Snell R^2	0.092	0.078
Nagelkerke R^2	0.123	0.166

注：括号中数据为各系数 p 值；表中的 ***、**、* 分别表示 1%、5%、10% 水平
上显著。

表 4 - 13 　　　　　　　　　　　　模型 4.3 的回归结果

变量	B	B	B	B	B
Constant	- 3.251 （0.349）	- 4.817 （0.166）	- 4.306 （0.214）	- 4.564 （0.189）	- 5.268 （0.131）
MA	- 0.907 ** （0.035）				
DR		- 2.420 ** （0.024）			
AT			0.141 （0.369）		
AR				0.811 * （0.054）	
SHT					0.666 ** （0.024）
CSN	0.785 *** （0.008）	0.819 *** （0.006）	0.750 ** （0.011）	0.762 *** （0.009）	0.727 ** （0.014）
SIZE	0.311 （0.420）	0.478 （0.217）	0.420 （0.280）	0.435 （0.257）	0.493 （0.202）

变量	B	B	B	B	B
DS	0.247 (0.260)	0.224 (0.288)	0.241 (0.272)	0.215 (0.314)	0.268 (0.237)
−2log likehood	272.066	269.054	277.567	275.156	272.577
Cox & Snell R^2	0.084	0.101	0.074	0.095	0.086
Nagelkerke R^2	0.113	0.135	0.096	0.101	0.115

注：括号中数据为各系数 p 值；表中的 ***、**、* 分别表示在 1%、5%、10% 水平上显著。

模型 4.1 中，外部资产重组系数为负，且在 10% 水平上显著，表面上看是内部重整对 ST 公司的成功脱困具有促进作用，但我们在描述性统计中已经对此进行了解释：这是控股股东根据公司困境程度的一种理性选择，而并非真正的促进作用。同时，由于内部重整样本量小，不能从实质上说明问题。而且，将近 95% 的困境公司都采取了各种各样的外部重组方式而谋求脱困，本身就说明了外部资产重组对恢复的积极作用。故而，尽管假设 1 未能从模型上得到验证，我们依然认为该假设是成立的。

模型 4.2 中，ST 公司采取多种资产重组方式比单一方式其摘帽恢复的可能性更大，该结论与假设 2 一致；同时，资产重组时机、重组成本对财务困境公司的恢复分别具有 10% 水平上的反向作用和 5% 水平上的正向作用，表明重组时间越早、重组成本越大，ST 公司脱困的可能性就越高，支持理论被进一步明确，假设 3 中的两点得到验证；另外，资产重组次数对困境恢复变动具有正影响，但不显著，假设 3 中的这一点未得到明确验证。实践中很容易得到解释：公司被戴帽后，重组时间越早，越能及早发现和解决问题，其摘帽的可能性就越大；重组成本越高，代表股东对困境公司的支持程度越大，这种重组对困境公司扭转困局所发挥的作用就越大，其摘帽的可能性也越大；但是，重组次数多只能说明前期重组的不成功，尽管重组次数代表股东对困境公司的支持决心，但也正说明了其支持力度的薄弱。所以，尽管重组次数对摘帽有正向作用，但并不显著。

表 4 - 14 　　　　　　　　　　**模型 4.4 的回归结果**

变量	B	B	B	B	B
Constant	1.107 (0.842)	1.934 (0.216)	2.533 (0.793)	-1.426 (0.477)	4.011 (0.914)
MA′	-5.122 (0.482)				
DR′		-1.433 (0.738)			
AT′			1.934* (0.059)		
AR′				3.268* (0.071)	
SHT′					2.576** (0.042)
CSN	0.524** (0.045)	0.533** (0.033)	1.364 (0.175)	0.478* (0.074)	0.821* (0.057)
SIZE	2.167 (0.277)	3.548 (0.359)	2.276 (0.443)	4.115 (0.197)	3.249 (0.452)
DS	2.068 (0.175)	2.612 (0.264)	3.174 (0.182)	2.593 (0.213)	3.107 (0.227)
- 2log likehood	226.75	210.33	242.12	231.01	217.24
Cox & Snell R^2	0.097	0.126	0.069	0.117	0.135
Nagelkerke R^2	0.172	0.104	0.112	0.130	0.141

注：括号中数据为各系数 p 值；表中的 ** 、 * 分别表示在 5% 、10% 水平上显著。

　　模型 4.3 中，以最高重组金额对所有发生外部资产重组的 ST 公司进行具体重组方式界定，将五种重组方式分别与被解释变量进行回归发现，兼并收购、债务重组对财务困境恢复具有反向作用，且在 5% 水平上显著；资产置换、股权转让对财务困境恢复具有正向作用，且分别在 5% 和 10% 水平上显著；资产剥离尽管系数为正，但其显著性水平未通过检验。模型 4.4 进一步将每一种重组方式所发生成本占其主体公司总资产的比例分别与被解释变量进行回归，结果表明：兼并收购、债务重组系数为负，与 ST 摘帽呈反向变动关系，但在统计上不显著；资产置换、资产剥离及股权转让这三种具体重组方式对财务困境恢复具有正向作用，且分别在 5% 、5% 和 10% 水平上显著。说明了在困境 ST 公司中，摘帽公司较显著地采取了股东支持性的资产置换与股权转让资产重组方式，而未摘帽公司则更多地采取了兼并收购与债务重组。资产剥离对 ST 公司摘帽的促进作用在模型 4.4 中得到证实，在模型 4.3 中虽然系数为正但不显著，说明无论是摘帽还是未摘帽公司，为了谋求脱困都采取了相应的资产剥离策略，但是，摘帽公司的资产剥离强度更大一些。以上分析说明，重组方式对 ST 公司的摘帽具有显著影响，脱困公司与未脱困公司着重采取了不同的资产重组方式，假设 5 得到验证。

控股股东性质在模型 4.1、模型 4.2 中分别呈现 1% 和 5% 水平上的正向显著作用，在模型 4.3 中呈现至少 5% 水平上的正向显著作用，在模型 4.4 中也绝大部分呈现最少 10% 水平上的显著影响，说明了控股股东性质对 ST 公司脱困的积极作用，假设 4 得到验证。公司规模与困境程度在以上模型中的系数均为正，说明公司规模越大越容易恢复，而困境程度得分越高（即困境程度越低）越容易恢复，但是其作用在统计上并不显著。也说明了决定 ST 公司摘帽与否的关键性因素并不是其困境情况，公司性质与控股股东的支持才是最关键因素。

在模型 4.5 中，困境程度对重组摘帽公司的重组选择具有显著影响，且在 5% 水平上显著。困境程度高（困境程度得分低）的恢复公司采取了较显著的控制权转移重组策略，而困境程度低（困境程度得分高）的公司则采取控制权保留的其他支持性重组策略。公司规模在模型 4.5 中的影响也比较显著，规模越小的公司其被买壳收购的可能性越高。控股股东性质在模型 4.5 中的影响不显著。

表 4－15　　　　　　　　　　模型 4.5 的回归结果

变量	B	Sig
Constant	7.694	0.144
DS	− 0.684 **	0.039
CSN	0.207	0.648
SIZE	− 0.874 *	0.085
− 2log likehood	245.106	
Cox & Snell R^2	0.084	
Nagelkerke R^2	0.113	

注：括号中数据为各系数 p 值；表中的 ** 、 * 分别表示在 5% 、10% 水平上显著。

第六节　本章小结

　　本章主要分析了 ST 公司的重组行为选择及其影响。以 2003 年退市警示实施之后至 2011 年年底我国资本市场上的 ST 公司为样本，研究这些公司的重组行为与其摘帽脱困之间的关系，以及在其行为过程中控股股东的支持作用和支持差异。分析结果表明：尽管 2001 年证券监管部门通过非经常性损益的扣除而提高 ST 公司重组摘帽的门槛与难度，但资产重组依然是困境 ST 公司最经常采用的一种脱困手段。大股东对困境公司的支持在我国资本市场上显著存在。ST 公司资产重组的时间越早、成本越高，其摘帽脱困的可能性就越大。同时，ST 公司的摘帽并非只靠单一某种资产重组方式，但是，最终起决定作用的方式在摘帽与未摘帽公司中存在差异，实证结果是摘帽 ST 公司较明显采取了资产置换与股权转让方式，而未摘帽公司则更多地实施了兼并收购与债务重组方式。此外，控股股东性质与摘帽脱困正相关，国有控股属性公司其摘帽脱困的概率更高。对于重组脱困公司而言，困境程度对 ST 公司的重组选择具有 5% 水平上的显著影响：困境程度高的脱困公司采取了较显著的控制权转移重组策略，而困境程度低的公司则采取控制权保留的其他支持性重组策略。公司规模也对重组选择产生影响，规模越小的公司其被买壳收购的可能性越高。

第五章

考虑重组选择方式的
ST 公司脱困预测研究

第一节　文献回顾

国内外很多研究针对公司的困境进行预测。菲茨帕特里克（Fitz-patric，1932），比弗（Beaver，1966）利用单变量，阿特曼（1977）将其发展为多元判别，建立 ZETA 模型，预测公司破产概率。奥尔森（hlson，1980）使用 Logit 模型和 Porbit 模型，取得较好的预测效果。莱恩（Lane，1985）最早将 Cox 比例危险函数模型引入困境预测，发现 Cox 比例危险函数模型尽管无法改善总的预测精度，但可以减少第 Ⅰ 类错误的发生率。奥多姆等（Odom et al.，1990）将神经网络引入困境预测分析，考斯特和凡特（Coats and Fant，1993）又对这些模型进行了发展，获得了更高的预测精准度。科哈亚（Kahya，1999）使用时间序列累积和（Cumulative Sums，CUSUM）方法，沙姆韦（Shumway，2001）则提出离散时间危险函数模型具有更高的样本外预测精度。以上动态的 Cox 模型抑或是基于数据挖掘的神经网络系统尽管预测更精准，错误率更低，但困境预测研究中最经典使用的方法依然是 Logit 逻辑回归模型，阿里亚等（Arieh et al.，2001）对有关困境预测的方法进行了讨论，认为使用多元逻辑回归模型要比二元逻辑回归模型更为准确。

国内学者陈静（1999）使用财务报表数据，分别采用单变量判定和多元判别分析构建困境 ST 预测模型。陈晓（2000）运用 logistic 回归方法，提高了模型的预测精度。吴世农、卢贤义（2001）选取了

70 家 ST 公司和 70 家非 ST 公司为样本，应用 Fisher 线性判定分析、多元线性回归分析和 logistic 回归分析建立了三种预测困境的模型，结果表明：logistic 模型的误判率最低。薛峰（2003）将神经网络应用于 ST 困境预警研究，对困境前两年的预测精度达到 91.30%。陈磊（2007）、韩建光（2010）、孙洁（2010）分别将 Cox 比例危险模型、遗传算法和支持向量机等方法引入困境预测中，卢永艳则以 Cox 模型为基础，区分行业差别对 ST 预测的影响。

　　以上研究针对公司是否会陷入困境被 ST 而进行预测，无论在方法的运用还是在模型的精准度上均已达到一个相对成熟的水平。然而，当公司已经陷入困境被 ST 之后，在何种状态之下、以何种方式能够更好地恢复和逆转，即 ST 公司的脱困预测研究却相对寥寥。怀特（White，1981，1984）对影响困境企业扭转的因素进行了研究，建立区分重组成功与被迫破产清算公司的模型。凯西（Casey 等，1986）对 White 提出的模型进行了实证检验，采用 probit 模型研究了困境公司能否成功脱困的关键性因素是无担保资产水平和盈利前景。格雷戈里（Gregory，2006）将财务报表信息分为存量信息（如固定资产、负债水平等）与流量信息（如经营现金流量、本年利润），在构建脱困预测模型中发现，单纯的存量信息模型较单纯的流量信息模型预测效果要差，而将流量信息添加到基于存量信息指标的模型中，其预测的准确性有了较大提高。赵丽琼、柯大钢（2008）以主营业务收入净利润率、自由资产数量、有形资产缩减、高管更换及公司规模五个指标分别对我国 ST 公司的脱困进行 logistic 回归预测。董保国（2009）则将公司偿债能力指标、获利能力指标、经营能力指标及发展能力指标分别引入脱困预测模型，发现这些财务指标与公司脱困显著相关。尹斌（2012）通过对 13 个财务指标和 3 个公司治理指标进行分析，得到一个包含 3 个财务指标和 1 个公司治理指标的 ST 公司脱困预测模型。倪中新、张杨（2012）针对制造业 ST 公司的数据，研究得出包括 5 个财务指标、2 个公司治理指标、1 个重组指标及 1 个关联交易指标在内的 COX 比例危险脱困预测模型。

从以上的分析可以看出，预测公司是否陷入财务困境的预警研究已经有很多。然而，针对已经陷入困境公司的脱困预测研究却很少。现有的预测研究所涵盖信息不全面，财务指标少，公司治理指标更少，对影响脱困的重要性因素——重组行为选择考虑有限，缺乏综合性的脱困预测模型。本章正是基于这种研究现状，对我国 ST 公司的脱困进行预测研究。

第二节　研究假设

要想构建综合性的脱困预测模型，必须先探寻影响脱困的各种因素。而财务信息在预测公司是否会陷入困境（康，1996，1998）和已失败公司能否从困境里成功脱困（Bryan，2002）的过程中都被公认是有用和有效的。尽管不同的学者由于选择样本不同、统计方法不同，所得到的结论并非一致，比如怀特（1984）、坎贝尔（Campbell，1996）认同公司规模和获利能力，奥勒普（Opler，1994）认同财务杠杆和公司业绩，布莱恩（Bryan，2002）则认同偿债能力和流动性指标。董保国（2009）的分析结果是偿债能力、盈利能力、发展能力指标均与脱困显著相关，尹斌（2012）提出的 3 个财务指标包括营业收入增长率、每股净资产及流动资产周转率，倪中新则更认同主营业务利润率、销售期间费用率和每股收益等获利能力指标。无论上述研究的分析过程如何，最终的结果都表明，包含有企业财务信息的各种财务会计指标对困境的扭转具有显著预测能力。而各种财务指标的实质是企业的各种财务能力，根据人们通常对财务指标分类的概括，我们提出以下假设：

H1：企业偿债能力对 ST 公司脱困具有显著预测能力；

H2：企业资产管理水平对 ST 公司脱困具有显著预测能力；

H3：企业盈利能力对 ST 公司脱困具有显著预测能力；

H4：企业发展能力对 ST 公司脱困具有显著预测能力；

H5：企业现金流量状况对 ST 公司脱困具有显著预测能力。

　　国内外有大量的经验证据表明，公司治理弱化会损害公司价值，甚至使企业陷入困境抑或破产。英国 CADBURY 委员会在其报告中指出："大量英国上市公司破产的主要缘由是公司经理人员不能克尽职守所致。"戴利（Daily，1994），拉波特（1999）较早地研究了公司治理与破产及企业价值之间的关系。伊洛米（Elloumi，2001）、姜秀华（2001）、沈艺峰（2002）、利（Lee，2004）、黄善东、杨淑娥（2007）将公司治理特征变量纳入困境预测模型，发现弱化的公司治理机制会增加其陷入财务困境的概率。与财务指标相同的是，作为困境诱因之一的公司治理被认为对脱困恢复同等重要。当公司陷入困境，强化公司治理会使困境公司成功脱困的可能性大大增强。阿尔帕斯兰（Alpaslan，2009）、乔凡娜（Giovanna，2011）的研究均证实了这一点。公司治理主要涵盖股权结构、董事会与监事会特征和激励约束机制等内容，当前对公司治理于脱困作用的研究也主要聚焦在这几个方面。克莱森斯（Claessens，2000）、莱蒙（Lemmon，2003）考察了股权结构对公司业绩的影响，赵丽琼（2009）就董事会特征与困境恢复的关系进行了研究，弗莱特奇伍和斯蒂夫（Filatotchev and Steve，2006）证实了公司治理中的约束机制对困境摆脱的积极作用。目前从脱困角度针对以上三个公司治理方面的研究数量并不多，较多的关注是在管理层变更上。因为公司治理机制的监督约束作用使陷入困境的公司董事会面临各方面压力，从而倾向于更换高管赛恩（Thain，1990）。吉尔森（Gilson，1989）的研究发现，52% 的困境公司发生了高管更变，这一比率显著高于正常公司。很多成功脱困的案例与相关研究也表明，新的管理者可以带来新的经营理念和公司战略方面的变化，从而促进公司摆脱危机［斯拉特（Slatter，1984）；卡斯特罗乔瓦尼（Castrogiovanni，1992）；斯塔基（Starkey，1996）；考格（Kow，2004）；克拉珀姆（Clapham，2005）］。然而，也有相反的观点存在。墨菲（Murphy，1993）、克莱顿（Clayton，2005）就认为更换高管会降低组织聚合力、增加未来经营的不确定性从而不利于困境公司的扭转。国内学者的研究结论也存在差异：过新伟（2012）针对

ST 公司的高管更迭现象进行研究，发现 CEO 变更有助于 ST 公司的摘帽。董保国（2009）以 ST 公司被戴帽前一年的数据为例，研究发现这些公司脱困与否和管理层更换不存在明显的关系。针对以上分析，我们提出假设如下：

H6：公司治理中的股权结构对 ST 公司脱困具有显著预测能力；

H7：公司治理中的董事会、监事会特征对 ST 公司脱困具有显著预测能力；

H8：公司治理中的激励约束机制对 ST 公司脱困具有显著预测能力；

H9：高管变更对 ST 公司脱困具有显著预测能力。

公司战略行为选择被认为是影响 ST 公司脱困的另一重要因素。当失败或困境来临，采取何种战略行为应对风险和提升业绩对困境公司而言尤其重要。削减开支（Retrenchment）和重组（Reorganization）是最常见的困境恢复战略［巴克尔（Barker，1997）；贝埃里（Beeri，2009）］。因为大规模的削减开支和成本可以节约现金流，保持流动性，减少企业的债务负担，从而促进公司业绩好转［罗宾斯（Robbins，1992）；麦肯利（McKinley，1995）；Arogyaswamy（1995）］。而重组则因其财务和经营协同效应威廉姆森（Williamson，1975）能降低融资成本、提高公司价值和帮助公司走出困境［史鲁斯（Shirouzu，2002）；乔治（George，2004）］。需要说明的是，对削减开支战略的研究文献并不多见，现有成果大都以财务数据指标如有形资产（或固定资产）的减少来表示缩减行为变量，对其效果的关注则集中在对困境扭转的影响上。相对而言，重组的研究文献很多，既有绩优公司的兼并收购，也包括相当数量的失败或陷入困境公司的重组探讨。但绝大部分集中在对困境公司重组战略实施的价值后果，尤其是股票市场价值后果的研究上。针对重组行为本身的研究非常有限，将重组作为变量引入 ST 公司脱困预测模型的研究尝试更是寥寥。我们认为，财务与公司治理信息对困境公司的恢复均有显著的预测能力，公司战略行为选择对 ST 公司脱困具有同等功效。单纯的财务指标难以涵盖与困境相关的所有信息［巴尔干（Balcaen），2004］，公司治理指标的引入可以改善单纯以财务指标预测困境的准确率（王耀，2010），削减开支可以通过财务指标而体现，将对困境摆脱具有不同作用的重组行为选择（和丽芬、朱学义、杨世勇，2013）作为变量引入预测模型就尤为必要。基于此，我们提出以下假设：

H10：重组选择对 ST 公司脱困具有显著预测能力；

H11：重组选择方式的引入可以提高 ST 公司脱困预测模型的正确率。

第三节　研究设计

一　样本选择

本章所使用样本以第四章初始的 224 家 ST 公司为基础，减掉 12 家未发生重组的内部重整公司（尽管在本书第四章中有证据发现 ST 公司的内部重整对 ST 公司脱困具有促进作用，但我们已经对此进行了解释，这是一种控股股东根据公司困境程度的理性选择，而并非真正的促进作用。同时，由于内部重整样本量小，不能从实质上说明问题，故在此我们将这些样本删除），剩余 212 家实施了外部资产重组的样本公司。这 212 家样本中，有 4 家出现奇异值公司数据：2 家因为年末应收账款为 0，导致应收账款周转率高达 2966.4 和 789.77，1 家因为年末存货为 0、期初存货极少导致存货周转率高达 21318.65；1 家则因为当年营业收入仅为 6.7677 万元而导致销售净利率为 −1102.05，管理费用率高达 544.91。我们认为：应收账款、存货期末余额为 0 在理论上缺乏解释依据，而一家上市公司的年营业收入仅为万元说明它并未正常经营，故将这 4 家奇异值公司删除。最终剩余 208 家样本公司，其中 114 家未摘帽公司，94 家摘帽公司，这些样本公司的重组情况见表 5−1。

表 5 - 1　　　　　　　　　　　样本公司重组情况

样本摘帽情况	支持性重组						放弃式重组	合计
	兼并收购	债务重组	资产剥离	资产置换	股权转让	小计		
摘帽	9	1	25	12	2	49	45	94
未摘帽	24	10	31	7	14	86	28	114
合计	33	11	56	19	16	135	73	208

二　指标设计

本章研究涉及三大类指标：财务指标、公司治理指标及重组选择方式指标。根据以往学者的研究经验以及数据的可得性，本文选择企业财务状况指标（见表 5 - 2），选择企业公司治理指标（见表 5 - 3）。财务指标与公司治理指标以公司被 ST 前一年的年报为准。即如果某公司在 2005 年 3 月被 ST，则取其 2004 年度年报数据[①]。重组选择方式延续本文第四章的分类，将外部重组分为支持性重组（SUR-PR）与放弃式重组（ABONR），支持性重组具体细分为兼并收购（MA）、债务重组（LR）、资产剥离（AT）、资产置换（AR）及股权转让（非控制权转移）（SHT - A）。

表 5 - 2　　　　　　　　　　　财务指标

指标类型	指标名称	指标含义
偿债能力指标	X_1：流动比率	流动资产/流动负债
	X_2：速动比率	（流动资产 - 存货）/流动负债
	X_3：现金比率	现金及现金等价物/流动负债
	X_4：营运资金比率	（流动资产 - 流动负债）/流动资产
	X_5：权益对负债比率	股东权益总额/负债总额
	X_6：利息保障倍数	息税前利润/财务费用
	X_7：有形资产比率	有形资产/资产总额

---

① 我国 ST 公司一般是由于亏损或净资产为负所引致，原则上根据公司所公布的年报信息来确定其是否陷入困境。因此，被 ST 前一年年报即该公司据以被戴帽的年报。

续表

指标类型	指标名称	指标含义
资产管理能力指标	X_8：应收账款周转率	营业收入/平均应收账款
	X_9：存货周转率	营业成本/平均存货
	X_{10}：流动资产周转率	营业收入/平均流动资产
	X_{11}：总资产周转率	营业收入/平均资产总额
盈利能力指标	X_{12}：营业收入净利率	净利润/营业收入
	X_{13}：资产报酬率	净利润/总资产
	X_{14}：成本费用利润率	利润总额/（营业成本 + 期间费用）
	X_{15}：收入管理费用比	营业收入/管理费用
	X_{16}：每股收益	净利润/普通股股数
	X_{17}：每股净资产	股东权益/普通股股数
	X_{18}：账面市值比	期末总资产/期末公司市场价值
发展能力指标	X_{19}：资本积累率	（期末股东权益 – 期初股东权益）/期初股东权益
	X_{20}：总资产增长率	（期末总资产 – 期初总资产）/期初总资产
	X_{21}：固定资产增长率	（期末固定资产 – 期初固定资产）/期初固定资产
	X_{22}：营业收入增长率	（本年营业收入 – 上年营业收入）/上年营业收入
现金流量指标	X_{23}：营业收入现金比率	经营活动现金净流量/营业收入
	X_{24}：每股经营活动现金净流量	经营活动现金净流量/普通股股数
	X_{25}：每股现金净流量	现金净流量/普通股股数

注：由于 ST 公司中很多出现净资产、净利润及营业利润为负的情况，故在财务指标选取时舍弃权益乘数、净资产收益率（ROE）、净利润增长率及营业利润增长率；由于资产负债率与其他指标的反向性，在偿债能力中取权益对负债比率替代该指标。

表 5 – 3   **公司治理指标**

指标类型	指标名称	指标含义
股权结构特征	G_1：控股股东性质	控股股东性质为国有，取值 1；否则取值 0
	G_2：第 1 大股东持股比例	第 1 大股东持股数/公司总股本数
	G_3：前 5 大股东持股比例	前 5 大股东持股总数/公司总股本数
	G_4：第 2 – 5 股东持股比例	第 2 至第 5 大股东持股总数/公司总股本数
	G_5：第 2 – 10 股东持股比例	第 2 至第 10 大股东持股总数/公司总股本数
	G_6：股权制衡度	第 2 至第 5 大股东持股数/第 1 大股东持股数

续表

指标类型	指标名称	指标含义
董事会、监事会特征	G_7：董事长与总经理兼任情况	董事长与总经理二职合一，取 1；否则取 0
	G_8：董事会规模	董事会人数
	G9：独董比例	独立董事人数/董事会人数
	G_{10}：监事总规模	监事会人数
	G_{11}：高管人数	年报所公布的高级管理人员人数
	G_{12}：董事会会议次数	董事会当年召开会议次数
	G_{13}：监事会会议次数	监事会当年召开会议次数
	G_{14}：股东大会召开次数	当年股东大会召开次数
	G_{15}：四委个数	战略委员会、提名委员会、审计委员会、薪酬与考核委员会设置个数
激励约束机制	G_{16}：高管变更	本年度董事长或 CEO 变更，取 1；否则取 0
	G_{17}：董事会持股比例	董事会持股总数/公司总股本数
	G_{18}：监事会持股比例	监事会持股总数/公司总股本数
	G_{19}：高管持股比例	高级管理人员持股总数/公司总股本数
	G_{20}：高管年薪总额	全部董事、监事、高管年薪总额
	G_{21}：董事前 3 名薪酬总额	年薪最高前 3 名董事薪酬总额
	G_{22}：高管前 3 名薪酬总额	年薪最高前 3 名高管薪酬总额

三 研究方法与思路

首先，对财务指标与公司治理指标进行摘帽组与非摘帽组之间的显著性差异检验。由于所选指标中只有营业收入增长率、账面市值比、前 5 大股东持股比例这 2 个财务指标和 1 个公司治理指标通过了 K－S 正态检验，其余绝大部分指标均不服从正态分布，故采取 Mann－Whitney U 非参数检验方法进行显著性检验，确定对财务困境公司恢复（即摘帽）有显著性影响的财务指标与公司治理指标；其次，对这些选定的财务指标与公司治理指标分别进行因子分析，提炼出互不相关却能综合反映所选指标信息的少数几个财务因子与公司治理因子；最后，以所提炼因子为自变量，以财务困境公司是否摘帽恢复复为因变量，构建 Logit 回归模型，确认模型的判断准确率；在以上模型基础之上引入重组选择变量进行逻辑回归，判别该模型的准确率并与前述模型进行比较。

第四节　实证结果

一　不考虑重组选择方式的 ST 公司脱困预测模型

（一）财务与公司治理指标初选

表 5-4、表 5-5 分别列示了财务与公司治理指标的初选情况。从财务指标看，在被 ST 前一年，除了速动比率和固定资产增长率这 2 个指标外，摘帽公司比未摘帽公司在其他财务指标上的取值均要偏高，表明摘帽公司的总体财务状况要好于未摘帽公司的总体财务状况；而且，速动比率差异极小，几乎可以忽略不计。而摘帽公司的固定资产增长率偏低则印证了我们之前的分析即削减开支等缩减行为战略对 ST 公司脱困是有益的，尽管该指标并不显著。摘帽公司与未摘帽公司除了在速动比率、营运资金比率、利息保障倍数、有形资产比率、存货周转率、账面市值比及固定资产增长率这 7 个指标上的差异不显著外，剩下的 18 个指标均在 5% 水平上存在显著性差异。这 18 个指标中，X_1、X_3、X_5 属于偿债能力指标，X_8、X_{10}、X_{11} 属于资产管理能力指标，X_{12}、X_{13}、X_{14}、X_{15}、X_{16}、X_{17} 属于盈利能力指标，X_{19}、X_{20}、X_{22} 属于发展能力指标，X_{23}、X_{24}、X_{25} 属于现金流量指标。接下来，我们将这 18 个指标作为备选财务指标进行进一步分析。

表 5-4　　　　　财务指标均值与 Mann-Whitney U 检验结果

指标	摘帽公司均值	未摘帽公司均值	P 值	初选
X_1	0.9829	0.9007	0.034	√
X_2	0.6892	0.7177	0.697	×
X_3	0.1635	0.1400	0.000	√

指标	摘帽公司均值	未摘帽公司均值	P 值	初选
X_4	-0.5169	-1.0269	0.051	×
X_5	0.8324	0.5747	0.001	√
X_6	-0.3162	-0.1444	0.101	×
X_7	0.9519	0.9478	0.349	×
X_8	5.0455	2.0103	0.001	√
X_9	5.1663	3.3383	0.605	×
X_{10}	1.0310	0.6572	0.010	√
X_{11}	0.4783	0.3087	0.009	√
X_{12}	-0.8665	-2.3289	0.000	√
X_{13}	-0.2019	-0.3347	0.001	√
X_{14}	-0.3891	-0.6755	0.000	√
X_{15}	9.2924	4.3036	0.001	√
X_{16}	-0.7101	-1.1409	0.006	√
X_{17}	1.3048	0.6043	0.000	√
X_{18}	0.6253	0.6112	0.571	×
X_{19}	-0.3516	-0.7630	0.000	√
X_{20}	-0.1330	-0.1800	0.069	√
X_{21}	0.0101	0.4329	0.216	×
X_{22}	-0.1051	-0.2639	0.003	√
X_{23}	0.0208	-0.5109	0.056	√
X_{24}	0.0398	-0.1082	0.018	√
X_{25}	-0.1528	-0.3324	0.022	√

注："√"表示该指标由于在摘帽组与非摘帽组之间差异显著而被选择并将进入 ST 公司脱困预测模型；"×"表示未被选中。

表 5 – 5　　公司治理指标均值与 Mann – Whitney U 检验结果

指标	摘帽公司均值	未摘帽公司均值	P 值	初选
G_1	0.66	0.44	0.002	√
G_2	0.4368	0.3211	0.000	√
G_3	0.5706	0.5077	0.000	√
G_4	0.1339	0.1866	0.001	√

续表

指标	摘帽公司均值	未摘帽公司均值	P 值	初选
G_5	0.1550	0.2045	0.004	√
G_6	0.48	0.72	0.000	√
G_7	0.17	0.21	0.464	×
G_8	9.20	8.84	0.183	×
$G9$	31.88	33.40	0.432	×
G_{10}	3.90	3.79	0.586	×
G_{11}	6.20	5.51	0.007	√
G_{12}	8.64	8.78	0.912	×
G_{13}	3.86	3.75	0.829	×
G_{14}	2.66	2.39	0.239	×
G_{15}	2.17	1.74	0.131	×
G_{16}	0.51	0.56	0.077	×
G_{17}	0.16	0.01	0.465	×
G_{18}	0.01	0.00	0.463	×
G_{19}	0.19	0.01	0.501	×
G_{20}	111.60	77.14	0.132	×
G_{21}	33.64	27.62	0.207	×
G_{22}	42.46	32.68	0.627	×

注："√"表示该指标由于在摘帽组与非摘帽组之间差异显著而被选择并将进入 ST 公司脱困预测模型；"×"表示未被选中。

从公司治理看，摘帽公司与未摘帽公司在被 ST 前一年的股权结构特征指标上均存在差异，且在 5% 水平上显著。此外，摘帽公司的高管人数也显著高于未摘帽公司。而其他董事会、监事会特征指标以及激励约束指标则在摘帽与未摘帽公司间差异不明显，高管变更也未通过 Mann – Whitney U 检验。故而，我们将反映股权结构特征的 6 个指标和反映董事会特征的"高管人数"指标作为备选公司治理指标。其中，G_4（第 2 – 5 持股比例）与 G_5（第 2 – 10 持股比例）的差异性极小，从摘帽公司均值看，G_5 比 G_4 仅高出 2.11%，从非摘帽公司均值看，G_5 比 G_4 仅高出 1.79%。对这两个指标进行 Pearson 相关性检验发现，G_5 与 G_4 的相关系数为 0.950，二者高度相关，可以选其中的一个来替代另一个指标信息。同时，G_4 的一半信息在 G_6（股权制衡度）中已经体现，故而我们选择 G_5。因此，最终被选中的公司治理指标包括 6 个：控股股东性质、第 1 大股东持股比例、前 5 大股东持股比例、第 2 - 10 股东持股比例、股权制衡度及高管人数。

（二）初选指标因子分析

在对初选指标进行因子分析之前，首先就这些财务指标数据和公司治理指标数据分别进行 KMO 和 Bartlett 因子分析适用度检验。由表 5 - 6 可以看出，财务指标与公司治理指标数据的 KMO 测度值分别为 0.731 和 0.530，均大于 0.5，且 Bartlett 球形度检验的相伴概率均为 0.000，因此，财务指标数据与公司治理指标数据均适合做因子分析。

表 5 - 6　　　　　　　财务指标数据与公司治理指标数据的
KMO 和 Bartlett 检验结果

检验参数	财务指标数据	公司治理指标数据
KMO 值	0.731	0.530
Bartlett 球形度	2223.310	1097.709
Sig. 值	0.000	0.000

为了使所提炼因子能够反映初选指标数据的绝大部分信息，我们以累计方差贡献率大于 80% 为原则，确定用于构建模型的财务因子和公司治理因子。表 5 - 7 列示了财务因子和公司治理因子的特征值与方差贡献率。由表 5 - 7 可知，7 个财务因子可以解释 18 个财务指标数据信息总方差的 81.085%，3 个公司治理因子可以解释 6 个公司治理指标数据信息总方差的 88.333%。这些因子的含义可以依据成分矩阵或旋转成分矩阵中的因子载荷值进行解释。实践证明，经过正交旋转后的旋转成分矩阵在解释因子含义时比初始成分矩阵更为显著，故在此采取具有 Kaiser 标准化的正交旋转方法。表 5 - 8、表 5 - 9 分别列示了财务指标数据和公司治理指标数据的旋转成分矩阵。

表5-7　　　财务因子与公司治理因子特征值与累计方差贡献率

因子个数	财务因子			公司治理因子		
	特征值	方差贡献率（%）	累计方差贡献率（%）	特征值	方差贡献率（%）	累计方差贡献率（%）
1	4.415	24.527	24.527	2.863	47.720	47.720
2	3.470	19.277	43.804	1.394	23.228	70.948
3	2.221	12.337	56.141	1.043	17.385	88.333
4	1.644	9.132	65.274			
5	1.326	7.368	72.641			
6	0.807	4.483	77.124	……	……	……
7	0.713	3.961	81.085			
……	……	……	……			

表5-8　　　　　　　财务因子旋转成分矩阵

指标	F - Factor1	F - Factor2	F - Factor3	F - Factor4	F - Factor5	F - Factor6	F - Factor7
X_{17}	0.881	-0.048	0.167	-0.056	0.019	0.057	0.115
X_{16}	0.877	0.006	0.092	0.210	0.162	-0.014	-0.104
X_{13}	0.789	0.019	0.042	0.074	0.497	-0.040	-0.025
X_{19}	0.783	-0.028	0.118	0.098	-0.172	0.082	0.138
X_{20}	0.628	0.043	0.016	0.076	0.329	-0.156	0.342
X_{10}	-0.059	0.906	-0.071	0.051	0.098	0.039	0.154
X_{11}	-0.137	0.892	-0.009	-0.067	0.102	0.036	0.182
X_{15}	0.061	0.852	-0.030	-0.086	-0.003	-0.001	-0.002
X_8	0.068	0.779	-0.046	0.110	0.013	0.009	-0.021
X_5	0.199	-0.067	0.930	-0.048	0.037	-0.001	-0.015
X_1	0.158	-0.114	0.913	-0.120	0.025	-0.033	0.008
X_3	0.001	0.025	0.898	0.176	0.046	0.029	-0.048
X_{25}	0.066	0.064	0.046	0.904	0.017	-0.054	0.084
X_{24}	0.194	-0.067	-0.046	0.818	0.003	0.290	0.045
X_{12}	0.120	0.074	0.052	-0.013	0.871	0.075	0.100

指标	F - Factor1	F - Factor2	F - Factor3	F - Factor4	F - Factor5	F - Factor6	F - Factor7
X_{14}	0.233	0.211	0.100	0.053	0.551	0.382	0.386
X_{23}	-0.028	0.038	-0.014	0.146	0.116	0.935	0.055
X_{22}	0.174	0.218	-0.077	0.124	0.170	0.080	0.867

由表 5-8 的财务因子旋转成分矩阵可以看出，F-Factor1 主要涵盖了 X_{17}（每股净资产）、X_{16}（每股收益）、X_{13}（资产报酬率）、X_{19}（资本积累率）及 X_{20}（总资产增长率），可将其概括为资产获利和增长因子；F-Factor2 主要涵盖了 X_{10}（流动资产周转率）、X_{11}（总资产周转率）、X_{15}（收入管理费用比）及 X_8（应收账款周转率），可将其概括为管理能力与水平因子；F-Factor3 主要涵盖了 X_5（权益对负债比率）、X_1（流动比率）及 X_3（现金比率），可将其概括为偿债因子；F-Factor4 主要涵盖了 X_{25}（每股净现金流量）、X_{24}（每股经营活动净现金流量），可将其概括为每股现金流量因子；F-Factor5 主要涵盖了 X_{12}（营业收入净利率）、X_{14}（成本费用利润率），可将其概括为盈利因子；F-Factor6 主要涵盖了 X_{23}（营业收入现金比），可将其概括为营业收入现金能力因子；F-Factor7 主要涵盖了 X_{22}（营业收入增长率），可将其概括为营业收入增长因子。

表 5-9　　　　　　　公司治理因子旋转成分矩阵

指标	G - Factor1	G - Factor2	G - Factor3
G_5	0.972	0.076	-0.082
G_6	0.959	-0.126	-0.088
G_3	0.069	0.981	-0.054
G_2	-0.679	0.704	0.049
G_{11}	0.044	-0.173	0.901
G_1	-0.383	0.337	0.608

由表 5-9 的公司治理因子旋转成分矩阵可以看出，G-Factor1 主要涵盖了 G_5（第 2-10 股东持股比例）、G_6（股权制衡度），可将其

概括为股权制衡因子；G－Factor2 主要涵盖了 G_3（前 5 大股东持股比例）、G_2（第 1 大股东持股比例），可将其概括为股权集中因子；G－Factor3 主要涵盖了 G_{11}（高管人数）、G_1（控股股东性质），可将其概括为控股股东性质与高管规模因子。为了进一步确认因子旋转的集合因子构成的准确性，我们将控股股东性质与高管规模这两个变量指标做回归分析，发现控股股东性质与高管规模呈明显的同向变动关系，且模型系数在 1% 水平上显著。其实这一点很容易理解：国有属性的上市公司其管理职能划分比较规范，高管职位安排比较充分，故人数较多，而非国有属性上市公司的高管人才则相对匮乏，规模较小。因此，3 个公司治理因子都属于股权结构方面的指标。

接下来，根据表 5－10、表 5－11 列示的财务因子与公司治理因子得分系数矩阵，对以上各因子的得分进行计算。其中，7 个财务因子得分计算表达式为：

$$F - Factor1 = -0.02X_1 - 0.100X_3 - 0.080X_5 \cdots\cdots + 0.003X_{24} - 0.092X_{25}$$

$$F - Factor2 = -0.012X_1 + 0.041X_3 + 0.011X_5 \cdots\cdots - 0.025X_{24} + 0.015X_{25}$$

$$F - Factor3 = 0.362X_1 + 0.374X_3 + 0.366X_5 \cdots\cdots - 0.024X_{24} + 0.038X_{25}$$

$$F - Factor4 = -0.075X_1 + 0.138X_3 - 0.033X_5 \cdots\cdots + 0.475X_{24} + 0.616X_{25}$$

$$F - Factor5 = -0.032X_1 + 0.029X_3 - 0.027X_5 \cdots\cdots - 0.044X_{24} + 0.036X_{25}$$

$$F - Factor6 = -0.014X_1 - 0.019X_3 + 0.007X_5 \cdots\cdots + 0.136X_{24} - 0.242X_{25}$$

$$F - Factor7 = 0.073X_1 - 0.036X_3 + 0.020X_5 \cdots\cdots - 0.061X_{24} + 0.020X_{25}$$

表 5－10　　　　　　　　　　财务因子得分系数矩阵

指标	F－Factor1	F－Factor2	F－Factor3	F－Factor4	F－Factor5	F－Factor6	F－Factor7
X_1	-0.020	-0.012	0.362	-0.075	-0.032	-0.014	0.073
X_3	-0.100	0.041	0.374	0.138	0.029	-0.019	-0.036
X_5	-0.008	0.011	0.366	-0.033	-0.027	0.007	0.020
X_8	0.052	0.292	-0.002	0.069	-0.045	-0.010	-0.179
X_{10}	-0.018	0.297	0.009	0.028	-0.010	-0.017	-0.002
X_{11}	-0.046	0.285	0.041	-0.044	-0.008	-0.007	0.056
X_{12}	-0.122	-0.046	-0.010	0.008	0.723	-0.083	-0.162

续表

指标	F – Factor1	F – Factor2	F – Factor3	F – Factor4	F – Factor5	F – Factor6	F – Factor7
X_{13}	0.207	0.010	− 0.069	0.003	0.322	− 0.083	− 0.264
X_{14}	− 0.034	− 0.015	0.029	− 0.059	0.266	0.235	0.194
X_{15}	0.073	0.316	0.006	− 0.064	− 0.079	0.017	− 0.146
X_{16}	0.295	0.048	− 0.048	0.068	0.025	− 0.008	− 0.281
X_{17}	0.323	0.003	− 0.007	− 0.151	− 0.196	0.110	0.046
X_{19}	0.308	0.015	− 0.007	− 0.054	− 0.354	0.129	0.118
X_{20}	0.127	− 0.037	− 0.035	0.007	0.114	− 0.230	0.252
X_{22}	− 0.055	− 0.072	0.008	− 0.006	− 0.145	− 0.079	0.910
X_{23}	0.015	− 0.009	− 0.011	− 0.079	− 0.063	0.872	− 0.108
X_{24}	0.003	− 0.025	− 0.024	0.475	− 0.044	0.136	− 0.061
X_{25}	− 0.092	0.015	0.038	0.616	0.036	− 0.242	0.020

表 5 – 11　　　　　　　　　公司治理因子得分系数矩阵

指标	G – Factor1	G – Factor2	G – Factor3
G_1	− 0.032	0.185	0.490
G_2	− 0.192	0.365	− 0.033
G_3	0.189	0.673	− 0.003
G_5	0.455	0.212	0.075
G_6	0.414	0.073	0.060
G_{11}	0.125	− 0.078	0.794

3 个公司治理因子得分计算表达式为：

$$G - Factor1 = - 0.032G_1 - 0.192G_2 + 0.189G_3 + 0.455G_5 + 0.414G_6 + 0.125G_{11}$$

$$G - Factor2 = 0.185G_1 + 0.365G_2 + 0.673G_3 + 0.212G_5 + 0.073G_6 - 0.078G_{11}$$

$$G - Factor3 = 0.490G_1 - 0.033G_2 - 0.003G_3 + 0.075G_5 + 0.060G_6 + 0.794G_{11}$$

（三）模型构建

根据以上分析，我们对公司被 ST 前一年的财务与公司治理数据进行因子提炼后得到 7 个财务因子和 3 个公司治理因子，以这些因子的计算得分为解释变量，以 ST 公司的摘帽情况为被解释变量，以公司规模和所处行业为控制变量，构建 Logit 回归模型（见式 5.1）。其中，模型所涉及变量如表 5 - 12 所示。

$$P\ (RECOVERY_j) = \frac{1}{1 + e^{-Z_j}}$$

$$Z_j = a_0 + a_1 F - Factor1_j + a_2 F - Factor2_j + a_3 F - Factor3_j + a_4 F -$$
$$Factor4_j + a_5 F - Factor5_j + a_6 F - Factor6_j + a_7 F - Factor7_j +$$
$$a_8 G - Factor1_j + a_9 G - Factor2_j + a_{10} G - Factor3_j + a_{11} G -$$
$$Factor4_j + a_{12} SIZE_j + a_{12} INDUS_j + \varepsilon_j \qquad (5.1)$$

表 5 - 12　　　基于财务与公司治理因子的 Logit 模型变量设定

变量符号	变量名称	变量设定
RECOVERY	ST 公司脱困	ST 公司 3 年内摘帽设定 1；否则设定 0
F - Factor1	资产获利和增长因子	资产获利和增长因子得分
F - Factor2	管理能力与水平因子	管理能力与水平因子得分
F - Factor3	偿债因子	偿债因子得分
F - Factor4	每股现金流量因子	每股现金流量因子得分
F - Factor5	盈利因子	盈利因子得分
F - Factor6	营业收入现金能力因子	营业收入现金能力因子得分
F - Factor7	营业收入增长因子	营业收入增长因子得分
G - Factor1	股权制衡因子	股权制衡因子得分
G - Factor2	股权集中因子	股权集中因子得分
G - Factor3	控股股东性质与高管规模因子	控股股东性质因子得分
SIZE	公司规模	公司总资产的自然对数
INDUS	行业	公司所处行业为制造业，取 1；否则取 0

　　Logit 回归模型中的 P（RECOVERY）代表 ST 公司摘帽脱困的概率，通过确定分割点，比较所得到的 P 值与分割点的大小就可以判断样本公司 3 年内的摘帽恢复情况。一般以 0.5 作为分割点的取值，如果 Logit 模型所计算出的 P 值高于 0.5，则认为该公司是脱困公司，反之，若 P 值小于 0.5，则认为该公司未能脱困。本章预测模型的分割点以常见的 0.5 来取值，采用逐步回归法对以上预测模型进行回归，

回归结果见表 5 - 13。

表 5 - 13　　　基于财务与公司治理因子的 Logit 模型回归结果

变量	B	Wals	Sig.
Constant	- 10. 24 **	6. 358	0. 012
F - Factor5	0. 127 *	2. 966	0. 085
G - Factor1	- 0. 973 **	3. 897	0. 048
G - Factor2	3. 506 ***	14. 318	0. 000
G - Factor3	0. 567 ***	20. 046	0. 000
SIZE	0. 859 *	3. 81	0. 051
- 2log likehood	251. 210（0. 000）		
Cox & Snell R^2	0. 156		
Nagelkerke R^2	0. 208		

注：表中的 *** 、 ** 、 * 分别表示在 1%、5%、10% 水平上显著。

由表 5 - 13 可以看出，模型的总体卡方检验统计量 - 2log likehood 的值为 251. 210，且其卡方值的显著水平为 0. 000，表明该模型的整体检验比较显著。财务因子中，只有盈利因子（F - Factor5）进入模型并在 10% 水平上显著，表明财务信息中的盈利能力对 ST 公司脱困具有显著影响，与假设 3 相符，其他财务能力则影响不大，其对 ST 公司脱困的预测性未能得到验证。公司治理的 3 个因子（股权制衡因子、股权集中因子、控股股东性质与高管规模因子）全部进入模型且通过显著性水平检验，控制变量中的公司规模也进入模型。表明在公司被 ST 的前一年，其公司治理信息尤其是股权结构信息对摘帽脱困具有显著的影响，从模型中变量的系数看，股权集中因子（G - Factor2）系数为正，且高达 3. 506，对脱困恢复的影响最大，表明公司的股权越集中程度越高，ST 公司脱困的概率就越高，再次印证了我国证券市场上当公司陷入困境时大股东"支持"的显著存在；控股股东性质与高管规模因子（G - Factor3）系数为正，表明国有属性的控股股东比非国有属性控股股东更容易使困境公司成功摆脱困境，高管人数也对困境公司的摘帽起到了积极作用；股权制衡因子系数为负，表明股权制衡程度越高，公司摘帽的概率就越低；而公司规模与恢复则同向变动，表明规模大的公司更容易脱困恢复。假设 6 得到充分验证。

　　一个好的预测模型不仅能够显示各变量的系数及其显著性，同时需要有准确的预测能力。将 208 家公司的财务因子得分、公司治理因子得分及公司规模对数值代入以上模型，获得每个公司的脱困概率，并与其真实情况相对比，就可以得到该模型的预测准确率（见表 5 - 14）。该模型对 208 家财务困境公司中的 146 家的脱困情况做出了正确的预测，总体预测正确率为 70.2%。

表 5 - 14　　　　　基于财务与公司治理因子的 **Logit** 模型预测结果

公司实际情况	模型预测状态		合计	正确率	总正确率
	未摘帽	摘帽			
未摘帽	81	33	114	71.1%	70.2%
摘帽	29	65	94	69.1%	

二　考虑重组选择方式的 ST 公司脱困预测模型

　　以上是未考虑重组选择方式的 ST 公司脱困预测模型及其预测正确率，接下来，我们将 ST 公司最常采取的重组行为引入模型，将这些公司的重组选择方式作为解释变量，与之前的财务因子、公司治理因子共同解释财务困境公司的脱困状况。控制变量依然是公司规模与其所处行业。财务因子、公司治理因子、控制变量及因变量的解释设定同上，重组选择方式的变量设定见表 5 - 15。

表 5 - 15　　　　　　　重组选择方式变量设定

变量符号	变量名称	变量设定
MA	兼并收购	ST 公司恢复期内采取了非控制权转移的支持性重组，且最高金额重组方式为兼并收购，取值 1；否则取值 0
DR	债务重组	ST 公司恢复期内采取了非控制权转移的支持性重组，且最高金额重组方式为债务重组，取值 1；否则取值 0
AT	资产剥离	ST 公司恢复期内采取了非控制权转移的支持性重组，且最高金额重组方式为资产剥离，取值 1；否则取值 0
AR	资产置换	ST 公司恢复期内采取了非控制权转移的支持性重组，且最高金额重组方式为资产置换，取值 1；否则取值 0

变量符号	变量名称	变量设定
SHT – A	股权转让	ST 公司恢复期内采取了非控制权转移的支持性重组，且最高金额重组方式为股权转让，取值 1；否则取值 0
ABONR	放弃式重组	ST 公司在恢复期内采取了控制权转移的放弃式重组方式，取值 1；否则取值 0

接下来，以 7 个财务因子、4 个公司治理因子及 ABONR 重组选择方式为解释变量，构建 Logit 模型（见式 5.2）；同时以 7 个财务因子、4 个公司治理因子及 5 个具体支持性重组方式（MA、DR、AT、AR、SHT – A）、ABONR 重组选择方式为解释变量，构建 Logit 模型（见式 5.3）。以上两个模型的回归结果见表 5 – 16。

$$P(RECOVERY_j) = \frac{1}{1 + e^{-Z_j}}$$

$$Z_j = a_0 + \sum a_t F - Factort_j + \sum a_k G - Factort_j + a_{12}ABONR_j + a_{13}SIZE_j + a_{14}INDUS_j + \varepsilon_j \tag{5.2}$$

$$Z_j = a_0 + \sum a_t F - Factort_j + \sum a_k G - Factort_j + a_{12}MA + a_{13}DR + a_{14}AT + a_{15}AR + a_{16}SHT + a_{17}ABONR_j + a_{18}SIZE_j + a_{19}INDUS_j + \varepsilon_j \tag{5.3}$$

表 5 – 16　考虑重组选择方式的 ST 公司脱困预测模型回归结果

模型	变量	B	Wals	Sig.
模型 5.2	Constant	– 14.059 ***	11.501	0.001
	F – Factor2	0.368 **	6.203	0.013
	F – Factor5	0.361 ***	7.283	0.007
	F – Factor7	0.612 **	4.757	0.029
	G – Factor2	4.173 ***	18.217	0.000
	G – Factor3	0.483 ***	16.314	0.000
	ABONR	1.218 ***	13.056	0.000
	SIZE	1.139 **	6.297	0.012
	– 2log likehood	234.352 (0.000)		
	Cox & Snell R^2	0.221		
	Nagelkerke R^2	0.296		

模型	变量	B	Wals	Sig.
模型 5.3	Constant	− 13. 726 ***	9. 034	0. 003
	F − Factor2	0. 474 ***	7. 173	0. 007
	F − Factor5	0. 365 ***	8. 767	0. 003
	F − Factor7	0. 842 **	6. 157	0. 013
	G − Factor2	5. 110 ***	24. 467	0. 000
	G − Factor3	0. 569 ***	20. 469	0. 000
	MA	− 1. 505 ***	9. 140	0. 003
	DR	− 3. 628 ***	9. 278	0. 002
	AR	0. 642 **	5. 009	0. 047
	SHT − A	− 2. 356 ***	8. 392	0. 004
	SIZE	1. 130 **	5. 471	0. 023
	− 2 log likehood	215. 881（0. 000）		
	Cox & Snell R^2	0. 288		
	Nagelkerke R^2	0. 397		

注：表中的 *** 、** 分别表示在 1% 、5% 水平上显著。

由表 5 – 16 可以看出，模型 5.2 的总体卡方检验统计量 − 2log likehood 的值为 234. 352，模型 5.3 的总体卡方检验统计量 − 2log like-hood 的值为 215. 881，均低于不考虑重组选择方式预测模型 5.1 的 − 2log likehood 值（251. 210），且其卡方值的显著水平均为 0. 000，表明这两个模型的整体检验比不考虑重组选择方式预测模型的整体检验更为显著。另外，模型 5.2、模型 5.3 的 Cox & Snell R^2 值与 Nagelkerke R^2 值均高于模型 5.1，表明这两个模型的拟合优度更好。其中，考虑具体支持性重组选择方式的模型 5.3 比只考虑支持或放弃重组方式的模型 5.2 的整体检验更显著、拟合优度也更好。再从模型系数看，模型 5.2、模型 5.3 的各变量系数的显著性水平较模型 5.1 更为明显，且模型 5.3 的变量系数的显著程度最高。此外，模型 5.2 与模型 5.3 更加充分地体现了 ST 公司的财务信息，从变量信息度上也要优于模型 5.1。

表 5 – 17　考虑重组选择方式的 ST 公司脱困预测模型预测结果

模型	公司实际情况	模型预测状态		合计	正确率	总正确率
		未摘帽	摘帽			
模型 5.2	未摘帽	89	25	114	78.1%	73.1%
	摘帽	31	63	94	67.0%	
模型 5.3	未摘帽	87	27	114	76.3%	75.0%
	摘帽	25	69	94	73.4%	

接下来我们看表 5 – 17 所列的模型预测结果。模型 5.2 对 208 家 ST 公司中的 152 家的脱困情况做出了正确的预测，总体预测正确率为 73.1%，较模型 5.1 的正确率高出 2.9%，模型 5.3 对 208 家 ST 公司中的 156 家的脱困情况做出了正确的预测，总体预测正确率为 75.0%，较模型 5.1 的正确率高出 4.8%。再看分类别预测结果：模型 5.2 较模型 5.1 在摘帽公司的预测准确率上稍有降低（69.1%→67.0%），但其在未摘帽公司的预测准确率上却有较大幅度提高（71.1%→78.1%）；而模型 5.3 无论在摘帽公司预测上还是在未摘帽公司预测上都比模型 5.2 与模型 5.1 的准确率要高，尤其是与模型 5.1 相比，模型 5.3 在摘帽公司的预测准确率上提高了 4.3%（69.1%→73.4%），在未摘帽公司的预测准确率上提高了 5.2%（71.1%→76.3%），将 Ⅰ 类错误率（将可能摘帽的公司预测为不能摘帽）与 Ⅱ 类错误率（将不可能摘帽的公司预测为摘帽公司）都控制在 17% 以内，整体错误率最低，准确率最高。因此，考虑重组选择方式，尤其是考虑具体重组选择方式的脱困预测模型，在模型的显著性、拟合优度及准确率上都要优于不考虑重组选择方式的脱困预测模型，即重组选择方式的引入可以提高 ST 公司脱困预测模型的正确率。假设 11 得到充分的验证。考虑具体重组方式的脱困预测模型最终可以表示为：

$$P(RECOVERY) = \cfrac{1}{1 + e^{-\left[\begin{array}{l} -13.726 + 0.474F\text{-}Factor2 + 0.365F\text{-}Factor5 + 0.842F\text{-}Factor7 \\ +5.11G\text{-}Factor2 + 0.569G\text{-}Factor3 - 1.505MA - 3.628DR \\ +0.642AR - 2.356SHT\text{-}A + 1.13SIZE \end{array}\right]}}$$

$$(5.4)$$

从模型 5.4 可以看出，考虑具体重组选择方式的 ST 公司脱困预测模型中，G - Factor2（股权集中因子）的系数为正，且高达 5.11，再次证明股权集中度及其所隐含的大股东支持对 ST 公司脱困的重要性；控股股东性质与高管规模（G - Factor3）与摘帽脱困同向变动，这些与模型 5.1 的结论是一致的。模型 5.4 在财务信息因子上不仅纳入了与摘帽显著相关的公司盈利水平因子（F - Factor5），同时还受到公司管理能力（F - Factor2）与营业收入增长（F - Factor7）的影响，即公司资产管理水平、费用管理水平越高，营业收入增长情况越好，盈利能力越强，则 ST 公司脱困的可能性就越大。除了与之前已被证实的假设 3 一致之外，假设 2 与假设 4 也基本得以证实。对于重组方式，资产置换（AR）系数为正，兼并收购（MA）、债务重组（DR）及非控制权转移的股权转让（SHT）这 3 个变量的系数均为负，表明 ST 公司的重组选择模式对摘帽脱困的作用，即支持性资产置换重组方式对摘帽脱困具有积极作用，而兼并收购、债务重组与无关痛痒的股权转让不利于困境公司的摘帽恢复。假设 10 得到验证。

需要说明的是：为了验证高管变更与脱困的关系，我们增加该指标，与前述指标一起进行 Logit 回归，发现高管变更指标无论在考虑重组方式下或未考虑重组方式下均未能进入模型，说明被 ST 前一年的高管变更对困境摆脱没有显著预测能力，假设 9 未通过检验。

三 动态重组选择下的 ST 公司脱困预测模型

以上是根据财务困境公司被 ST 前一年的财务信息与公司治理信息，同时考虑其重组选择方式而构建的脱困预测模型。我们已经知道，考虑重组选择方式的预测模型比未考虑重组选择方式预测模型的预测效果要好。然而，以上的重组方式界定，是基于财务困境公司在恢复期内金额最高的一种重组方式，却不是全部的重组方式。现实中，ST 公司的重组非常频繁，很多公司在恢复期内每年均会发生不同形式的重组，它们对公司的恢复同样重要。而且，ST 公司的摘帽并非一蹴而就，有些公司在 1 年内摘帽，有些公司则用了 2 年或 3 年时间才成功摘帽，这些恢复期超过 1 年的公司，其财务信息、公司治理情况，甚至重组形式一直在发生变化。另外，最少一半以上的 ST 公司历经 3 年时间也未成功摘帽，但其在被 ST 后每年都会发生不同方式的重组。因此，仅以被 ST 前一年的财务信息与公司治理信息，同时引入金额最高的重组方式来构建脱困预测模型尽管比未考虑重组方式的预测模型效果要好，但存在信息滞后、重组方式不完备等问题。为了更好地完善模型，我们将以上静态数据发展成为动态重组数据重新构建模型，为投资者和困境公司的脱困预测提供支持。

（一）基本思路

以上述的 208 家样本公司为基础，将 208 家公司分为两大类（摘帽与未摘帽），并将摘帽公司细分为三小类：1 年摘帽、2 年摘帽、3 年摘帽。对于 1 年摘帽的公司，取样与本章前述相同，即以被 ST 前一年年报的财务与公司治理信息为依据，参照 ST 公司 1 年恢复期内的重组方式（此处依然指当年最大金额重组方式，下同），构建脱困预测模型；对于 2 年摘帽的公司，则将 1 家公司转化为 2 个样本：第 1 年的样本和第 2 年的样本。以每年最大金额重组方式，分别辅以重组发生前一年的年报信息（即 ST 前一年与 ST 当年），作为构建脱困模型的数据基础。例如，某公司 2004 年 3 月被 ST，2006 年 4 月摘帽，2004 年、2005 年度均发生重组，则将该公司转化为 2 个样本。样本 1 为 2004 年度样本，取 2003 年年报数据，参照 2004 年重组方式，重组结果是未摘帽；样本 2 为 2005 年度样本，取 2004 年年报数据，参照 2005 年的重组方式，重组结果是摘帽。如此则可以构建基于动态重组的新样本。这样，2 年摘帽的公司，可以将 1 家公司转化为 2 个样本；3 年摘帽的公司，可以将 1 家公司转化为 3 个样本，转化方法同上。未摘帽公司，可以将 1 家公司转化为 3 个样本，转化方法与 3 年摘帽公司的转化方法相同，只不过全部转化样本的重组结果都是未摘帽。这样转化后的好处在于：年报信息滞后性得以解决；重组方式静态、单一性得以解决；内部重组样本量增加；无论是投资者抑或是困境公司，在发生重组之前，或在重组过程中，只要结合上一年度的年报信息，就可以预测公司脱困的概率值，并做出相应决策。而不足之处在于：将未摘帽公司 1 家转化为 3 个样本，而摘帽公司中 2 年或 3 年恢复期的也分别转化为 2 个（1 个未摘帽，1 个摘帽）和 3 个（2 个未摘帽，1 个摘帽）样本，人为增加了未脱困公司的数量和比例。

表 5 – 18 　　　　　　　　　　动态重组样本

恢复情况	恢复公司			未恢复公司	合计
	恢复期为 1 年	恢复期为 2 年	恢复期为 3 年		
公司数	48	23	23	114	208
转化样本数	48	46	69	342	505
删除	9 个奇异值样本				496

按照上述方法，对 208 家公司进行样本转化，最终获得 505 个样本。针对这些样本的财务信息与公司治理信息进行探索分析后发现，存在 9 个奇异值样本，原因全部是由于存货或应收账款期末余额为 0 而导致其周转率过高。将这 9 个奇异值样本删除，剩余 496 个样本（见表 5 – 18）。其中脱困样本 94 个，未脱困样本 402 个，这些样本的重组选择情况（见表 5 – 19）。

表 5 – 19 　　　　　　　动态重组样本的重组情况

重组情况	INTER	SURPR					ABONR	合计
		MA	DR	AT	AR	SHT		
摘帽	4	20	3	9	23	1	34	94
未摘帽	90	69	33	24	96	55	35	402
合计	94	89	35	33	121	55	69	496

（二）财务与公司治理指标初选

财务与公司治理指标选择同上（见表 5 – 2，表 5 – 3），指标初选情况（见表 5 – 20，表 5 – 21）。依然按照小于 5% 的显著性为原则，初选之后财务指标剩余 17 个，其中利息保障倍数指标存在缺失数据较多，因为公司在困境期经常会收到控股股东或政府的资金支持与注入，这些资金在短期内会产生相应的利息收益，从而导致财务费用为负，致使利息保障倍数指标数据无法计算而缺失，因此，将该指标排除在因子分析范围之外，剩余 16 个指标。其中，偿债能力指标 4 个、资产管理能力指标 2 个、盈利指标 6 个、发展能力指标 2 个、现金流量指标 2 个，涵盖了财务信息的五个方面。

表 5 - 20　动态重组样本的财务指标均值与 Mann - Whitney U 检验结果

指标	摘帽公司均值	未摘帽公司均值	P 值	初选
X_1	1. 1210	0. 7861	0. 000	√
X_2	0. 7777	0. 5943	0. 001	√
X_3	0. 2371	0. 1416	0. 000	√
X_4	- 0. 3851	- 2. 0996	0. 067	×
X_5	1. 0598	0. 4149	0. 000	√
X_6	9. 2158	- 2. 8820	0. 011	√
X_7	0. 9391	0. 9374	0. 521	×
X_8	6. 6845	4. 8573	0. 018	√
X_9	5. 1763	4. 1793	0. 744	×
X_{10}	1. 0564	0. 8349	0. 069	×
X_{11}	0. 4854	0. 3482	0. 016	√
X_{12}	- 0. 5452	- 725. 5232	0. 033	√
X_{13}	- 0. 0668	- 3. 6450	0. 021	√
X_{14}	- 0. 1967	- 0. 3353	0. 020	√
X_{15}	9. 5513	5. 7974	0. 001	√
X_{16}	- 0. 2904	- 0. 6777	0. 034	√
X_{17}	1. 2701	0. 1951	0. 000	√
X_{18}	0. 5840	0. 5518	0. 316	×
X_{19}	- 0. 0621	- 0. 7748	0. 000	√
X_{20}	- 0. 1151	- 0. 1710	0. 047	√
X_{21}	- 0. 0152	0. 0446	0. 205	×
X_{22}	0. 9494	2. 8380	0. 094	×
X_{23}	- 0. 0566	0. 1140	0. 101	×
X_{24}	0. 0837	0. 0060	0. 022	√
X_{25}	- 0. 0480	- 0. 1364	0. 040	√

公司治理指标经过初选剩余 11 个，且在 5% 水平上显著。除了 6 个反映股权结构特征的指标之外，还有 4 个董事会、监事会特征指标和 1 个高管激励指标均包括在内，比 ST 前一年的静态重组数据更为充分。基于与前面相同的原因，我们将 G_5 去除，最终的公司治理初选指标包括 10 个：控股股东性质、第 1 大股东持股比例、前 5 大股东持股比例、第 2—5 持股比例、股权制衡度、高管人数、董事会会议次数、监事会会议次数、股东大会召开次数及高管年薪总额。

表 5－21　动态重组样本的公司治理指标均值与 Mann－Whitney U 检验结果

指标	摘帽公司均值	未摘帽公司均值	P 值	初选
G_1	0.6200	0.4500	0.004	√
G_2	42.8408	32.4421	0.000	√
G_3	56.4898	49.9961	0.000	√
G_4	13.6490	17.5540	0.002	√
G_5	15.8749	20.2536	0.002	√
G_6	0.4698	0.6880	0.000	√
G_7	0.2300	0.1900	0.439	×
G_8	8.8700	8.7900	0.561	×
G9	17.4561	13.1198	0.055	×
G_{10}	3.7900	3.7400	0.811	×
G_{11}	6.1100	5.3800	0.002	√
G_{12}	9.4500	8.0800	0.006	√
G_{13}	4.4700	3.9800	0.038	√
G_{14}	2.8500	2.5100	0.071	√
G_{15}	2.4800	2.3900	0.871	×
G_{16}	0.5800	0.5500	0.675	×
G_{17}	0.0729	0.0238	0.846	×
G_{18}	0.0055	0.0012	0.365	×
G_{19}	0.0712	0.0300	0.642	×
G_{20}	113.0800	83.5300	0.025	√
G_{21}	34.5950	29.5420	0.116	×
G_{22}	46.7080	36.4170	0.142	×

（三）初选指标因子分析

动态重组样本的财务数据与公司治理数据的 KMO 值均高于 0.5 （见表 5 - 22），适合做因子分析。

表 5 - 22 动态重组样本的财务与公司治理数据 KMO 和 Bartlett 检验结果

检验参数	财务指标数据	公司治理指标数据
KMO 值	0.704	0.509
Bartlett 球形度	3508.714	2817.453
Sig. 值	0.000	0.000

表 5 - 23 动态重组样本数据因子特征值与累计方差贡献率

因子个数	财务因子			公司治理因子		
	特征值	方差贡献率（%）	累计方差贡献率（%）	特征值	方差贡献率（%）	累计方差贡献率（%）
1	3.805	23.780	23.780	2.789	27.887	27.887
2	2.515	15.717	39.496	1.748	17.484	45.371
3	1.733	10.833	50.329	1.501	15.006	60.377
4	1.257	7.855	58.184	1.106	11.061	71.438
5	1.100	6.876	65.060	0.801	8.007	79.445
6	1.000	6.248	71.308	0.739	7.394	86.839
7	0.884	5.525	76.833			
8	0.782	4.888	81.721	……	……	……
……	……	……	……			

依然以累计方差贡献率大于 80% 为原则，确定用于构建动态重组样本恢复预测模型的财务因子和公司治理因子（见表 5 - 23）。8 个财务因子解释了 16 个财务指标数据信息总方差的 81.721%，6 个公司治理因子解释了 10 个公司治理数据信息总方差的 86.839%。这些财务因子与公司治理因子的具体含义（见表 5 - 24，表 5 - 25）的因子旋转成分矩阵。

表 5 – 24　　　　　　　动态重组样本财务因子旋转成分矩阵

指标	F – Factor1	F – Factor2	F – Factor3	F – Factor4	F – Factor5	F – Factor6	F – Factor7	F – Factor8
X_2	0.958	− 0.034	0.061	− 0.038	0.010	− 0.050	0.006	0.014
X_1	0.929	− 0.032	0.149	0.011	− 0.010	− 0.010	0.018	0.025
X_5	0.900	0.003	0.202	− 0.037	− 0.004	− 0.006	0.013	0.012
X_3	0.885	0.117	− 0.081	− 0.001	0.075	0.147	− 0.017	− 0.017
X_{25}	0.028	0.882	0.077	0.034	0.089	0.059	− 0.026	− 0.026
X_{24}	− 0.020	0.870	0.114	− 0.059	− 0.015	0.001	0.000	0.013
X_{17}	0.266	0.136	0.779	0.012	− 0.107	− 0.163	0.004	0.078
X_{16}	0.097	0.372	0.691	− 0.034	0.370	− 0.036	0.028	0.019
X_{20}	0.001	0.154	0.674	0.127	0.052	0.143	0.173	− 0.019
X_{19}	0.061	− 0.050	0.639	− 0.059	0.428	0.115	− 0.216	− 0.056
X_{15}	− 0.011	0.006	0.134	0.883	− 0.045	0.022	− 0.001	− 0.011
X_{11}	− 0.038	− 0.042	− 0.057	0.860	0.134	0.139	0.001	0.033
X_{14}	0.026	0.129	0.101	0.103	0.896	− 0.003	0.182	0.031
X_8	0.057	0.046	0.050	0.151	0.009	0.958	0.010	0.015
X_{13}	0.016	− 0.026	0.052	− 0.007	0.136	0.011	0.956	− 0.008
X_{12}	0.022	− 0.008	0.015	0.020	0.020	0.014	− 0.007	0.995

表 5 – 25　　　　　　　动态重组样本公司治理因子旋转成分矩阵

指标	G – Factor1	G – Factor2	G – Factor3	G – Factor4	G – Factor5	G – Factor6
G_5	0.961	0.130	0.010	− 0.109	− 0.036	− 0.006
G_6	0.943	− 0.122	− 0.029	− 0.113	0.041	0.021
G_3	0.082	0.984	− 0.002	− 0.006	− 0.024	− 0.076
G_2	− 0.666	0.715	0.000	0.082	0.009	− 0.063
G_{13}	− 0.006	− 0.027	0.940	− 0.010	0.121	0.023
G_{14}	− 0.023	− 0.021	0.929	− 0.016	0.055	0.007
G_{11}	− 0.019	− 0.131	0.072	0.866	− 0.035	0.203
G_1	− 0.333	0.278	− 0.124	0.664	0.044	− 0.153
G_{12}	0.019	0.030	0.316	0.015	0.806	0.066
G_{20}	0.024	− 0.087	0.034	0.087	0.044	0.977

由表 5 – 24 的财务因子旋转成分矩阵可以看出，F – Factor1 主要涵盖了 X_2（速动比率）、X_1（流动比率）、X_5（权益对负债比率）及 X_3（现金比率），可将其概括为偿债因子；F – Factor2 主要涵盖了 X_{25}（每股现金净流量）、X_{24}（每股经营活动现金净流量），可将其概括为

每股现金流量因子；F – Factor3 主要涵盖了 X_{17}（每股净资产）、X_{16}（每股收益）、X_{20}（总资产增长率）及 X_{19}（资本积累率），可将其概括为每股获利及资本资产增长因子；F – Factor4 主要涵盖了 X_{15}（收入管理费用比）、X_{11}（总资产周转率），可将其概括为管理能力与水平因子；F – Factor5 主要涵盖 X_{14}（成本费用利润率），可将其称为成本费用获利因子；F – Factor6 主要涵盖 X_8（应收账款周转率），可将其称为应收账款周转因子；F – Factor7 主要涵盖 X_{13}（资产报酬率），可将其称为资产报酬因子；F – Factor8 主要涵盖 X_{12}（营业收入净利率），可将其称为收入获利因子。

根据表 5 – 25：G – Factor1 主要涵盖了 G_5（第 2 – 10 股东持股比例）、G_6（股权制衡度），可将其概括为股权制衡因子；G – Factor2 主要涵盖 G_3（前 5 大股东持股比例）、G_2（第 1 大股东持股比例），可将其概括为股权集中因子；G – Factor3 主要涵盖 G_{13}（监事会会议次数）、G_{14}（股东大会会议次数），可将其概括为监事会与股东大会会议因子；G – Factor4 主要涵盖 G_{11}（高管人数）、G_1（控股股东性质），可将其概括为控股股东性质与高管规模因子；G – Factor5 主要涵盖 G_{12}（董事会会议次数），可称之为董事会会议因子；G – Factor6 主要涵盖 G_{20}（高管薪酬总额），可称之为高管薪酬因子。

接下来，根据表 5 – 26、表 5 – 27 列示的财务因子与公司治理因子得分系数矩阵，对以上各因子的得分进行计算。具体计算公式此处不再列出，计算方法同前（见 5.4.1）。

表 5 – 26　　　　　动态重组样本的财务因子得分系数矩阵

指标	F – Factor1	F – Factor2	F – Factor3	F – Factor4	F – Factor5	F – Factor6	F – Factor7	F – Factor8
X_1	0.270	– 0.032	0.010	0.031	– 0.034	– 0.034	0.016	0.004
X_2	0.289	– 0.020	– 0.057	0.009	0.014	– 0.070	0.000	– 0.005
X_3	0.280	0.081	– 0.186	0.003	0.085	0.116	– 0.034	– 0.032
X_5	0.255	– 0.024	0.044	– 0.005	– 0.041	– 0.021	0.012	– 0.007
X_8	– 0.010	– 0.015	0.032	– 0.084	– 0.076	0.965	0.016	0.015
X_{11}	0.018	– 0.001	– 0.093	0.550	0.095	– 0.030	– 0.037	0.010

续表

指标	F – Factor1	F – Factor2	F – Factor3	F – Factor4	F – Factor5	F – Factor6	F – Factor7	F – Factor8
X_{12}	– 0. 013	– 0. 002	– 0. 012	– 0. 018	0. 009	0. 015	– 0. 010	0. 992
X_{13}	– 0. 005	– 0. 024	0. 019	– 0. 031	– 0. 054	0. 014	0. 944	– 0. 009
X_{14}	0. 010	– 0. 030	– 0. 161	0. 018	0. 830	– 0. 080	0. 014	0. 019
X_{15}	0. 009	0. 019	0. 065	0. 593	– 0. 127	– 0. 144	– 0. 004	– 0. 036
X_{16}	– 0. 017	0. 193	0. 172	– 0. 036	0. 198	– 0. 068	– 0. 028	0. 010
X_{17}	0. 002	– 0. 035	0. 504	0. 024	– 0. 288	– 0. 162	0. 033	0. 060
X_{19}	– 0. 049	– 0. 203	0. 352	– 0. 110	0. 334	0. 117	– 0. 294	– 0. 070
X_{20}	– 0. 071	– 0. 032	0. 426	0. 031	– 0. 165	0. 130	0. 174	– 0. 031
X_{24}	– 0. 010	0. 505	– 0. 069	– 0. 010	– 0. 133	– 0. 020	0. 021	0. 020
X_{25}	0. 012	0. 509	– 0. 128	0. 041	– 0. 024	0. 012	– 0. 027	– 0. 023

表 5 – 27　　　　　动态重组样本的公司治理因子得分系数矩阵

指标	G – Factor1	G – Factor2	G – Factor3	G – Factor4	G – Factor5	G – Factor6
G_1	0. 009	0. 098	– 0. 102	0. 557	0. 097	– 0. 202
G_2	– 0. 220	0. 397	0. 007	– 0. 070	0. 005	0. 080
G_3	0. 162	0. 673	0. 022	– 0. 013	– 0. 020	0. 088
G_5	0. 465	0. 209	0. 025	0. 083	– 0. 030	– 0. 016
G_6	0. 424	0. 038	– 0. 044	0. 081	0. 062	– 0. 031
G_{11}	0. 132	– 0. 089	0. 087	0. 763	– 0. 069	0. 040
G_{12}	0. 020	0. 039	0. 370	0. 023	0. 296	0. 002
G_{13}	0. 002	– 0. 014	– 0. 239	– 0. 007	0. 908	– 0. 030
G_{14}	– 0. 013	– 0. 007	0. 846	0. 006	– 0. 290	– 0. 065
G_{20}	– 0. 035	0. 110	– 0. 056	– 0. 079	– 0. 013	0. 998

（四）模型构建

以上述所提炼的 8 个财务因子和 6 个公司治理因子的计算得分为解释变量，以样本公司的恢复情况为被解释变量，以样本的总资产规模为控制变量，构建动态样本脱困预测模型 1；在此基础上，以财务因子、公司治理因子及动态样本的不同重组选择方式作为解释变量，以资产规模为控制变量，以摘帽脱困为被解释变量，构建动态样本恢复预测模型 2。各变量设定情况（见表 5 – 28），其中，未单独设定内部重整指标，以其他重组方式取 0 对其进行界定。

表 5 – 28　　　　　　　　　　**动态样本脱困预测模型变量设定**

变量符号	变量名称	变量设定
RECOVERY	ST公司脱困	动态样本在1年内摘帽取值1；否则0
F – Factor1	偿债因子	偿债因子得分
F – Factor2	每股现金流量因子	每股现金流量因子得分
F – Factor3	每股获利及资本资产增长因子	每股获利及资本资产增长因子得分
F – Factor4	管理能力与水平因子	管理能力与水平因子得分
F – Factor5	盈利因子	盈利因子得分
F – Factor6	成本费用获利因子	成本费用获利因子得分
F – Factor7	应收账款周转因子	应收账款周转因子得分
F – Factor8	收入获利因子	收入获利因子得分
G – Factor1	股权制衡因子	股权制衡因子得分
G – Factor2	股权集中因子	股权集中因子得分
G – Factor3	监事会与股东大会会议因子	股东大会与董事会会议因子得分
G – Factor4	控股股东性质与高管规模因子	控股股东性质与高管规模因子得分
G – Factor5	董事会会议因子	监事会会议因子得分
G – Factor6	高管薪酬因子	高管薪酬因子得分
MA	兼并收购	动态样本1年内未发生控制权转移，且最大金额重组方式为兼并收购，取值1；否则取值0
DR	债务重组	动态样本1年内未发生控制权转移，且最大金额重组方式为债务重组，取值1；否则取值0
AT	资产剥离	动态样本1年内未发生控制权转移，且最大金额重组方式为资产剥离，取值1；否则取值0
AR	资产置换	动态样本1年内未发生控制权转移，且最大金额重组方式为资产置换，取值1；否则取值0
SHT – A	股权转让	动态样本1年内未发生控制权转移，且最大金额重组方式为股权转让，取值1；否则取值0
ABONR	放弃式重组	动态样本1年内采取了控制权转移的放弃式重组方式，取值1；否则取值0
SIZE	公司规模	样本公司总资产的自然对数

从表 5 – 29 的动态样本回归结果以及表 5 – 30 的预测结果看，考虑重组选择方式的动态样本脱困预测模型2在显著性、拟合优度以及模型预测的准确率上均要好于未考虑重组选择方式的动态样本预测模型1。假设11在动态样本数据的实证中也通过了检验。

表 5 - 29　　　　　　　　　　动态样本脱困预测模型的回归结果

模型	变量	B	Wals	Sig.
动态样本 预测模型 1	Constant	- 11.086 ***	9.737	0.002
	F - Factor1	0.431 ***	10.320	0.001
	F - Factor3	0.484 ***	12.556	0.000
	F - Factor5	0.160 ***	6.878	0.009
	F - Factor8	0.010 ***	24.610	0.000
	G - Factor1	- 1.076 ***	6.150	0.013
	G - Factor2	2.131 ***	10.582	0.001
	G - Factor4	0.463 ***	16.048	0.000
	G - Factor5	0.129 ***	6.432	0.015
	SIZE	0.739 *	3.581	0.058
	- 2log likehood	395.306（0.000）		
	Cox & Snell R^2	0.151		
	Nagelkerke R^2	0.243		
动态样本 预测模型 2	Constant	- 12.484 ***	10.483	0.001
	F - Factor1	0.374 **	6.199	0.013
	F - Factor3	0.475 ***	11.244	0.001
	F - Factor5	0.176 ***	8.078	0.004
	F - Factor8	0.009 ***	16.167	0.000
	G - Factor1	- 0.774 *	2.806	0.094
	G - Factor2	1.845 ***	7.071	0.008
	G - Factor4	0.448 ***	13.760	0.000
	G - Factor5	0.134 ***	7.250	0.007
	MA	1.733 ***	13.852	0.000
	AR	2.089 ***	13.267	0.000
	AT	1.718 ***	14.168	0.000
	ABONR	2.692 ***	30.924	0.000
	SIZE	0.722 *	2.913	0.088
	- 2log likehood	353.478（0.000）		
	Cox & Snell R^2	0.219		
	Nagelkerke R^2	0.354		

注：表中的 *** 、 ** 、 * 分别表示在 1%、5%、10% 水平上显著。

表 5 – 30　　　　　　　　　动态样本脱困预测模型预测结果

模型	公司实际情况	模型预测状态		合计	正确率	总正确率
		未摘帽	摘帽			
动态样本预测模型 1	未摘帽	389	12	402	96.8%	83.7%
	摘帽	68	26	94	27.7%	
动态样本预测模型 2	未摘帽	383	19	402	95.3%	84.8%
	摘帽	56	38	94	40.43%	

　　另外，我们从动态样本预测模型 2 的各变量回归系数可以看到：财务因子中的 F – Factor1（偿债因子）、F – Factor3（每股获利及资本资产增长因子）、F – Factor5（成本费用获利因子）及 F – Factor8（收入获利因子）进入模型并在 1% 水平上显著，这四个财务因子涵盖了企业三个方面的财务能力：偿债能力、盈利能力、发展能力，它们的系数均为正，表明企业偿债能力、盈利能力、发展能力对摘帽脱困具有显著的预测效果和积极的促进作用，除了前面已经被证实的假设 3、假设 4 之外，假设 1 在动态样本数据中也得到验证。

　　再看公司治理方面，G – Factor1（股权制衡因子）、G – Factor2（股权集中因子）、G – Factor4（控股股东性质与高管规模因子）、G – Factor5（董事会会议次数）均进入模型且通过显著性检验，这四个因子涵盖了两个方面的公司治理情况：股权结构特征和董事会在困境中的反应。因为董事会会议次数恰好说明了在困境中董事们的相关努力程度，包括及时召开会议探讨和谋取摘帽策略。相比先前的非动态重组样本的预测模型，该指标进入动态样本预测模型，且系数为正，表明困境公司的董事会在困境过程中所做出的积极应对对公司摘帽具有一定的效果。股权集中因子系数为正且依然最高，股权制衡因子系数为负，再次印证了大股东支持对财务困境公司成功摘帽的积极作用，控股股东性质与高管规模因子系数为正，说明公司为国有控股属性和具备充分的高管人才对困境摆脱同样有效。假设 6 再次通过检验，但假设 7 未能全部得到认可，除了在动态样本中的董事会会议因子，其他董事会特征对困境恢复不具有显著影响，反映激励约束机制的高管薪酬因子也未能进入模型，与假设 8 不符。

我们再次增加高管变更指标，与前述指标一起进行 Logit 回归，其依然未能进入模型。我们观察样本公司的高管变更情况后发现，无论在困境之前（非动态样本）还是在困境过程中（动态样本），ST 公司更换高管的情况都非常频繁，摘帽公司与未摘帽公司均有一半以上更换了高管。但是，公司陷入困境并非一时的流动性问题，而是发生了严重的亏损，单单依靠变更高管不能使之扭转和恢复，决定公司摘帽的首要因素是公司的各种财务能力尤其是盈利能力以及大股东的支持力度。所以，高管变更与我国的 ST 公司脱困并无显著的关系，假设 9 不成立。

最后看重组选择方面，控制权转移的放弃式重组、资产置换及资产剥离均对困境恢复产生积极作用，兼并收购对于已陷入困境的公司的摘帽也具有正向效果。我们考察具体样本后发现，因兼并收购而摘帽的公司很多是由于在上一年进行了控制权转移的放弃式重组，未发生控制权转移而直接兼并收购的样本摘帽情况并不好，所以该指标可以理解为是控制权转移后的兼并收购。

由表 5 - 30 可以看出，动态样本预测模型的总体正确率为 84.8%。高于静态样本预测模型的总体正确率（75.0%）。但是，动态样本预测模型的 I 类错误率（将可能摘帽的公司预测为不能摘帽）比静态模型要高。因为动态样本中人为增加了很多未摘帽公司，使得摘帽与未摘帽的样本数量不再大体相当，而是有较大差异。我们根据样本数量情况重新设置模型概率分割点为 0.2，得到模型的未摘帽公司预测正确率为 74.9%，摘帽公司预测正确率为 76.6%，总体预测正确率为 75.2%，比静态模型的总体正确率稍微偏高。但是，本文的研究中，II 类错误（将不能摘帽的公司预测为摘帽）的成本要远高于 I 类错误（将可能摘帽的公司预测为不能摘帽），所以我们认为，针对财务困境公司的动态脱困预测，依然以 0.5 作为概率分割点比较合适。

第五节　本章小结

本章主要针对 ST 公司的恢复进行了预测研究。在对脱困预测进行文献回顾的基础上，提出 ST 公司脱困的影响因素及相关假设，探讨重组选择方式的引入对脱困预测的作用和影响。本章实证发现，基于财务与公司治理指标的脱困预测模型准确率为 70.2%，考虑重组选择方式的脱困预测模型准确率提高至 73.1%，而考虑具体重组选择模式的脱困预测模型准确率达到 75.0%，即重组方式的引入能够改善 ST 公司脱困预测模型的准确率，提高模型的显著性和拟合优度水平。在对样本公司被 ST 前一年的数据实证检验中发现，脱困与否主要受到公司财务能力中盈利能力的影响以及公司治理中股权结构特征的影响，盈利能力越强，越有利于公司脱困，股权集中度越高，越容易获得大股东支持而使 ST 公司成功摘帽。控股股东性质与高管规模也对公司脱困产生积极影响。而高管变更与摘帽脱困之间不存在显著联系。重组选择方式中的控制权转移的放弃式重组、支持性重组中的资产剥离与资产置换对 ST 公司脱困具有积极作用，而兼并收购、债务重组及非控制权转移的股权转让则不利于 ST 公司的摘帽。

在以上分析基础上，为了能够随时关注和预测处于困境中的 ST 公司的动态脱困恢复情况，本文引入动态重组样本，再次构建脱困预测模型。实证发现：动态样本脱困预测模型的准确率显著提升，不考虑重组选择方式时为 83.7%，考虑重组选择方式时提高至 84.8%，比仅对样本公司被 ST 前一年数据所得的静态样本脱困预测模型的准确率分别提高 13.5% 和 9.8%。即基于动态样本的脱困预测模型，比基于静态样本的脱困预测模型的预测效果要好。而且，在动态样本预测中引入具体的重组选择方式提高了模型的预测准确率水平（83.7%→84.8%）。对于已处于困境中的 ST 公司的动态脱困预测中发现：盈利能力依然是影响脱困的首要财务因素，而偿债能力和发展能力对处于困境中的 ST 公司的摘帽也具有正向积极作用。公司治理中，股权集中度、控股股东性质与高管规模对脱困与否有较好的效果，董事会的积极作为也会对 ST 公司的脱困产生有利的促进。作为公司治理质量衡量指标之一的股权制衡度与摘帽脱困负相关，高管变更对摘帽脱困依然不产生显著影响。重组选择中，控制权转移的放弃式重组、资产置换、资产剥离及兼并收购（转移后）对困境中的 ST 公司的摘帽有积极的作用，内部重整、债务重组、不涉及控股股东变更的股权转让则不具有相应效果。

第六章

中国 ST 公司脱困后绩效衡量与提升

ST 公司脱困后绩效，是指曾陷入财务困境而被 ST 的公司在成功摘帽之后的绩效状况。对于脱困绩效的衡量主要从市场绩效和经营绩效两个角度进行。其中市场绩效又可分为短期市场绩效和长期市场绩效。

第一节　ST 公司脱困后的市场绩效

一　问题提出

上市公司的市场绩效主要体现在股票价格上，根据期限长短，可分为短期市场绩效（也称公告效应）和长期市场绩效。由于国内外对财务困境界定标准的不同，导致对财务困境公司市场绩效的研究也存在差异。

在短期市场绩效即公告效应方面，国外的文献主要针对破产公告和重组公告。克拉克和韦恩斯坦（Clark and Weinstein，1983）使用日数据，对破产公告前后的超额收益进行了研究，发现破产公告前 1 天到公告后 1 天的累计超额收益为 -0.47%；朗、斯图尔兹（Lang and Stulz，1992）在研究破产公告对破产企业竞争对手权益价值的影响时，也发现从公告前 5 天到公告后 5 天之间、公告前 1 天到公告日当天，破产企业经历了平均28.5%和21.66%的损失。由于破产企业的恢复没有明确界定日期，国外对于该方面的市场效应研究主要针对并购重组而展开，而且并没有将重组对象限定在财务困境公司。杜德

（1980）针对 1971—1977 年间的美国上市公司并购重组进行研究，发现并购方的累计超额收益率在公告日前 40 天为 5.37%。詹森和鲁巴克（Jensen and Ruback，1983）研究也发现，重组采用兼并方式时目标公司股东享有 20% 的超额报酬，采用接管方式时目标公司股东享有 30% 的超额报酬。国内文献以上市公司被 ST 作为陷入财务困境的标志，相应的研究也针对特别处理公告，如陈劭（2001）运用超额收益法针对我国 A 股市场的特别处理公告反应进行研究，发现市场对该公告有显著的负反应；王震（2002）选取 1998 年至 2000 年被 ST 的公司作为样本，详细分析被特别处理公司公告的信息含量，发现 ST 公告的（-40，+40）事件窗口期内的累计超额收益为负。尽管 ST 公司摘帽有明确的公告及日期界定，但国内对 ST 公司脱困的短期市场效应研究依然主要针对公司的重组公告而展开：陈收、邹鹏（2009）的研究发现，牛市中 ST 公司的重组公告对其股票价格产生负的冲击，而熊市中则产生正的冲击；刘黎等（2010）以 1995—2005 年间发生资产重组的 ST 公司为样本，发现在重组公告（-30，+30）窗口期内，重组 ST 公司的短期绩效为正。也有学者针对 ST 公司的摘帽公告进行专门研究：唐齐鸣、黄素心（2006）针对我国证券市场 ST 公布和 ST 撤销事件的市场反应进行研究发现，市场对摘帽消息反应延迟，对戴帽消息则反应过度；孟焰、袁淳、吴溪（2008）的研究发现，非经常性损益制度监管之后，ST 公司摘帽的市场正向反应明显减缓。这两项均是从我国证券市场的有效性以及制度完备角度所做的研究，没有针对 ST 公司的脱困后绩效展开探讨。

在长期市场绩效方面，国内外学者很多是针对财务健康公司的重组效应进行的研究，如弗兰克和哈瑞斯（Franks and Harris，1989）在分析接管公司的股东财富后发现，并购创造价值，被并购方获得长期超额收益。阿格拉沃尔和杰斐（Agrawal and Jaffe，2000）通过总结 1974—1998 年的 22 项收购公司长期市场绩效研究文献发现，兼并的长期超额收益为负，而要约收购的长期超常收益非负甚至为正，现金支付的并购长期超常收益为正，股票支付的并购长期超常收益为负。

穆勒等（Moeller et al., 2003）以1980—2001年发生的并购事件为样本，研究发现小规模公司在并购重组中获得较明显的股东财富增加，大公司却遭受了显著的财富损失。国内文献较多地支持重组长期超额收益为负的观点：陈收、罗永恒、舒彤（2004）对1998年实施并购的上市公司进行1—36个月的累积超常收益率和购买持有超常收益率进行实证后发现，收购方企业的累积平均超常收益率不显著异于0，收购后3年的购买持有超常收益率显著为负；吕长江、宋大龙（2007）针对1999—2002年控制权转移的重组案例进行分析，发现投资者持有控制权转移后企业股票短期能够获得超额收益，长期则不能实现超额收益。也有学者针对ST公司的重组或摘帽而进行的长期市场绩效分析：陈收、张莎（2004）用事件研究法对2000年发生重组的28家ST公司进行研究，发现重组公告后3年内的累计超额收益率为11.44%，显著为正；赵丽琼（2011）以2003—2007年ST公司为样本，研究其摘帽恢复绩效，发现摘帽当月长期持有超额收益为正，摘帽后三年长期持有超额收益为负，股东财富水平下降2.32%。

由以上分析可知，困境公司脱困后绩效研究比较少，国内外主要关注健康公司的重组市场反应，现有少数针对困境公司或ST公司的研究也主要关注其重组公告的短期市场反应和长期市场绩效，以摘帽公告作为事件的比较少。本书以ST公司作为困境公司样本，以"摘帽"作为困境公司的"脱困"，研究我国ST公司脱困后的短期市场绩效和长期市场绩效。

二 样本选取

以本文第四章所选样本为基础，2003—2008年被ST的224家公司中选择3年内成功摘帽公司共104家。为了分析这些公司脱困后的长期绩效，并将短期市场反应与长期市场及经营绩效进行对比，我们在这些摘帽公司中选择2008年年底之前成功恢复的公司共77家。其中，剔除摘帽2年后被兼并的1家公司，剩余76家样本公司。由于短期市场效应分析需要样本公司股票在既定窗口期内的交易信息，我们在76家样本公司基础上又作出如下筛选：①剔除摘帽公告前后20天内发生其他重大事件的公司；②剔除摘帽公告前后20天内存在超过3天不连续交易公司。① 最终，短期市场绩效分析样本剩余62家。长期市场绩效分析样本依然为76家。这些样本公司的摘帽时间及重组选择（以最大金额重组方式为界定标准）情况见表6-1，表6-2。

表6-1　　　　　　　　　短期市场绩效分析样本

摘帽年份	内部重组（家）	支持性重组（家）	放弃式重组（家）	合计（家）
2004	2	5	0	7
2005	0	8	5	13
2006	1	3	5	9
2007	2	5	7	14
2008	1	9	9	19
合计	6	30	26	62

表6-2　　　　　　　　　长期市场绩效分析样本

摘帽年份	内部重组（家）	支持性重组（家）	放弃式重组（家）	合计（家）
2004	4	6	0	10
2005	1	9	7	17
2006	1	3	7	11
2007	2	5	9	16
2008	1	12	9	22
合计	9	35	32	76

三　研究方法

对于 ST 公司脱困后的市场绩效，我们分别采取事件研究法和多

---

① 对于少量样本公司股票在研究期内存在1-2天交易数据缺失的，采取皮尔逊（Peterson，1989）所介绍方法，取缺失数据前后两日数据的算术平均数，使得在样本没有减少情况下尽可能保证信息充分。

元线性回归方法进行分析。

（一）事件研究法

事件研究法产生于西方，并被西方经济学家用以衡量某一事件发生后的公司股票价值表现。事件研究法的核心是计算超额收益率和累计超额收益率。该方法主要检验"事件"宣布前后企业普通股收益是否高于根据市场风险与收益关系所测算的预测值。应用超额收益法，首先要确定一个事件期，通常会以宣布日为中心选取要测量的时间段。确定事件期的目的是捕获该事件对股票价格的全部影响。事件期越长，所捕获到的信息就越全面，但这样也会使得估计容易受到更多不相干因素的影响。事件期确定后，其次要确定事件期内预期的正常收益，也就是预期的基准收益。对预期的基准收益的测量一般有三种方法：均值调整收益法、市场模型法和市场调整收益法。这三种方法计算的结果较为相近，但因为市场模型法明确考虑到了与市场相联系的风险因素和平均收益，所以应用较为广泛。

本章主要从 ST 公司摘帽公告的股票收益异常波动角度，运用事件研究方法，在市场模型的基础上，对 2008 年之前摘帽脱困的上市公司的市场绩效进行实证分析。其中，对短期市场绩效衡量采用短期事件研究法，对长期市场绩效的衡量采用长期事件研究法。

1. 短期事件研究法

在这里，我们采用短期事件研究法考察上市公司摘帽公告公开披露后的市场反应。借鉴前人的研究经验，选取（-90，-21）作为清洁期估算正常收益率，以（-20，20）作为研究的事件窗，采用摘帽公告日前后 20 天的市场超额收益率（AR）以及累计超额收益率（CAR）衡量 ST 公司脱困后的短期市场绩效。其中，超额收益率的计算采用市场模型法，市场模型为：

$$\hat{R}_{it} = \alpha_i + \beta_i R_{mt} \qquad\qquad 6.1$$

式中，$\hat{R}_{it}$ 为股票 i 在 t 日的个股实际收益率，R_{mt} 为市场在 t 日的综合指数收益率，α_i、β_i 为市场模型中的待估参数。

首先，根据清洁期即事前估计期的数据进行回归，得出 α_i 和 β_i，进而预测出窗口期 [−20，20] 内每只股票的预期正常收益。

其次，计算股票 i 在窗口期内的超额收益为：

$$AR_{it} = R_{it} - \hat{R}_{it} \qquad 6.2$$

式中，R_{it} 表示股票 i 在 t 日的实际收益率，$\hat{R}_{it}$ 表示股票 i 在 t 日的估计正常收益率。

接下来，可以计算样本公司股票的日平均超额收益率及累计超额收益率，计算方法见下式：

$$\overline{AR_t} = \frac{1}{N}\sum_{i=1}^{N} AR_{it} \Rightarrow CAR_i = \sum_{t=B}^{E} AR_{it} \Rightarrow CAR = \sum_{t=B}^{E} \overline{AR_t} \quad 6.3$$

式中，B、E 分别为研究窗口的开始与结束时刻。

2. 长期事件研究法

本章里，我们采用长期事件研究法中的长期累计超额收益率（LCAR）来衡量 ST 公司摘帽公告的长期市场反应。长期超额收益率不受考察期内股票价格波动影响，弥补了短期超额收益侧重于短期所带来的分析不足，能够准确评价财务困境公司脱困后的长期绩效和股东持有股票的长期财富效应。在此，我们考察上市公司从摘帽脱困当月开始至第 24 个月的长期累计超额收益率。长期累计超额收益率（LCAR）的计算过程与 CAR 的计算过程相似。我们以 $LCAR_0$ 表示摘帽当月的长期累计超额收益率，$LCAR_{12}$ 表示摘帽后 12 个月即 1 年的长期累计超额收益，$LCAR_{24}$ 表示摘帽后两年的长期累计超额收益。

（二）多元线性回归方法

为了分析脱困公司市场绩效的影响因素以及不同重组行为选择方式对脱困后绩效的影响，本书还采用多元线性回归方法进行实证研究。

四　实证分析

（一）样本公司特征

表 6−3 列示了样本公司的各特征变量的均值。由于短期市场绩效分析样本（62 家）是在长期市场绩效分析样本（76 家）的基础

上，基于数据可得性需要而进行的筛选，且这两种样本之间的特征分析不存在显著差异。故在此处我们针对全部的 76 家样本公司的特征变量均值来进行分析。由表可见，控股股东性质、流通股比例在三种重组行为选择模式下均存在 5% 水平的显著性差异。内部重组的股东性质均值最高，9 家公司中国有 7 家、非国有 2 家。[①] 其次是支持性重组，样本的控股股东性质均值为 0.600。放弃式重组则相对较低，仅为 0.438；流通股比例方面，支持性重组最高，放弃式重组的流通股比例最低；资产规模在支持性重组与放弃式重组样本之间存在 1% 水平上的显著差异，支持性重组样本的规模相对于放弃式重组样本的资产规模要高，这与我们第四章的分析一致，一方面规模大的公司底子较厚，更容易获得控股股东的支持，另一方面放弃式重组的规模较小，接收公司付出的金额不会太高，从而更容易为困境公司寻求到新的股东。资产负债率、营运资金比例及机构持股比例在三种重组行为选择模式下不存在显著的差异，但支持性重组样本的机构持股比例高于控制权转移的放弃式重组和内部重整。将内部重整与放弃式重组合并作为支持性重组的对照组样本，独立样本 T 检验的 sig 值为 0.035，即支持性重组样本的机构持股比例在 5% 水平上显著高于其他重组选择方式样本，表明了机构投资者对上市公司股东的"支持"性要求。放弃式重组的资产负债率较高，表明其财务困境的程度相对较高。

表 6-3　　　　　　　　　　　样本公司特征变量均值

特征变量	全部样本 （76）	内部重组样本 （9）	支持性重组 样本（35）	放弃式重组 样本（32）
公司规模（SIZE）	9.093	9.307	9.130 *	8.993 *
控股股东性质（CSN）	0.551	0.778 **	0.600 **	0.438 **
资产负债率（LEV）	0.562	0.548	0.527	0.605
营运资金资产比 （WCTA）	0.041	0.075	0.021	0.052

①　9 家依靠内部重整而摘帽公司中最初是 6 家国有、3 家非国有；在恢复期中，"ST 明星"的控股股东性质由"其他"变更为"国有"。

特征变量	全部样本（76）	内部重组样本（9）	支持性重组样本（35）	放弃式重组样本（32）
流通股比例（TSR）	0.439	0.440 **	0.481 **	0.392 **
机构持股比例（INSTIHR）	0.021	0.009	0.032 **	0.014

注：表中的 ** 、 * 分别表示差别在 5% 、10% 水平上显著。

（二）摘帽公告的短期市场效应分析

1. 全部样本的短期市场效应

表 6 - 4 表明，全部样本公司在摘帽公告日前后 20 天共计 40 个交易日①内的超额收益率（AR）大部分为正，且从公告前 10 天开始至前 5 天的日超额收益率均为正，并在前 10 天至前 8 天内显著为正。表明 ST 公司的摘帽信息已被市场提前捕获。这一点在现实中很容易理解上市公司一般是先公布年报，然后向证交所申请撤销特别处理，被批准后宣告摘帽。因此，摘帽公告之前市场已对公司的相应信息进行了预测。尽管从摘帽前 4 天至前 2 天日超额收益率一度出现负值，但在摘帽公布前后的（- 1，1）窗口期内，日超额收益率在 1% 水平上为正，说明摘帽公告的市场效应显著存在。另外，在整个事件期内，累计超额收益率（CAR）始终为正，尽管在摘帽后第 11 天起累计超额收益率开始下降，但在整个研究窗口的 40 个交易日中累计超额收益率达到 5.94% ，说明在公告日前后市场上的投资者获得了显著的正超额回报，摘帽向市场传递了积极信号，增加了股东的短期财富。

表 6 - 4　　全部样本摘帽公告的超额收益率及累计超额收益率

日期	AR	T 值	CAR	日期	AR	T 值	CAR
- 20	2.02%	0.994	2.02%	1	3.09% ***	4.293	8.31%
- 19	0.27%	0.799	2.28%	2	0.97%	1.374	9.28%

① 根据股票上市规则规定，上市公司宣告摘帽公告当天其股票停牌一天，故摘帽日（即 0 时刻）的交易数据未被捕捉。

续表

日期	AR	T 值	CAR	日期	AR	T 值	CAR
-18	0.23%	0.611	2.52%	3	-1.01%	-1.602	8.27%
-17	0.19%	0.586	2.71%	4	0.58%	0.707	8.85%
-16	0.24%	0.632	2.95%	5	-0.18%	-0.367	8.67%
-15	0.08%	0.274	3.03%	6	-0.36%	-0.873	8.30%
-14	-0.25%	-0.882	2.78%	7	0.57%	1.064	8.87%
-13	0.20%	0.644	2.98%	8	0.01%	0.027	8.89%
-12	0.62% *	1.981	3.60%	9	0.36%	0.792	9.24%
-11	-0.41%	-1.149	3.19%	10	0.08%	0.178	9.32%
-10	0.39% *	1.917	3.57%	11	-1.27%	-3.543	8.05%
-9	0.33% *	1.869	3.91%	12	-0.24%	-0.574	7.81%
-8	0.58% *	1.970	4.49%	13	-1.22%	-2.983	6.59%
-7	0.23%	0.726	4.72%	14	-0.57%	-1.276	6.02%
-6	0.10%	0.311	4.82%	15	-0.90%	-2.001	5.12%
-5	0.12%	0.347	4.94%	16	0.15%	0.433	5.27%
-4	-0.24%	-0.638	4.70%	17	0.34%	0.720	5.61%
-3	-0.37%	-1.172	4.33%	18	0.43%	0.915	6.04%
-2	-0.39%	-1.196	3.95%	19	0.27%	0.662	6.31%
-1	1.27% ***	3.520	5.22%	20	-0.37%	-0.827	5.94%

注：表中的 *** 、 * 分别表示差别在 1% 、10% 水平上显著。

　　图 6-1 可以更清晰、更直观地看出 ST 公司的摘帽脱困对市场形成的显著有利的影响。公告日前累计超额收益率一直呈上升趋势，并在摘帽公告日后的 2-10 天达到最高水平。虽然从公告后第 11 天累计超额收益率开始下降，但在整个研究窗口内依然为正值。

　　2. 分类样本的短期市场效应

　　为了进一步分析 ST 公司脱困后的短期市场效应以及不同重组行为选择对摘帽脱困的影响，我们将样本公司按照控股性质、重组行为选择方式进行分类，分别考察这些分类样本的超额收益率和累计超额

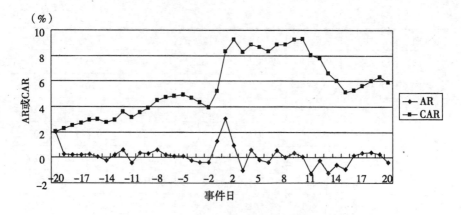

图6－1　全部样本公司摘帽公告的市场反应

收益率。

首先，从样本公司的控股股东性质来看，无论是国有控股属性还是非国有控股属性的财务困境公司，其摘帽脱困的短期市场反应和整体样本情况基本保持一致，只不过国有控股公司的累计超额收益率相较于非国有控股的累计超额收益率要更高（见图6－2，图6－3）。

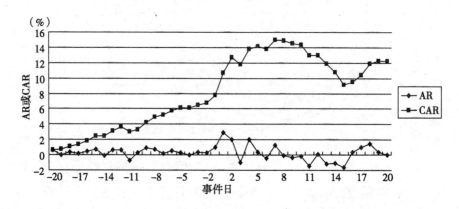

图6－2　国有控股样本摘帽公告的市场反应

其次，从样本公司的重组行为选择看，无论是何种重组选择模式，其摘帽公告在（－1，1）期内的超额收益率均为正值，且至少在10％水平上显著（见表6－5）。进一步验证了ST公司脱困摘帽的短期市场效应。即无论ST公司采取何种重组行为而脱困，投资者在（－1，1）期内均作出了积极反应。

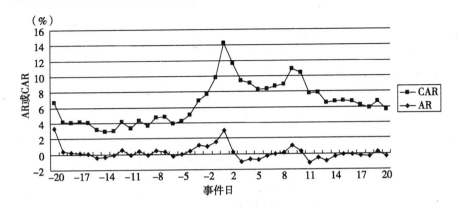

图 6 - 3　非国有控股样本摘帽公告的市场反应

表 6 - 5　不同重组选择样本的摘帽公告在（-1，1）期内的超额收益率

统计量	内部重组样本（6）		支持性重组样本（30）		放弃式重组样本（27）	
	-1	+1	-1	+1	-1	+1
AR	2.13% ***	2.57% *	0.91% *	2.81% ***	1.50% **	3.51% ***
T 值	5.455	2.230	1.785	2.947	2.485	3.116

注：表中的 ***、**、* 分别表示差别在 1%、5%、10% 水平上显著。

　　但是，从整个研究窗口期（-20，20）内来看，不同重组行为选择的市场反应存在差异。支持性重组样本与放弃式重组样本的摘帽所引起的短期市场表现基本相同，且与全部样本的市场走势趋于一致（见图 6 - 4，图 6 - 5）。然而，内部重组样本的短期市场走势与上述表现则完全不同。由图 6 - 6 可见，内部重组样本的日超额收益率（AR）在时间窗口（-20，20）内大部分为负值，除了在（-1，1）和摘帽后第 9 日出现显著正的超额收益之外，其他的偶尔正值超额收益也并不显著，尤其是摘帽第 11 日开始连续出现负的超额收益，表明利益相关者对财务困境公司内部重整的不认同。同时，内部重组样本的累计超额收益率 CAR 在（-20，-2）时间窗口内时正时负，但正少负多。在摘帽之后则呈明显下降趋势，且在整个研究窗口（-20，20）内累计超额收益率为负。说明投资者并没有从内部重组公司的摘帽事件中获得超额收益。这一点在现实中很容易理解：公司陷入困境被 ST 后，没有经过重大重组变革而摘帽，投资者对其脱困的质量及持续性表示怀疑，对其股票的投资价值也并不认同。导致依靠自我重整而摘帽公司的短期市场绩效低于发生外部资产重组的另外两种样本公司的短期市场绩效。

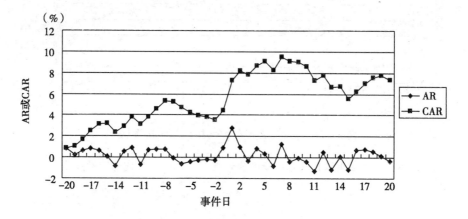

图 6 - 4　支持性重组样本摘帽公告的市场反应

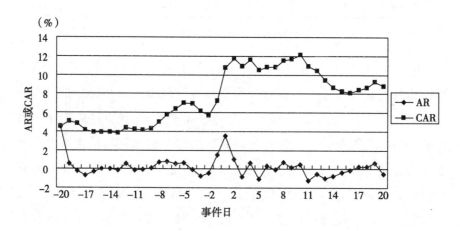

图 6 - 5　放弃式重组样本摘帽公告的市场反应

我们再看不同重组行为选择样本的 AR、CAR 均值及单样本 T 检验结果（见表 6 - 6）。放弃式重组样本的累计超额收益率最高，支持性重组样本次之，自我重组样本的累计超额收益率最低。30 家支持性重组与 27 家放弃式重组样本公司在（- 20，20）期内共 40 天的日超额收益率均值分别为 0.18% 和 0.22%，其累计超额收益率均值分别

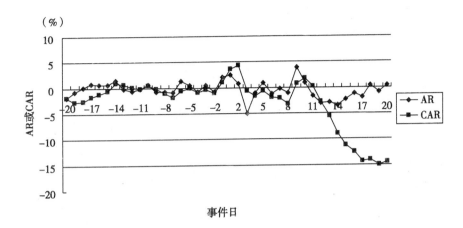

图 6 - 6　内部重组样本摘帽公告的市场反应

为 5.6% 和 7.61%，且在 1% 的水平上显著异于 0，进一步验证了在
这两种重组选择模式下，ST 公司的摘帽脱困为投资者带来了正的超额
收益。而内部重组的 6 家摘帽公司其日超额收益率均值为 -0.36%，
累计超额收益率均值为 -2.79%，CAR 在 1% 的水平上也显著异于 0，
只是负值。这也进一步验证了图 6 - 6 所反映的内容，即投资者在内
部重组模式下的摘帽公告前后没有获得正的超额收益，相反获得的是
负的超额收益。

表 6 - 6　　不同重组选择样本的 AR、CAR 均值及 T 检验结果

重组行为选择	N	AR	T 值	CAR	T 值
内部重组（6）	40	-0.36%	-1.370	-2.79% ***	-3.459
支持性重组（30）	40	0.18%	1.459	5.60% ***	14.255
放弃式重组（27）	40	0.22%	1.284	7.61% ***	16.852

注：表中的 *** 表示差别在 1% 水平上显著。

3. 多元线性回归

为全面考察 ST 公司脱困后的短期市场绩效影响因素，我们在前
述计算超额收益及累计超额收益基础上，控制公司规模、控股属性、
资产负债率、营运资金比率、流通股比例和机构持股比例等相关因
素，建立多元回归模型，进行进一步分析。

$$CAR_i = \alpha_0 + \alpha_1(INTR, SURPR, ABONR) + \alpha_2 SIZE_i + \alpha_3 CSN_i$$
$$+ \alpha_4 LEV_i + \alpha_5 WCTA_i + \alpha_6 TRS_i + \alpha_7 INSTIHR_i + \varepsilon_i \quad 6.4$$
$$CAR_i = \alpha_0 + \alpha_1 RAS + \alpha_2 SIZE_i + \alpha_3 CSN_i$$
$$+ \alpha_4 LEV_i + \alpha_5 WCTA_i + \alpha_6 TRS_i + \alpha_7 INSTIHR_i + \varepsilon_i \quad 6.5$$

上式中，CAR_i 为股票 i 在研究窗口（ -20，20 ）内的累计超额收益率。$SIZE$ 为公司规模，取总资产的自然对数；CSN 为控股股东性质；LEV 为资产负债率；$WCTA$ 为营运资金资产比，取营运资金与总资产的比率；TRS 为流通股比例；$INSTIHR$ 为机构投资者持股比例；以上指标均取公司摘帽年度的前一年年末数据（即公司据以摘帽的年报数据，或第 T_0' 的年报数据）；$INTR$、$SURPR$、$ABONR$ 为财务困境公司的重组选择，此处为虚拟变量，分别表示内部重组、支持性重组及放弃式重组。具体分类方式见本书第三章。如果样本公司的重组选择为该方式取 1，否则取 0。RAS 为重组行为选择方式，当 ST 公司选择内部重组，取 1，选择支持性重组取 2，选择控制权转移的放弃式重组，取 3。多元回归分析结果见表 6-7。

表 6-7 模型 6.4、6.5 的回归结果

变量	模型 6.4 - ①	模型 6.4 - ②	模型 6.4 - ③	模型 6.5
Constant	2.215 ** (2.105)	2.301 ** (2.237)	2.135 ** (2.021)	1.869 * (1.733)
INTR	- 0.205 (- 1.488)			
SURPR		0.052 (0.555)		
ABONR			0.041 (0.433)	
RAS				0.072 (1.043)
SIZE	- 0.288 ** (- 2.280)	- 0.311 ** (- 2.409)	- 0.293 ** (- 2.250)	- 0.281 ** (- 2.179)
CSN	0.178 ** (2.111)	0.161 * (1.867)	0.175 ** (2.009)	0.184 ** (2.134)
LEV	0.591 ** (2.118)	0.621 ** (2.111)	0.547 * (1.868)	0.529 * (1.853)
WCTA	0.029 (0.144)	0.029 (0.138)	0.003 (0.016)	0.002 (0.011)

续表

变量	模型 6.4 - ①	模型 6.4 - ②	模型 6.4 - ③	模型 6.5
TRS	0.333 (1.036)	0.285 (0.841)	0.373 (1.097)	0.401 (1.209)
INSTIHR	-0.164 (-0.163)	-0.156 (-0.147)	0.112 (0.107)	0.122 (0.120)
F 值	1.997	1.668	1.647	1.803
Adj. R²	0.103	0.071	0.069	0.084

注：括号中数据为 t 值；表中的 ** 、 * 分别表示在 5%、10% 水平上显著。

表 6 - 7 表明控制变量中的 *SIZE* 系数为负，且始终在 5% 水平上显著，说明公司规模越小，其摘帽公告的累计超额收益率就越高；*LEV* 系数为正，且至少在 10% 水平上显著，说明资产负债率越高，其摘帽公告的累计超额收益就越高。以上两点可以从放弃式重组样本的特征得到阐释。放弃式重组样本公司的规模小、资产负债率偏高，但是该种重组选择使得公司控制权发生转移，控股股东发生变更，意味着上市公司以后会有新的、更具发展能力的大股东对其进行支持，故得到了投资者的认可，市场反应也较好，图 6 - 5 中的累计超额收益率变动趋势与图 6 - 4 虽然趋于一致，但总体水平明显高于图 6 - 4，也可以反映出这一现实情况。CSN 的系数为正，且至少在 10% 水平上显著，说明国有控股属性在股票市场上被投资者看好，这类公司摘帽公告的短期市场绩效水平要高。WCTA、TRS 系数为正，说明流动性强、流通股比例高的公司，其投资者对摘帽公告做出的反应越积极，但其系数的 T 值较小，并不显著。*INSTIHR* 的系数在模型 6.4 - ①与模型 6.4 - ②的回归中为负，但不显著。表明机构投资者在内部重组、支持性重组公司的摘帽中未获得显著超额收益。这一点可能令人费解，但细想之后也不难理解：机构投资者作为更加理性的投资者，在公司摘帽之前已从年报或其他方面获取了相应信息，其超额收益的获取比普通投资者可能更加提前；此外，机构投资者持有证券组合，其对上市公司的股票持有可能更加注重长期收益，故而对短期市场绩效的贡献不大。模型 6.4 - ③、模型 6.5 中，机构投资者持股比例的系

数为正，说明机构投资者持股比例与放弃式重组公司的累计超额收益率呈正向变动，且从全部摘帽恢复的样本公司超额累计收益情况看，机构投资者持股比例高的公司其超额累计收益较高，但并不显著。

三种不同的重组选择 *INTR*、*SURPR*、*ABONR* 分别进入模型回归结果表明内部重组选择对累计超额收益率产生负向作用，而支持性重组与放弃式重组选择对累计超额收益率产生正向作用，虽然结果并不显著，但与我们之前的分类样本 AR 及 CAR 走势图的分析结果是一致的；将涵盖三种模式的重组行为选择方式 RAS 引入模型，其回归结果与上述回归结果相同，即放弃式重组、支持性重组相较于内部重组选择方式，更能促进其摘帽脱困的累计超额收益率提升，但这三种不同重组行为选择方式对 CAR 的影响差异并不显著。

（三）摘帽公告的长期市场绩效分析

1. 全部样本的长期市场绩效

表 6-8 和图 6-7 考察了 76 个样本公司从摘帽脱困后第 1 个月开始直到第 24 个月的长期累计超额收益率（LCAR）变化情况。从表 6-8 和图 6-7 中可以看出，上市公司的长期累计超额收益率（LCAR）在摘帽后 1 年内呈下降趋势，从第 13 个月起，LCAR 值开始上升。(13, 24) 月期间，尽管长期累计超额收益率有升有降，但总体呈上升趋势。图 6-7 可以明确看出，长期累计超额收益率（LCAR）的均值与中位数之间在 (1, 12) 月期间差异不大，且均小于 0，表明财务困境公司在摘帽脱困后的第一年内并未给股东创造价值，其收益率水平低于市场平均收益率水平。从第 13 个月开始，LCAR 的均值与中位数产生明显的差异，中位数水平明显高于均值水平。可能是部分脱困公司的市场表现比较差，拉低了均值。这种情况下，中位数更为可靠。ST 公司在摘帽脱困后的第 2 年内，累计超额收益率的中位数开始上升，第 24 个月末达到 11.93%，表明 ST 公司在脱困摘帽后其股东在总体上能够获得正的长期价值。该结论与陈收、张莎（2004）的研究结论一致。

表 6 - 8		全部样本的长期累计超额收益率		
LCAR	均值	T 值	中位数	Z 值	正值比率
LCAR$_1$	- 0.46%	- 0.196	- 3.71%	- 0.855	39.47%
LCAR$_2$	- 3.49%	- 1.652	- 5.09%	- 0.962	38.16%
LCAR$_3$	- 5.45%	- 1.120	- 4.56%	- 0.748	40.79%
LCAR$_4$	- 4.55%	0.593	- 2.80%	- 0.321	46.05%
LCAR$_5$	- 6.38%	- 0.850	- 4.38%	- 0.534	43.42%
LCAR$_6$	- 5.17%	0.606	- 4.91%	- 0.427	44.74%
LCAR$_7$	- 8.06% **	- 2.237	- 3.48%	- 0.214	47.37%
LCAR$_8$	- 8.94%	- 0.582	- 4.82%	- 0.855	39.47%
LCAR$_9$	- 8.52%	0.219	- 2.91%	- 0.534	43.42%
LCAR$_{10}$	- 12.56% *	- 1.860	- 3.58%	- 0.321	46.05%
LCAR$_{11}$	- 11.69%	0.389	- 6.11%	- 0.321	46.05%
LCAR$_{12}$	- 12.74%	- 0.464	- 4.49%	- 0.107	48.68%
LCAR$_{13}$	- 13.52%	- 0.283	3.70%	- 0.107	51.32%
LCAR$_{14}$	- 12.21%	0.422	2.06%	- 0.214	52.63%
LCAR$_{15}$	- 10.66%	0.688	6.88%	- 0.534	56.58%
LCAR$_{16}$	- 13.61%	- 1.586	8.39%	- 0.107	51.32%
LCAR$_{17}$	- 6.22%	0.709	7.37%	- 0.321	53.95%
LCAR$_{18}$	- 9.75% **	- 2.561	- 1.13%	- 0.214	47.37%
LCAR$_{19}$	- 9.77%	- 0.013	- 1.40%	- 0.107	48.68%
LCAR$_{20}$	- 11.08%	- 0.675	3.53%	- 0.214	52.63%
LCAR$_{21}$	- 5.87% *	1.811	8.16%	- 0.107	51.32%
LCAR$_{22}$	- 7.04%	- 0.653	10.59%	- 0.214	52.63%
LCAR$_{23}$	- 5.53%	0.976	5.08%	- 0.427	55.26%
LCAR$_{24}$	- 1.30% *	1.866	11.93%	- 0.641	57.89%

注：表中的 ** 、 * 分别表示差别在 5% 、10% 水平上显著。

2. 分类样本的长期市场绩效

为了进一步分析脱困公司的长期市场表现，我们对不同的重组行为选择样本进行分类，考察不同类别样本之间的长期市场绩效（见图6 - 8，图 6 - 9，图 6 - 10）。内部重组样本在摘帽后 8 个月内长期累计超额收益率（LCAR）为负，从第 9 个月起变为正值，至第 24 个月其均值与中位数均为正值（见图 6 - 8）；支持性重组样本在摘帽后 12

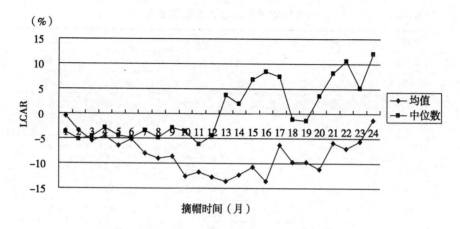

图 6 - 7　全部样本摘帽公告的长期累计超额收益

个月内长期累计超额收益率（LCAR）为负，从第 13 个月起开始上
升，第 14 个月其均值与中位数均为正值，直至第 24 个月，LCAR 值
始终为正（见图 6 - 9）。这说明自我重整与支持性重组行为选择为股
东带来正的长期超额收益。放弃式重组样本的长期市场表现与内部重
组、支持性重组样本的差异较大，由图 6 - 10 可见，从摘帽恢复的第
1 个月起，放弃式重组样本的长期累计超额收益率即为负值，尽管 1
年之后开始有回升迹象，但 2 年内其整体超额收益依然为负，因此，
长期来看，控制权转移的放弃式重组行为选择并未给股东创造价值。

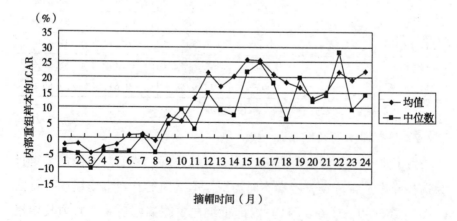

图 6 - 8　内部重组样本摘帽公告的长期累计超额收益

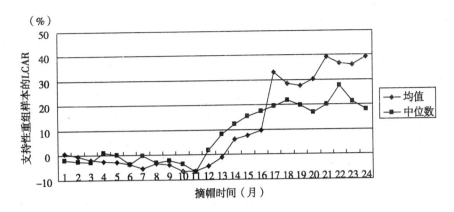

图 6 - 9　支持性重组样本摘帽公告的长期累计超额收益

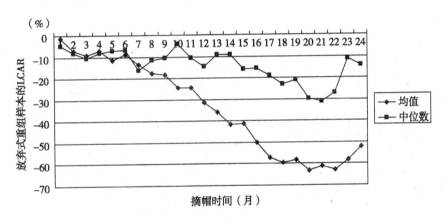

图 6 - 10　放弃式重组样本摘帽公告的长期累计超额收益

　　图 6 - 11 与图 6 - 12 更加直观地说明不同重组行为选择方式的长期市场表现。自我重整与支持性重组在摘帽后第 1 年的市场表现不尽人意，但从第 2 年开始其超额收益上升，2 年累计超额收益率无论均值还是中位数都为正值，给股东带来了超出市场平均水平的回报。放弃式重组样本在第 1 年内的市场表现与自我重整样本、支持性重组样本基本相同，但从第 2 年起与前两种样本的市场表现出现较大差异，2 年内其长期累计超额收益率无论均值还是中位数都为负值，没能为投资者创造财富。

　　表 6 - 9 则更具体地列示了不同重组选择样本公司在摘帽后第 12 个月、第 24 个月的累计超额收益率状况：摘帽脱困之后的第 12 个

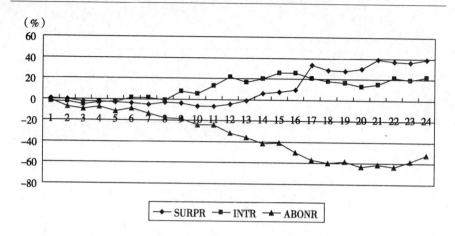

图 6 - 11　三种不同重组样本的长期累计超额收益率均值

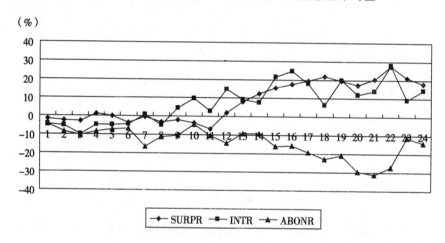

图 6 - 12　三种不同重组样本的长期累计超额收益率中位数

月，三种样本之间的累计超额收益率在 5% 水平上存在显著差异内部重组样本的 $LCAR_{12}$ 最高，其均值与中位数分别为 21.9%、14.3%，支持性重组样本公司次之，分别为 - 4.64%、2.02%，放弃式重组样本最低，均值与中位数分别为 - 31.39%、 - 17.76%；摘帽恢复之后的第 24 个月，支持性重组样本的 $LCAR_{24}$ 最高，其均值与中位数分别为 39.17%、18.02%，内部重组样本公司次之，分别为 22.04%、14.21%，放弃式重组样本最低，均值与中位数分别为 - 52.14%、 - 18.21%，且放弃式重组样本的 $LCAR_{24}$ 与其他两类样本的 $LCAR_{24}$ 均值与中位数分别在 1% 和 5% 水平上存在差异。

表 6 - 9   **不同重组选择样本的长期累计超额收益率**

重组选择方式	$LCAR_{12}$ 均值	$LCAR_{12}$ 中位数	$LCAR_{24}$ 均值	$LCAR_{24}$ 中位数
内部重组（6）	21.39 **	14.63 **	22.04	14.21
支持性重组（30）	- 4.64 **	2.02 **	39.17	18.02
放弃式重组（27）	- 31.39 **	- 17.76 **	- 52.14 ***	- 18.21 **

注：表中的 *** 、 ** 分别表示差别在 1%、5% 水平上显著。

3. 多元线性回归

为进一步分析长期市场绩效的影响因素，我们以公司规模、控股属性、资产负债率、营运资金比率、流通股比例及机构持股比例作为控制变量，以 ST 公司的重组选择为解释变量，以公司脱困摘帽后的长期累计超额收益率为被解释变量，建立多元回归模型如下：

$$LCAR_i = \alpha_0 + \alpha_1(INTR, SURPR, ABONR) + \alpha_2 SIZE_i + \alpha_3 CSN_i$$
$$+ \alpha_4 LEV_i + \alpha_5 WCTA_i + \alpha_6 TRS_i + \alpha_7 INSTIHR_i + \varepsilon_i \quad 6.6$$

$$LCAR_i = \alpha_0 + \alpha_1 RAS + \alpha_2 SIZE_i + \alpha_3 CSN_i$$
$$+ \alpha_4 LEV_i + \alpha_5 WCTA_i + \alpha_6 TRS_i + \alpha_7 INSTIHR_i + \varepsilon_i \quad 6.7$$

上式中，$LCAR_i$ 分别为股票 i 在摘帽后第 12 个月、第 24 个月的长期累计超额收益率。$SIZE$、CSN、LEV、$WCTA$、TRS、$INSTIHR$ 的取值与前述短期市场效应回归分析的取值相同，均以公司摘帽前一年年末数据为依据；$INTR$、$SURPR$、$ABONR$ 分别为内部重组、支持性重组及放弃式重组；RAS 为重组行为选择方式，当财务困境公司选择内部重组，取 1，选择支持性重组取 2，选择控制权转移的放弃式重组，取 3。多元回归分析结果见表 6 - 10，表 6 - 11。

由表 6 - 10、表 6 - 11 可见，控制变量中的 $SIZE$ 系数大部分为正，说明公司规模越大，其摘帽公告的长期累计超额收益率就越高。公司规模尽管对短期超额收益率有显著的负向作用，但在长期超额收益率的回归中却呈现相反的作用，说明长期来看，投资者更偏向于大规模的公司，但统计上并不显著；CSN、TRS 的系数始终为正，说明国有控股属性在股票市场上被投资者看好，而高流通股比例也促进了公司的长期市场绩效提升。$INSTIHR$ 在一年期长期超额累计收益率的回归中系数全部为负，但在两年期长期超额累计收益率的回归中系数全部为正，尤其是对于内部重组公司，机构投资者持股比例与长期超额累计收益率在 10% 水平上显著正向相关，印证了我们之前的想法。即机构投资者更加关注长期收益的获得。

三种不同的重组选择 INTR、SURPR、ABONR 分别进入模型回归结果表明内部重组、支持性重组选择对长期累计超额收益率产生正向作用，而放弃式重组选择对长期累计超额收益率产生负向作用，且对 $LCAR_{12}$ 产生 10% 水平的显著负向影响，与我们之前的 LCAR 走势图的分析结果一致；将涵盖三种模式的重组行为选择方式 RAS 引入模型，其回归结果与上述回归结果相同，即内部重组的 LCAR 较高，而放弃式重组的 LCAR 则较低。而且，RAS 对 $LCAR_{12}$ 产生 10% 水平的显著负向影响，说明这三种不同重组行为选择方式对 LCAR 的影响差异在 1 年期时是显著的，2 年期的回归结果与一年期的回归结果一致，只是结果在统计上不再显著。

表 6 – 10　模型 6.6、6.7 的回归结果（1 年长期累计超额收益率）

变量	模型 6.6 – ①	模型 6.6 – ②	模型 6.6 – ③	模型 6.7
depended variable	$LCAR_{12}$	$LCAR_{12}$	$LCAR_{12}$	$LCAR_{12}$
Constant	– 1.917 (– 0.896)	– 2.211 (– 1.045)	– 1.291 (– 0.595)	– 0.706 (– 0.311)
INTR	0.306 (1.082)			
SURPR		0.169 (0.851)		
ABONR			– 0.340 * (– 1.683)	
RAS				– 0.253 * (– 1.765)
SIZE	0.183 (0.703)	0.215 (0.836)	0.135 (0.520)	0.117 (0.447)
CSN	0.079 (0.385)	0.080 (0.423)	0.044 (0.232)	0.039 (0.209)
LEV	– 0.043 (– 0.080)	0.036 (0.064)	0.209 (0.370)	0.170 (0.306)
WCTA	– 0.353 (– 0.832)	– 0.296 (– 0.687)	– 0.244 (– 0.576)	– 0.274 (– 0.650)

续表

变量	模型 6.6 - ①	模型 6.6 - ②	模型 6.6 - ③	模型 6.7
TRS	0.302 (0.379)	0.131 (0.197)	0.035 (0.054)	0.124 (0.194)
INSTIHR	- 2.080 (- 0.891)	- 2.893 (- 1.195)	- 3.174 (- 1.351)	- 2.749 (- 1.193)
F 值	0.744	0.676	0.995	1.038
Adj. R^2	- 0.025	- 0.031	0.001	0.004

注：括号中数据为 t 值；表中的 * 表示在 10% 水平上显著。

表 6 - 11　模型 6.6、6.7 的回归结果（2 年长期累计超额收益率）

变量	模型 6.6 - ①	模型 6.6 - ②	模型 6.6 - ③	模型 6.7
depended variable	$LCAR_{24}$	$LCAR_{24}$	$LCAR_{24}$	$LCAR_{24}$
Constant	- 0.917 (- 0.166)	- 1.024 (- 0.190)	1.034 (0.186)	1.828 (0.312)
INTR	0.378 (0.518)			
SURPR		0.568 (1.124)		
ABONR			- 0.804 (- 1.551)	
RAS				- 0.508 (- 1.370)
SIZE	0.008 (0.012)	0.003 (0.005)	- 0.166 (- 0.249)	0.166 (0.246)
CSN	0.272 (0.558)	0.252 (0.523)	0.18 (0.372)	0.189 (0.389)
LEV	0.210 (0.150)	0.570 (0.397)	0.856 (0.591)	0.670 (0.468)
WCTA	- 0.830 (- 0.759)	- 0.644 (- 0.587)	- 0.576 (- 0.529)	- 0.673 (- 0.619)
TRS	0.758 (0.457)	0.26 (0.153)	0.167 (0.100)	0.429 (0.260)
INSTIHR	10.229 * (1.700)	8.041 (1.303)	7.932 (1.315)	9.086 (1.528)
F 值	0.746	0.898	1.074	0.993
Adj. R^2	- 0.024	- 0.010	0.007	- 0.001

注：括号中数据为 t 值；表中的 * 表示在 10% 水平上显著。

第二节 ST 公司脱困后的经营绩效

一 问题提出

经营绩效衡量一般采取会计研究法，即使用关键财务指标或建立财务指标体系来评价公司的经营业绩，通过比较 ST 公司脱困前后财务绩效的变化，考察这些 ST 公司脱困后的经营质量。

国外对困境摆脱后经营绩效的衡量主要针对困境公司的破产重组而展开。詹姆斯和戴维（James and David，2000）针对澳大利亚困境公司的研究发现，重组成功公司的利润更高，短期清偿能力更好；苏达姗拉姆和拉伊（2001）考察了 166 家财务困境公司的重组策略，发现脱困公司和非脱困公司采用了非常类似的策略组合，只是非脱困公司重组效率远低于脱困公司；伯格斯特姆和桑德格伦（Bergstrom and Sundgren，2002）研究 28 家财务困境公司的重组类型、组织结构变化及其对业绩的影响，结果表明，重组前后公司的绩效没有显著变化。莱蒂宁（Laitinen，2005）针对财务困境公司的重组效果进行研究，发现债务重组对财务绩效有积极的促进作用。

国内学者在该方面的研究主要针对 ST 公司的重组绩效而展开，且大部分结论支持重组绩效的未改善观点。张玲、曾志坚（2003）对 ST 公司和非 ST 公司的重组绩效分别进行分析，结果显示，不论是 ST 公司还是非 ST 公司重组的绩效都不理想，ST 公司在重组当年获得了业绩的稍许提高，之后又开始下降；吕长江、赵宇恒（2007）针对 1999—2001 年进行资产重组的 78 家 ST 公司进行了研究，发现重组可给 ST 公司绩效带来即时效应，但并未带来以后年度业绩的全面改善和提高；刘黎等（2010）的研究也发现，ST 资产重组第 1 年业绩改善，第 3 年经营业绩明显恶化。赵丽琼、柯大刚（2009）以 1999—2002 年摘帽 ST 公司的首次重组为起始月，研究脱困后的经营绩效，发现 ST 公司重组虽然从盈利上达到了摘帽的要求，但摘帽后资金严重不足，没有持续发展能力，业绩没有真正提高。

总体来说，国内外针对困境公司经营绩效的研究不少，但绝大部分都针对这些公司的"重组"，且存在样本选取偏于主观的问题，如赵丽琼仅以第一年发生重组的 ST 公司为样本；而且，用于衡量经营绩效的指标和方法也比较单一，如张玲等只以反映盈利能力的指标均值对 ST 公司重组绩效进行分析。吕长江等的研究采用了多指标体系，但其样本均在 2001 年以前，且时间跨度比较短。2001 年、2003 年之后，我国 ST 公司的戴帽及摘帽条件均发生较大变动，针对这些困境公司的脱困绩效研究较少。本书以 2003—2008 年被 ST 的困境公司为样本，基于盈利、风险及增长三维视角构建经营绩效衡量指标，对这些 ST 公司摘帽脱困后的长期业绩进行分析研究。

二　研究设计

（一）样本选取

长期经营绩效的研究样本，采取与长期市场绩效相同的样本。即以 2003—2008 年被 ST 或 * ST 的公司为基础，选择 2008 年底之前成功脱困的公司共 77 家，剔除摘帽 2 年后被兼并的 1 家公司，剩余 76 家样本公司（见表 6 - 2）。该 76 家样本中，其中 2 家公司在摘帽第 3 年、第 4 年连续出现成本费用趋于 0 的奇异值情况，故将其剔除。最终样本构成为 74 家，其中内部重组样本 9 家，支持性重组样本 35 家，控制权转移的放弃式重组样本 30 家。因为这些公司的摘帽时间均在 2008 年底之前，截至 2012 年 12 月可获取摘帽后至少 5 年的经营业绩指标，便于长期经营绩效的研究。

（二）经营绩效衡量指标选择

尽管财务指标受到重组支付方式和盈余管理的影响，陈晓（1999）、孟卫东等（2000）的研究还是证明了我国上市公司的盈余报告具有较强的信息含量。冯根福、吴林江（2001）也认为，如果给予较长的会计期间，企业业绩的变化最终都会反映到其会计报表之中。所以我们在此采用财务指标来衡量公司脱困之后的经营绩效。

对于 ST 公司重组或摘帽的经营绩效衡量，最常用的是获利能力指标如每股收益（EPS）、资产净利率（ROA）（万潮领，2001；赵丽琼，2010），也有学者将资产负债率、每股经营活动现金净流量纳入考核范畴（吕长江等，2007），但并不多见。本书在前人研究的基础之上，从盈利、风险及增长三维视角设计公司经营绩效衡量的指标体系，尽可能全面地分析脱困公司的未来经营状况。具体指标见表 6-12。由于 T'_{-1} 年度中，很多公司净利润数据为负，致使净利润增长率在 T'_0 年失去意义，故在增长指标中没有设净利润增长率，以营业收入增长率配合盈利质量中的成本费用净利率可以反映净利润增长信息。

表 6-12   经营绩效衡量指标

指标类别		指标名称	指标符号	指标定义
盈利	盈利水平	资产净利率	ROA	净利润/平均资产总额
		净资产收益率	ROE	净利润/平均净资产
		每股收益	EPS	净利润/普通股总股数
		每股净资产	NAPE	净资产/普通股总股数
	盈利质量	成本费用净利率	NPTC	净利润/（营业成本 + 期间费用）
		净利润现金差异率	DBCP	（经营活动现金净流量 - 净利润）/资产总额
风险	经营风险	营业杠杆	DOL	（营业收入 - 营业成本）/息税前利润
	财务风险	资产负债率	LEV	负债总额/资产总额
		流动比率	CUR	流动资产/流动负债
		营运资金比率	WCR	（流动资产 - 流动负债）/流动资产
	舞弊风险	审计意见	AO	标准审计报告 = 5；带强调事项段无保留意见审计报告 = 4；保留意见审计报告 = 3；无法表示意见审计报告 = 2；否定意见审计报告 = 1
增长	资产增长	资产增长率	AGR	（本年资产 - 上年资产）/上年资产
		资本增长率	EGR	（本年资本 - 上年资本）/上年资本
	收入增长	营业收入增长率	SGR	（本年营业收入 - 上年营业收入）/上年营业收入

（三）研究思路及方法

首先，采用会计数据研究方法，选择摘帽当年及摘帽后 5 年共 6

年的财务数据指标，考察 74 家样本公司摘帽后与摘帽前各指标之间的纵向定比情况。因为 ST 公司一般在每年公布上年度财务报告之后宣告摘帽，故此处的摘帽当年，实际时间为摘帽时间点的前 1 年，即图 6 - 13 中的第 0 年，公司依据第 0 年的年报而摘帽，故称之为"摘帽当年"。其次，针对各年度指标进行因子分析，计算不同重组选择模式下脱困公司的绩效得分，并对其进行横向比较与分析。

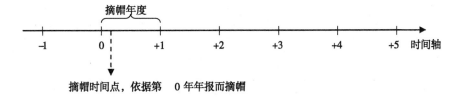

图 6 - 13 ST 公司摘帽前后各年度时间排列

三 实证分析

（一）纵向定比分析

1. 盈利指标定比分析

表 6 - 13   摘帽后各年盈利指标与摘帽前 1 年定比分析

指标差值	$T'_0 - T'_{-1}$	$T'_1 - T'_{-1}$	$T'_2 - T'_{-1}$	$T'_3 - T'_{-1}$	$T'_4 - T'_{-1}$	$T'_5 - T'_{-1}$
N	74	74	74	74	74	74
资产净利率（ROA）差值						
Mean	0.113	0.108	0.109	0.114	0.108	0.109
T 值	9.727 ***	9.377 ***	8.994 ***	9.658 ***	8.025 ***	8.364 ***
正值比率	91.89%	90.54%	90.54%	89.19%	85.14%	86.49%
净资产收益率（ROE）差值						
Mean	0.359	0.328	0.322	0.336	0.318	0.320
T 值	7.320 ***	6.942 ***	7.028 ***	7.176 ***	6.480 ***	6.646 ***
正值比率	90.54%	90.54%	87.84%	90.54%	86.49%	87.84%
每股收益（EPS）差值						
Mean	0.489	0.487	0.517	0.554	0.583	0.556
T 值	9.386 ***	9.751 ***	9.339 ***	9.115 ***	8.554 ***	8.501 ***
正值比率	90.54%	93.24%	90.54%	90.54%	89.19%	87.84%

续表

指标差值	$T'_0 - T'_{-1}$	$T'_1 - T'_{-1}$	$T'_2 - T'_{-1}$	$T'_3 - T'_{-1}$	$T'_4 - T'_{-1}$	$T'_5 - T'_{-1}$
每股净资产（NAPS）差值						
Mean	0.173	0.390	0.484	0.685	0.885	0.981
T 值	3.805 ***	5.198 ***	4.475 ***	5.462 ***	5.162 ***	5.795 ***
正值比率	87.84%	82.43%	78.38%	78.38%	78.38%	81.08%
成本费用净利率（NPTC）						
Mean	0.383	0.365	0.361	0.358	0.348	0.350
T 值	7.363 ***	7.055 ***	7.255 ***	7.112 ***	6.351 ***	6.687 ***
正值比率	89.19%	87.84%	86.49%	90.54%	86.49%	85.14%
净利润现金差异率（DBCP）						
Mean	−0.064	−0.091	−0.092	−0.091	−0.101	−0.107
T 值	−3.369 ***	−4.661 ***	−4.814 ***	−5.004 ***	−5.411 ***	−5.367 ***
正值比率	25.68%	28.38%	28.38%	24.32%	24.32%	25.68%

注：表中的 Mean 指各指标差值的均值；T 值为各指标差值的比较均值（单样本 T 检验，与 0 比较）t 值；正值比率是各指标差值中正值的比率；*** 表示差别在 1% 水平上显著。

表 6 - 14　　　摘帽前后各年盈利指标均值与中位数

指标		− 1	0	1	2	3	4	5
ROA	均值	− 0.073	0.041	0.035	0.037	0.041	0.035	0.036
	中位数	− 0.073	0.024	0.026	0.028	0.029	0.027	0.023
ROE	均值	− 0.24	0.12	0.09	0.08	0.10	0.08	0.08
	中位数	− 0.17	0.06	0.07	0.05	0.08	0.06	0.06
EPS	均值	− 0.33	0.16	0.16	0.19	0.22	0.25	0.22
	中位数	− 0.28	0.10	0.11	0.11	0.13	0.10	0.11
NAPS	均值	1.52	1.69	1.91	2.01	2.21	2.41	2.5021
	中位数	1.25	1.52	1.70	1.87	2.04	1.97	2.073
NPTC	均值	− 0.272	0.111	0.093	0.089	0.086	0.076	0.078
	中位数	− 0.158	0.055	0.063	0.053	0.062	0.054	0.047
DBCP	均值	0.109	0.045	0.018	0.017	0.018	0.008	0.002
	中位数	0.099	0.034	0.026	0.020	0.012	0.018	0.011

　　由表 6-13 可知，除净利润现金差异率指标之外，ST 公司摘帽当年及以后 5 年内的其他各盈利指标与摘帽前 1 年的差值均为正值，且都在 1% 水平上显著，表明摘帽确实使企业的盈利水平较之在困境中有显著提升。表 6-14 的摘帽前后各年盈利指标均值与中位数也说明了这一点，ROA、ROE、EPS、NPTC 在摘帽之前均为负值，摘帽后各年度无论均值还是中位数均为正值。NAPS 尽管在摘帽前 1 年的值也是正值，但摘帽后其均值和中位数都在逐年增长。净利润现金差异率的表现正好相反，表 6-13 和表 6-14 都可以看出，摘帽当年及摘帽后 5 年内的净利润现金差异率与摘帽前 1 年的差值均为负值，且在 1% 水平上显著，摘帽后各年均值与中位数均呈下降趋势。说明 ST 公司在脱困摘帽之后的盈利水平尽管提升，但其利润的现金能力却显著下降。

　　图 6-14 至图 6-19 清晰地反映了摘帽当年及之后 5 年内各盈利指标均值与中位数的走势。资产净利率（ROA）、净资产收益率（ROE）在摘帽当年最高，摘帽第 1 年开始下降，尽管在第 3 年有所回升，但之后第 4 年、第 5 年又开始下降至低于第 0 年水平。每股收益（EPS）从摘帽当年至第 3 年一直呈上升趋势，从摘帽第 4 年开始下降，至第 5 年其水平与最高点相比要低，但高于摘帽当年的水平。说明脱困公司的盈利水平经历了先升后降的过程，但始终高于摘帽之前的水平。每股净资产（NAPS）从摘帽当年到摘帽后 5 年一直呈上升状态，说明摘帽脱困公司的股东权益在不断累积和增长。成本费用净利率（NPTC）、净利润现金差异率（DBCP）两个指标从摘帽之后则一直呈下降趋势，说明了脱困公司摘帽之后的盈利质量未能持续提升，成本费用获利能力在摘帽当年达到最高水平，之后开始下降，不过始终高于摘帽前，而净利润现金水平则持续下降，较之摘帽之前的水平要低。摘帽脱困之后的盈利质量与数量相比偏低。

　　本书关于 ST 公司脱困后核心盈利能力的绩效研究结论与传统的"先升后降且低于脱困之前的水平"（见张玲、吕长江、刘黎、赵丽琼等的研究）并不一致，这可能是基于两方面原因：第一，原有研究的

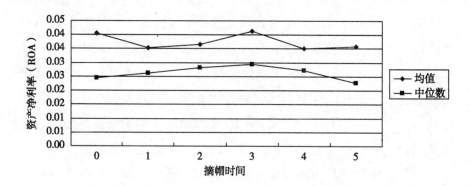

图 6-14　摘帽后 5 年内的 ROA 均值与中位数

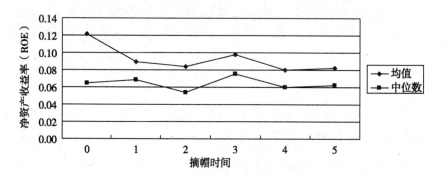

图 6-15　摘帽后 5 年内的 ROE 均值与中位数

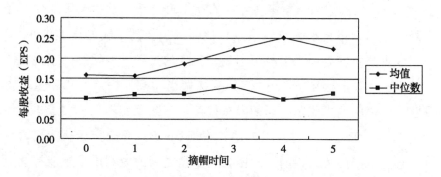

图 6-16　摘帽后 5 年内的 EPS 均值与中位数

对象绝大部分在 2002 年前，当时 ST 公司摘帽的规则与 2003—2011年期间的规则有所不同，非经常性损益被纳入摘帽所依据的净利润指标，很多公司大玩重组数字游戏，并未真正提升经营能力。本书所使用样本为 2003—2011 年间被 ST 或 * ST 公司，该期间的摘帽规则是扣

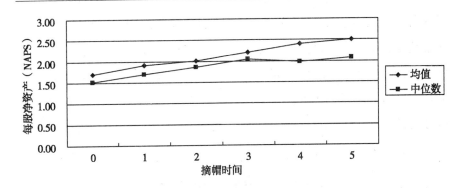

图 6 – 17　摘帽后 5 年内的 NAPS 均值与中位数

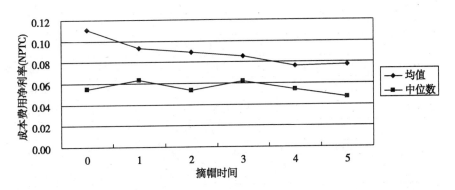

图 6 – 18　摘帽后 5 年内的 NPTC 均值与中位数

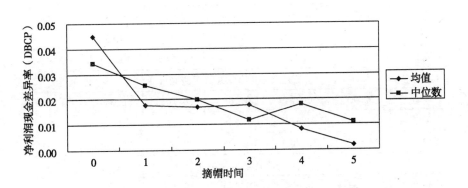

图 6 – 19　摘帽后 5 年内的 DBCP 均值与中位数

非后净利润为正，ST 或 ∗ST 公司的重组更看重其战略性以及对困境公司业绩的提升，导致研究结论出现差异。第二，先前的研究时间均截至摘帽后 2—3 年，而资产净利率、净资产收益率等核心指标在我们的研究中也确实出现了第 2—3 年快速下降的情况，导致基于 5 年的盈利指标观测结果与 2—3 年的观测结果存在差异。根据以上的分析，我们更认同詹姆斯（2000）、李善民（2013）等的观点，认为重组会提升企业业绩。尽管盈利水平也出现下降的状况，但始终高于摘帽之前的水平。

2. 风险指标定比分析

表 6 – 15　　　　　摘帽后各年风险指标与摘帽前 1 年定比分析

指标差值	$T'_0 - T'_{-1}$	$T'_1 - T'_{-1}$	$T'_2 - T'_{-1}$	$T'_3 - T'_{-1}$	$T'_4 - T'_{-1}$	$T'_5 - T'_{-1}$
N	74	74	74	74	74	74
营业杠杆（DOL）差值						
Mean	2.619	2.490	2.739	2.044	2.178	2.328
T 值	4.669 ***	4.084 ***	2.869 ***	2.690 ***	3.632 ***	0.889
正值比率	85.14%	79.73%	81.08%	85.14%	78.38%	82.43%
资产负债率（LEV）差值						
Mean	− 0.023	− 0.055	− 0.060	− 0.066	− 0.065	− 0.050
T 值	− 1.707 **	− 1.985 **	− 2.781 ***	− 2.892 ***	− 2.664 **	− 1.860 **
正值比率	29.73%	39.19%	40.54%	36.49%	36.49%	40.54%
流动比率（CUR）差值						
Mean	0.072	0.209	0.414	0.510	0.501	0.397
T 值	1.055	1.572	3.000 ***	3.588 ***	3.880 ***	3.169 ***
正值比率	54.05%	52.70%	67.57%	67.57%	70.27%	68.92%
营运资金比率（WCR）差值						
Mean	0.075	0.074	0.185	0.205	0.311	0.303
T 值	0.885	0.614	1.568	1.875 **	3.214 ***	2.930 ***
正值比率	54.05%	52.70%	67.57%	67.57%	70.27%	68.92%
审计意见（AO）						
Mean	0.432	0.514	0.514	0.514	0.500	0.486
T 值	4.401 ***	5.022 ***	5.113 ***	5.113 ***	4.725 ***	4.523 ***
正值比率	31.08%	33.78%	32.43%	32.43%	33.78%	33.78%

注：表中的 Mean 指各指标差值的均值；T 值为各指标差值的比较均值（单样本 T 检验，与 0 比较）t 值；正值比率是各指标差值中正值的比率；*** 、 ** 分别表示差别在 1%、5% 水平上显著。

从表 6 - 15 看，营业杠杆在摘帽当年及以后 4 年内与摘帽前 1 年的差值均为正值，且在 1% 水平上显著，第 5 年差值尽管表现并不显著，但依旧大于 0。说明 ST 公司脱困之后各年的营业杠杆系数较之恢复之前都有明显提升。营业杠杆反映公司对成本中固定费用的利用，一方面，营业杠杆可以使得公司在销售增长时获得更高比率的利润增长，另一方面，营业杠杆也会带来相应的经营风险，即公司销售下降所导致的利润额的更大比率的降低。表 6 - 16 与图 6 - 20 中各年营业杠杆均值、中位数数据与走势表明，摘帽当年公司营业杠杆比摘帽前 1 年有较大幅度提升，之后有所下降，第 4 年起又逐渐回升，表明摘帽脱困后公司的营业杠杆利益明显，但同时其营业风险也相应增加。

表 6 - 15 中资产负债率差值均为负值，且至少在 5% 水平上显著，说明 ST 公司摘帽后的资产负债率较之摘帽之前显著降低；流动比率、营运资金比率差值均为正，且在后几年显著异于 0，说明公司摘帽后的流动能力较之摘帽之前有所提升；审计意见差值均为正，且在 1% 水平上显著，说明公司的舞弊风险在摘帽后也显著降低。总之，摘帽后公司的财务风险、舞弊风险均比摘帽前明显下降。

表 6 - 16　　　　　　摘帽前后各年风险指标均值与中位数

指标		- 1	0	1	2	3	4	5
DOL	均值	0.121	2.736	2.606	2.856	2.160	2.295	2.445
	中位数	- 0.211	2.091	1.976	1.804	1.983	1.919	2.279
LEV	均值	0.580	0.558	0.526	0.520	0.514	0.516	0.531
	中位数	0.595	0.567	0.527	0.545	0.518	0.512	0.536
CUR	均值	1.177	1.249	1.386	1.591	1.687	1.679	1.574
	中位数	0.973	1.118	1.162	1.273	1.245	1.331	1.413
WCR	均值	- 0.196	- 0.121	- 0.122	- 0.011	0.009	0.115	0.107
	中位数	- 0.028	0.106	0.139	0.214	0.197	0.248	0.292
AO	均值	4.47	4.91	4.99	4.99	4.99	4.97	4.96
	中位数	5	5	5	5	5	5	5

表 6 - 15 与图 6 - 21 至图 6 - 24 的各年均值、中位数情况也可以

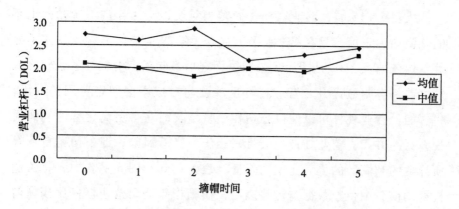

图 6 – 20 摘帽后 5 年内的 DOL 均值与中位数

看出，资产负债率在摘帽后基本呈逐年降低趋势，直至第 5 年开始回升，但依然低于摘帽之前的负债水平；流动比率与营运资金比率则明显在逐年升高。说明公司摘帽后的财务风险状况也在逐年好转。审计意见在摘帽当年尽管好于摘帽之前，但均值低于 4.5，从摘帽后第 1 年起显著好转，一直持续至第 3 年，但在第 4 年、第 5 年又连续下降，说明摘帽后公司的舞弊风险经历了先降低后增加的趋势，不过其得分均值始终高于摘帽之前。但不排除第 5 年之后继续下降的情况出现。因此，在关注 ST 公司脱困之后的经营业绩时，也要关注其财务报表舞弊风险的存在。

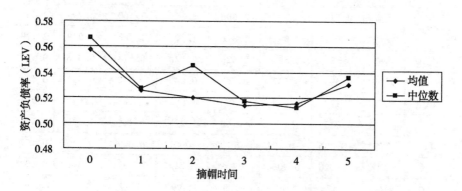

图 6 – 21 摘帽后 5 年内的 LEV 均值与中位数

3. 增长指标定比分析

从表 6 – 17 来看，资产增长率、资本增长率在摘帽当年及以后 5

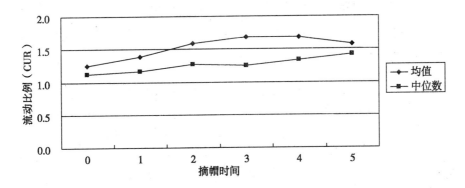

图 6 - 22 摘帽后 5 年内的 CUR 均值与中位数

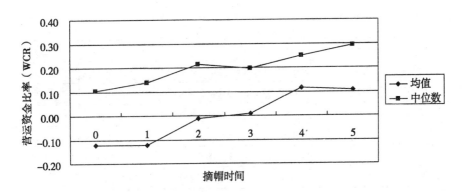

图 6 - 23 摘帽后 5 年内的 WCR 均值与中位数

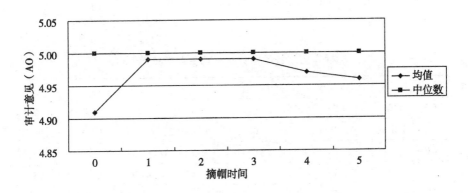

图 6 - 24 摘帽后 5 年内的 AO 均值与中位数

年内与摘帽前 1 年的差值均为正值，且至少在 5% 水平上显著，说明 ST 公司脱困之后的总资产、净资产都得到了显著增长。营业收入增长率在摘帽当年的差值显著为正，之后从第 1 至第 4 年的差值尽管也大于 0，但统计上并不显著。第 5 年的差值为负，说明营业收入增长在摘帽后第 5 年低于摘帽前 1 年的水平。

表 6 - 17　　　　摘帽后各年增长指标与摘帽前 1 年定比分析

指标差值	$T_0' - T_{-1}'$	$T_1' - T_{-1}'$	$T_2' - T_{-1}'$	$T_3' - T_{-1}'$	$T_4' - T_{-1}'$	$T_5' - T_{-1}'$
N	74	74	74	74	74	74
资产增长率（AGR）差值						
Mean	0.314	0.198	0.251	0.273	0.230	0.280
T 值	2.882 ***	2.631 **	3.172 ***	4.015 ***	2.935 ***	2.745 ***
正值比率	74.32%	75.68%	79.73%	85.14%	79.73%	83.78%
资本增长率（EGR）差值						
Mean	0.386	0.486	0.318	0.308	0.278	0.227
T 值	4.352 ***	2.805 ***	4.059 ***	4.089 ***	2.776 ***	2.623 **
正值比率	85.14%	86.49%	85.14%	86.49%	75.68%	78.38%
营业收入增长率（SGR）差值						
Mean	3.131	0.003	0.858	0.006	0.014	-0.010
T 值	3.142 ***	0.009	0.818	0.020	0.043	-0.032
正值比率	70.27%	63.51%	63.51%	63.51%	66.22%	62.16%

注：表中的 Mean 指各指标差值的均值；T 值为各指标差值的比较均值（单样本 T 检验，与 0 比较）t 值；正值比率是各指标差值中正值的比率；*** 、** 分别表示差别在 1% 、5% 水平上显著。

表 6 - 18　　　　摘帽前后各年增长指标均值与中位数

指标		-1	0	1	2	3	4	5
AGR	均值	-0.056	0.257	0.142	0.195	0.216	0.174	0.224
	中位数	-0.104	0.050	0.058	0.070	0.109	0.081	0.067
EGR	均值	-0.076	0.311	0.411	0.243	0.234	0.203	0.153
	中位数	-0.130	0.131	0.101	0.075	0.098	0.044	0.051
SGR	均值	0.306	3.436	0.308	1.164	0.311	0.320	0.296
	中位数	-0.070	0.284	0.102	0.109	0.164	0.177	0.127

表 6 - 18 与图 6 - 25、图 6 - 26、图 6 - 27 更加清晰地描述了摘帽

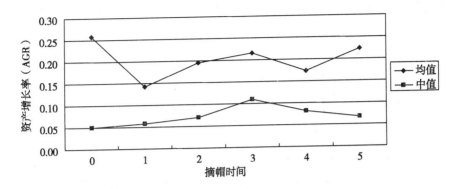

图 6 – 25　摘帽后 5 年内的 AGR 均值与中位数

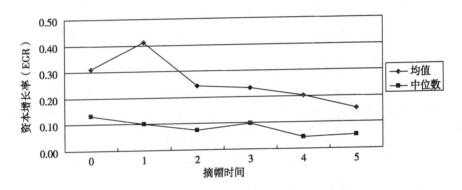

图 6 – 26　摘帽后 5 年内的 EGR 均值与中位数

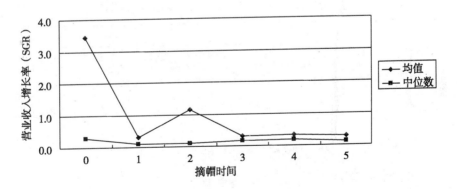

图 6 – 27　摘帽后 5 年内的 SGR 均值与中位数

前后各增长指标均值与中位数的情况与走势。摘帽前 1 年 ST 公司的资产、资本均为负增长，摘帽后公司总资产增长明显，但摘帽后第 4 年资产增长幅度开始下降，不过依然保持正数水平。净资产在摘帽当年增长幅度较高，之后就呈下降趋势（中位数），但未低于摘帽前的水平。营业收入在摘帽当年显著增长，之后其增长率开始下滑，至第5年甚至低于摘帽前的水平。说明公司恢复之后的营业收入增长与资产增长并不匹配，公司在重组后其资产规模扩张，但收入并未有明显增长。

（二）横向因子分析

在该部分内容中，我们首先对所选择指标进行正向化处理。14 个指标中只有营业杠杆与资产负债率 2 个为逆指标，与经营业绩负相关，其他 12 个指标均为正指标，数值越高表明公司经营业绩越好。分别以 2 个逆指标的倒数（1/资产负债率；1/营业杠杆系数）来代替原指标，以保证全部指标的可比性。接下来，对 ST 公司摘帽前 1 年、摘帽当年及摘帽后第 1—5 年，共 7 年的相应指标分别进行因子分析，计算基于"盈利、风险、增长"三维视角的经营绩效得分，并对每年的不同重组选择方式样本的得分情况进行横向比较和分析。表 6 – 19 列示了各年度指标数据的 KMO 和 Bartlett 检验结果。可以看出，KMO 测度值在每年均大于 0.5，且 Bartlett 球形度检验的相伴概率均为0.000，说明这些数据都适合做因子分析。

表 6 – 19　　　各年度指标数据的 KMO 和 Bartlett 检验结果

检验参数	-1	0	1	2	3	4	5
KMO 值	0.624	0.565	0.657	0.640	0.615	0.685	0.650	
Bartlett 球形度	559.371	496.046	604.645	650.720	518.135	706.190	757.269	
Sig. 值	0.000	0.000	0.000	0.000	0.000	0.000	0.000	

1. 摘帽前 1 年的经营绩效横向分析

第一步：确定因子方差贡献率及载荷矩阵。以"特征值大于 1"为公共因子选择标准，其特征值与累计方差贡献率（见表 6 – 20）。可以看出：在（$T'-1$）年，5 个公共因子涵盖了最初 14 个指标数据信息总方差的 72.992%。这些因子的含义可以依据成分矩阵或旋转成分矩阵中的因子载荷值进行解释。

表 6 – 20　　　　　　　　因子特征值与累计方差贡献率

因子	提取平方和载入			旋转平方和载入		
	特征值	方差贡献率%	累计方差贡献率%	特征值	方差贡献率%	累计方差贡献率%
1	4.042	28.869	28.869	3.074	21.960	21.960
2	2.418	17.274	46.143	2.601	18.577	40.536
3	1.517	10.836	56.979	1.938	13.844	54.380
4	1.213	8.662	65.641	1.384	9.887	64.267
5	1.029	7.350	72.992	1.221	8.725	72.992

表 6 – 21 的因子旋转成分矩阵显示了这些因子所代表的含义。F_1主要涵盖了资产净利率（ROA）、净资产收益率（ROE）、每股收益（EPS）、成本费用净利率（NPTC）及净利润现金差异率（DBCP），可将其定义为盈利因子；F_2主要涵盖了营业杠杆倒数（1/DOL）、资产负债率倒数（1/LEV）和流动比率（CUR），可将其定义为经营及财务风险因子；F_3主要涵盖了资产增长率（AGR）、资本增长率（EGR）及每股净资产（NAPE），可将其定义为资产增长因子；F_4主要涵盖了营业收入增长率（SGR），可将其定义为收入增长因子；F_5主要涵盖了审计意见（AO），可将其定义为舞弊风险因子。

表 6 – 21　　　　　　　　因子旋转成分矩阵

指标	F_1	F_2	F_3	F_4	F_5
ROA	0.896	-0.294	0.176	0.038	0.025
ROE	0.914	-0.054	0.060	-0.027	0.083
EPS	0.785	-0.239	0.275	-0.205	-0.122
NAPE	0.306	0.382	-0.524	0.400	0.330
NPTC	0.606	-0.363	-0.420	0.072	-0.128
DBCP	-0.531	0.058	0.453	0.541	-0.046
1/DOL	0.394	0.772	0.093	0.019	-0.113
1/LEV	0.404	0.869	0.054	0.020	-0.124
CUR	0.383	0.655	-0.101	0.015	-0.121
WCR	0.176	-0.036	0.371	-0.064	-0.028

指标	F_1	F_2	F_3	F_4	F_5
AO	0.235	− 0.228	− 0.322	0.316	0.518
AGR	0.605	− 0.130	0.516	0.061	0.349
EGR	0.295	− 0.305	− 0.440	− 0.019	− 0.532
SGR	− 0.203	0.216	− 0.169	− 0.775	0.403

第二步：计算因子得分及横向分析。

表 6 – 22　　　　　　　　因子得分系数矩阵

指标	F_1	F_2	F_3	F_4	F_5
ROA	0.268	− 0.034	0.050	0.027	− 0.054
ROE	0.220	0.048	0.039	0.078	0.046
EPS	0.265	− 0.010	0.094	− 0.204	0.047
NAPE	− 0.134	0.145	− 0.027	0.566	− 0.047
NPTC	− 0.023	− 0.040	0.346	0.129	− 0.038
DBCP	0.008	− 0.011	− 0.265	− 0.007	− 0.487
1/DOL	0.005	0.344	− 0.037	− 0.080	− 0.037
1/LEV	− 0.020	0.384	− 0.028	− 0.073	− 0.030
CUR	− 0.055	0.306	0.059	− 0.020	− 0.008
WCR	0.169	− 0.005	− 0.102	− 0.160	− 0.030
AO	0.029	− 0.133	− 0.130	0.585	0.023
AGR	0.374	− 0.067	− 0.321	0.110	0.000
EGR	− 0.164	0.022	0.545	− 0.179	− 0.127
SGR	0.005	− 0.040	− 0.144	0.002	0.750

　　根据表 6 – 22 列示的因子得分系数矩阵对以上各公共因子的得分进行计算。各因子得分计算表达式为：

$F_1 = 0.268ROA + 0.220ROE + 0.265EPS \cdots\cdots - 0.164EGR + 0.005SGR$

$F_2 = - 0.034ROA + 0.048ROE - 0.01EPS \cdots\cdots + 0.022EGR - 0.040SGR$

$F_3 = 0.050ROA + 0.039ROE + 0.094EPS \cdots\cdots + 0.545EGR - 0.144SGR$

$F_4 = 0.027ROA + 0.078ROE - 0.204EPS \cdots\cdots - 0.179EGR + 0.002SGR$

$$F_5 = -0.054ROA + 0.046ROE + 0.047EPS\cdots\cdots - 0.127EGR + 0.75SGR$$

依据表 6 - 20，样本公司的绩效综合得分计算表达式为：

$$F_综 = \frac{21.960\%F_1 + 18.577\%F_2 + 13.844\%F_3 + 9.887\%F_4 + 8.725\%F_5}{72.992\%}$$

根据上述计算公式，可以计算得到每一个样本公司的各个公因子得分及绩效综合得分。不同重组选择样本的得分情况横向比较见表 6 - 23。

表 6 - 23　　　　　　　（T′ - 1）年的因子得分比较结果

因子	指标	全部样本（74）	自我重组样本（9）	支持性重组样本（35）	放弃式重组样本（30）	P 值
F_1	均值	- 0.353	- 0.254*	- 0.416*	- 0.307*	0.095
	中位数	- 0.352	- 0.272	- 0.393	- 0.348	0.227
F_2	均值	2.028	2.791	2.283	1.614	0.809
	中位数	1.435	1.449	1.455	0.604	0.923
F_3	均值	- 0.961	- 1.305	- 0.879	- 0.942	0.868
	中位数	- 0.826	- 0.866	- 0.801	- 0.849	0.923
F_4	均值	3.018	2.911	3.394	2.724	0.278
	中位数	3.334	3.213	3.434	3.061	0.923
F_5	均值	0.022	- 0.241	0.362	- 0.297	0.149
	中位数	- 0.081	- 0.018	- 0.063	- 0.104	0.286
$F_综$	均值	0.642	1.026	0.678	0.485	0.365
	中位数	0.551	0.942	0.432	0.366	0.433

注：表中的 P 值指各因子非参数独立样本检验中 Kruskal Wallis 检验与中值检验的渐进显著性水平，*表示差别在 10% 水平上显著。

由表 6 - 23 的数据可知，在（T′ - 1）年，不同重组选择模式的样本公司其盈利因子得分均值存在差异：内部重组样本的得分最高，放弃式重组样本得分次之，支持性重组样本得分最低，且在 10% 水平上显著。其余因子得分在不同样本之间的差异则不明显。经营及财务风险因子得分中，内部重组最高，放弃式重组最低，支持性重组样本居中；此外，支持性重组样本的增长因子得分和舞弊风险因子得分都相对较高，说明在摘帽前 1 年，支持性重组样本的盈利虽然较差，但风险低且增长情况相对较好，而放弃式重组样本的盈利尽管要好于支持性样本，但其风险高，且增长能力较差。以上得分从一定程度上反映了证券市场在控制权转移过程中可能存在信息不对称现象，新的控股股东鉴于目标公司的盈利能力而购入相应股权，但其风险与增长能力却不尽人意。从综合得分看，内部重组样本得分最高，支持性样本次之，放弃式重组样本得分最低，这与我们之前的分析一致，即控制权转移公司的困境程度显著高于非控制权转移公司，表明控股股东对整体经营绩效情况差的公司更倾向于放弃。不过，经营绩效综合得分的均值与中位数水平在不同重组选择样本之间不存在显著差异，因为都处于困境之中尚未脱困，故而其总体绩效水平相差不大。

2. 摘帽当年及摘帽后各年经营绩效横向分析

针对摘帽当年、摘帽后第 1 年至第 5 年不同重组选择样本的因子得分和绩效综合得分进行分析，方法和过程与第 ($T'-1$) 年的分析相同，此处不再详述。对比结果见表 6-24。

表 6-24　　　第 T' 年至第 ($T'+5$) 年的因子得分比较结果

年度	因子	指标	全部样本（74）	自我重组样本（9）	支持性重组样本（35）	放弃式重组样本（30）	P 值
T'	F_1	均值	0.316	0.630 **	0.428 **	0.091 **	0.047
		中位数	0.491	0.512 **	0.508 **	0.389 **	0.017
	F_2	均值	0.984	-0.373 **	0.407 **	2.065 **	0.013
		中位数	-0.225	-0.318 ***	-0.309 ***	0.216 ***	0.003
	F_3	均值	1.839	1.408	1.659	2.177	0.213
		中位数	1.568	1.385	1.543	1.796	0.293
	F_4	均值	2.018	1.963	1.933	2.134	0.788
		中位数	1.750	2.182	1.680	1.813	0.397
	F_5	均值	3.558	2.975 ***	3.505 ***	3.796 ***	0.009
		中位数	3.675	2.995 *	3.635 *	3.779 *	0.057
	$F_综$	均值	1.395	0.999 **	1.236 **	1.701 **	0.017 **
		中位数	1.094	1.000 *	1.060 *	1.375 *	0.075
$T'+1$	F_1	均值	1.696	1.724	1.652	1.739	0.849
		中位数	1.691	1.710	1.691	1.670	0.872

续表

年度	因子	指标	全部样本（74）	自我重组样本（9）	支持性重组样本（35）	放弃式重组样本（30）	P 值
	F_2	均值	1.313	1.238	1.161	1.513	0.644
		中位数	1.177	1.183	1.157	1.236	0.933
	F_3	均值	-0.201	0.184	-0.255	-0.253	0.175
		中位数	-0.312	0.488	-0.294	-0.450	0.293
	F_4	均值	-1.901	-2.079	-1.911	-1.835	0.354
		中位数	-1.950	-2.174	-2.020	-1.847	0.458
	F_5	均值	-1.128	-1.394	-1.357	-0.782	0.123
		中位数	-1.313	-1.466	-1.324	-1.284	0.458
	$F_综$	均值	0.551	0.552 **	0.466 **	0.650 **	0.015
		中位数	0.518	0.520 *	0.495 *	0.622 *	0.058
$T'+2$	F_1	均值	0.684	0.737	0.694	0.658	0.566
		中位数	0.633	0.741	0.638	0.577	0.872
	F_2	均值	1.292	1.094	1.119	1.554	0.280
		中位数	0.986	0.795	0.882	1.251	0.293
	F_3	均值	0.084	0.090	-0.125	0.326	0.811
		中位数	0.140	0.129	0.144	0.135	0.397
	F_4	均值	0.374	-0.301	1.009	-0.165	0.232
		中位数	-0.177	-0.257	-0.165	-0.139	0.205
	F_5	均值	4.279	3.636	4.033	3.592	0.566
		中位数	3.696	3.614	3.702	3.690	0.533
	$F_综$	均值	1.016	0.855	0.843	0.965	0.620
		中位数	0.829	0.836	0.788	0.895	0.559
$T'+3$	F_1	均值	0.183	0.188	0.125	0.248	0.471
		中位数	0.198	0.141	0.189	0.199	0.458
	F_2	均值	1.135	1.405	1.159	1.026	0.375
		中位数	0.980	1.201	0.975	0.957	0.559
	F_3	均值	1.998	1.892	1.875	2.172	0.280
		中位数	1.688	1.512 **	1.668 **	1.846 **	0.022
	F_4	均值	4.164	4.348	4.094	4.191	0.744
		中位数	4.175	4.204	4.173	4.150	0.533
	F_5	均值	-0.207	-0.455	-0.183	-0.160	0.230
		中位数	-0.323	-0.511	-0.358	-0.207	0.293
	$F_综$	均值	1.204	1.245	1.160	1.239	0.660

年度	因子	指标	全部样本（74）	自我重组样本（9）	支持性重组样本（35）	放弃式重组样本（30）	P值
		中位数	1.118	1.103	1.049	1.103	0.778
T′+4	F_1	均值	0.133	0.171	0.118	0.139	0.763
		中位数	0.115	0.113	0.107	0.134	0.872
	F_2	均值	0.979	1.660	0.936	0.826	0.288
		中位数	0.792	1.355	0.864	0.758	0.162
	F_3	均值	1.696	1.539	1.506	1.965	0.456
		中位数	1.460	1.412	1.460	1.623	0.458
	F_4	均值	2.998	3.064	2.875	3.122	0.294
		中位数	2.874	3.269	2.877	2.823	0.458
	$F_综$	均值	1.066	1.231	0.991	1.104	0.480
		中位数	1.013	1.183	0.977	1.033	0.231
T′+5	F_1	均值	-0.224	-0.082	-0.309	-0.167	0.308
		中位数	-0.171	-0.140	-0.191	-0.159	0.778
	F_2	均值	-0.039	-0.328	0.072	-0.082	0.198
		中位数	-0.193	-0.265	-0.195	-0.180	0.135
	F_3	均值	1.339	0.982	1.225	1.580	0.228
		中位数	1.183	0.898	1.105	1.285	0.458
	F_4	均值	0.825	0.922	0.948	0.652	0.373
		中位数	0.620	0.815	0.711	0.515	0.162
	F_5	均值	4.619	4.594	4.623	4.622	0.156
		中位数	4.603	4.533	4.665	4.517	0.137
	$F_综$	均值	0.803	0.825	0.806	0.719	0.462
		中位数	0.758	0.783	0.765	0.718	0.188

注：表中的 P 值指各因子非参数独立样本检验中 Kruskal Wallis 检验与中值检验的渐进显著性水平，*** 、** 、* 分别表示差别在1%、5%、10%水平上显著。

摘帽当年：仍以"特征值大于1"为标准，得到公共因子5个，其定义如下：F_1为盈利水平因子、F_2为增长因子、F_3为财务风险因子、F_4为盈利质量因子及F_5为舞弊风险因子。表6-24显示，三种不同重组选择样本的盈利水平因子得分、增长因子得分、舞弊风险因子得分与绩效综合得分都存在显著差异。自我重组样本的盈利水平因子F_1得分最高，放弃式重组样本的F_1得分最低，支持性重组样本居中，且三种样本之间的盈利水平因子得分在 5% 水平上存在显著差异。在增长因子 F_2 得分上，放弃式重组样本最高，自我重整样本最低，支持性重组样本居中，且差异在至少 5% 的水平上显著。因为自我重整公司未发生外部资产重组，其增长变动依靠的是自身的运营。支持性重组与放弃式重组则发生了与外部的资产重组联系。尤其是控制权转移后，新股东会为困境公司输入大量的资源支持，故其增长较快。舞弊风险因子 F_5 的得分上，放弃式重组最高，自我重组与支持性重组的较低，且三者至少在 10% 水平上存在差异。我们分析，控制权转移意味着新的控股股东的管理与控制，作为新接手的公司，对其财务报告的出具比较谨慎，故而其审计意见相对清洁，而其他两类尤其是自我重整公司可能对这些未能给予相应的关注。此外，从财务风险因子 F_3 与盈利质量因子 F_4 的得分均值看，放弃式重组样本的表现最好，自我重整则差一些，但统计上并不显著。以上分析表明，自我重整公司的盈利水平高，但增长低、风险高，放弃式重组公司的盈利水平低，但增长高、风险低，且盈利质量较好。故而，在综合绩效评分上，放弃式重组样本的经营绩效得分最高，均值为 1.701，中位数为 1.375；支持性重组样本的得分次之，均值和中位数分别为 1.236、1.060；自我重整样本的绩效得分最低，均值和中位数分别为 0.999、1.000。三种样本的综合绩效得分均值在 5% 水平上差异显著，中位数则在 10% 水平上差异显著。说明了在摘帽当年，放弃式重组公司获得了较高的经营业绩水平。

摘帽第 1 年：以"特征值大于 1"标准得到公共因子 5 个：F_1 为盈利因子、F_2 为风险因子、F_3 为资产增长因子、F_4 为收入增长因子及 F_5 为资本增长因子。表 6-24 显示，三种不同重组选择样本的各因子得分不存在显著差异，但绩效综合得分的均值在 5% 水平上存在差异，且中位数在 10% 水平上存在差异。总体看，放弃式重组样本的盈利与风险因子得分最高，支持性重组样本则最低；自我重组样本保持了较好的资产增长情况，而支持性重组与放弃式重组的资产增长开始走下坡路；对于收入与净资产的增长，三种样本得分普遍不理想，但相对来说，自我重整样本的表现要好一些。从整体绩效得分看，放弃式重组依然最高，均值与中位数分别为 0.650、0.658，自我重整居中，均值与中位数分别为 0.552、0.520，支持性重组的整体绩效水平开始下降，其均值与中位数分别为 0.466 和 0.495。

摘帽第 2 年：仍以"特征值大于 1"的因子提取标准，得到 5 个公共因子：F_1 为盈利因子、F_2 为财务风险因子、F_3 为资产增长因子、F_4 为收入增长及盈利现金能力因子及 F_5 为舞弊风险因子。各因子得分及整体绩效得分情况在不同的重组选择样本之间的差异不存在显著性。但就整体情况看，放弃式重组依然最高（综合绩效得分均值 0.965、中位数 0.895），自我重组样本其次（综合绩效得分均值 0.855、中位数 0.836），支持性重组样本最低（综合绩效得分均值 0.843、中位数 0.788）。

摘帽第 3 年至第 5 年：采取与上述相同的因子提取方法，在摘帽第 3 年得到 5 个公因子：F_1 为盈利因子、F_2 为资产增长因子、F_3 为财务风险因子、F_4 为舞弊风险因子及 F_5 为收入增长因子；在摘帽第 4 年得到 4 个公因子：F_1 为盈利因子、F_2 为资产增长因子、F_3 为财务风险因子及 F_4 为盈利现金能力因子；在摘帽第 5 年得到 5 个公因子：F_1 为资产盈利因子、F_2 为增长因子、F_3 为财务风险因子、F_4 为股东获利因子及 F_5 为舞弊风险因子。各因子得分及总体绩效得分情况（见表 6-23）。可以看出，摘帽后第 3—5 年的各因子得分及整体绩效得分在不同的重组选择样本之间不存在显著性差异。但从整体情况看，自我重整样本的绩效水平开始显著提升，并始终居于最高，而放弃式重组开始下降，第 3 年、第 4 年居中，至第 5 年甚至低于支持性重组的样本水平。这与我们之前的理论分析相符。即控股股东在公司处于困境时期会伸出其支持之手。无论是支持性重组还是放弃式的控制权转移，就 ST 公司本身而言，都获得了相应的支持：或是来自于原有股东，或是来自于新的控股股东。故而在摘帽最初的 2 年内，放弃式重组与支持性重组公司的绩效水平更高。但是，股东支持的目的是期望上市公司能够为其带来更大化利益，或者说，是为了将来的"掏空"。摘帽后 3—5 年内，支持性重组与控制权转移的脱困公司其业绩开始下降。因为原有股东的支持性重组、新股东对控制权的购入及后续的追加支持花费了相应成本，这些公司股东所付出的"支持"代价随着时间推移必将要求弥补与回馈。而上市公司的业绩下降可能正是反哺与回馈的结果所致。

表 6 - 25 列示了不同重组选择样本公司摘帽当年、摘帽后 0—3 年、摘帽后 0—5 年的经营绩效平均综合得分情况。可以看出，摘帽当年，由于获得的新股东的强有力支持或原有股东的支持，放弃式重组样本的综合绩效得分最高，支持性重组样本居中，内部重组样本得分最低，且三者的均值在 5% 水平、中位数在 10% 水平上存在差异；从摘帽当年至摘帽后第 3 年的绩效得分平均情况看，依然是放弃式重组最高、支持性重组居中及内部重组最低，且均值与中位数分别在 5% 和 1% 水平上差异显著；摘帽当年至摘帽后第 5 年经营绩效平均得分情况与之前有所不同：放弃式重组依然最高，自我重组上升至居中水平，支持性重组公司业绩下降至最低水平，说明了自我重组公司的后续发展能力较好，而支持性重组的后续发展乏力。

表 6 – 25　　　　　　不同重组选择样本的经营绩效综合得分比较

综合得分	指标	全部样本（74）	自我重组样本（9）	支持性重组样本（35）	放弃式重组样本（30）	P 值
$F_{0综}$	均值	1.395	0.999 **	1.236 **	1.701 **	0.017
	中位数	1.094	1.000 *	1.060 *	1.375 *	0.075
$F_{0-3综}$	均值	1.042	0.908 **	0.992 **	1.140 **	0.039
	中位数	0.938	0.857 ***	0.898 ***	0.987 ***	0.003
$F_{0-5综}$	均值	1.006	0.981	0.967	1.059	0.146
	中位数	0.916	0.903	0.885	0.982	0.157

注：表中的 $F_{0综}$ 指各样本公司在摘帽当年的绩效综合得分，$F_{0-3综}$ 指各样本公司摘帽当年至摘帽后第 3 年的绩效综合得分平均值，$F_{0-5综}$ 指各样本公司摘帽当年至摘帽后第 5 年的绩效综合得分平均值；P 值是对绩效得分进行非参数独立样本检验中 Kruskal Wallis 检验与中值检验的渐进显著性水平，***、**、* 分别表示差别在 1%、5%、10% 水平上显著。

第三节 中国 ST 公司脱困后绩效提升研究

一 研究现状与假设

前述分析表明，国内外学者对困境公司重组脱困的业绩分析结果并不一致。詹姆斯等（2000）的研究认为重组后利润会升高，伯格斯特姆等（2002）的研究则表明重组后困境公司业绩并无显著改善。国内学者普遍认可困境公司重组能带来短期市场效应却不能改善其长期的经营绩效，脱困公司的长期经营绩效并未得以好转。也有学者认为重组会提升企业的业绩（李善民，2013），而本书基于 2008 年底之前成功摘帽的 ST 公司样本，从摘帽前 1 年至摘帽后第 5 年共 7 年的数据，得出相同的结论。以上研究一般以脱困公司的各指标均值（中位数）作为分析手段，对 ST 公司脱困之后的绩效改善与否进行判断，但并未就这些公司摘帽之后的业绩提升与持续发展提出相应的方法，也鲜少有研究针对脱困后的业绩优劣进行分类和追踪，探求 ST 公司脱困后的绩效提升问题。而该问题恰恰是 ST 公司摘帽脱困之后最应被关注的问题。本节针对脱困公司摘帽之后的业绩表现，将其分为绩优、绩差两组，探求这两组之间的差异特征，实证分析脱困公司业绩提升的策略与途径。

麦迪因（Madian，1997）曾提出，以产业调整与创新为目的的资产重组是公司恢复成长能力的有效途径。李秉祥（2003）的研究也发现，重组后业绩改善较明显的公司，一般都发生了从主营方向开始的一系列产业调整和改变。李杭（2004）在其研究中分析，重组以产业结构调整为目标可以使企业突破已结构化的产业约束，提高其业绩水平。上市公司陷入财务困境被 ST，很多是由于产品结构不合理、主营业务盈利差甚至亏损所导致，因此，以重组为手段调整和优化产业结构是 ST 公司摘帽和业绩改善的重要策略。基于此，我们提出假设 1：

H1：重组后产业结构调整公司的业绩水平优于未进行产业调整的

公司。

关联交易在我国证券市场普遍存在，上市公司的控股股东既有利用关联交易向上市公司输送利益的动机，同时也存在通过关联交易从上市公司转移利益的行为。很多研究表明，公司陷入困境，控股股东的关联交易大多是"支持"行为，而当公司无保壳之忧时，控股股东的关联交易则多是"掏空"。ST 公司摘帽之后业绩恢复，控股股东先前所付出的"支持"成本在此时要求弥补与回馈，并转化为"掏空"的利益驱动。这种"掏空"无疑会降低公司的业绩水平。基于此，我们提出假设 2：

H2：摘帽后与控股股东的关联交易会影响公司绩效，关联交易额越高，其业绩水平越低。

机构投资者对上市公司的治理与业绩也产生较大的影响。布希（Bushee，1998）提出，机构投资者促使公司考虑长期利益而加大研发费用投入；圭尔乔等（Guercio et al.，2008）的研究表明，机构投资者面对绩效较低公司会联合行动，迫使董事会按照股东利益进行决策；李维安、李滨（2008）针对我国证券的研究结果显示，机构投资者持股比例与公司绩效和市场价值之间存在显著的正相关关系。本章的前半部也证实了机构投资者持股比例对 ST 公司摘帽后长期市场绩效的正向作用。基于此，我们提出假设 3：

H3：机构投资者持股对经营绩效具有促进作用，机构投资者持股比例高的公司，其摘帽脱困之后的经营绩效水平要高。

自 1932 年伯利（Berle）和米恩（Means）提出公司治理结构概念以来，公司治理一直被认为是保障科学决策和提升公司业绩与价值的重要工具。已有研究证明，弱化的公司治理结构会诱发财务困境，而完备的公司治理机制又会促进困境公司的成功逆转（Elloumi，2001；Alpaslan，2004 等）。那么，从理论上讲，ST 公司摘帽之后的绩效状况也会受其公司治理结构的影响。

公司治理是一个多层次的体系框架，公司治理与绩效关系的研究也存在多个角度。股权制衡是其中一个重要的方面。莱曼（Lehmann，

2000）、本杰明（Benjanmin，2005）、白重恩等（2005）利用不同国家上市公司的数据证实，股权制衡能够约束控股股东的剥夺行为，提升公司业绩与价值。然而，ST 公司在该方面的表现则正好相反：股权集中有利于业绩提升并成功脱困，股权制衡与公司摘帽负向相关（见Claessens，2000；赵丽琼，2008；本书第五章研究结论）。这是因为，股权集中有利于控股股东的"支持"。当 ST 公司成功摘帽，业绩好转之后，控股股东的"支持"开始逆向转化，股权集中会加速股东的掠夺行为，而股权制衡却可以达到相互牵制和抑制掠夺的作用。基于此，我们提出假设 4：

　　H4：股权制衡度高的摘帽公司其业绩水平更好。

　　董事会被认为是公司治理结构的重要组成部分。然而，董事会特征与公司绩效水平的关系一直是学术界存在争议的问题。查格安蒂等（Chaganti et al.，1985）认为，较大规模董事会能够带来多样化专业知识，从而提升公司业绩并降低其失败概率；威廉（William，1994）的研究也表明，董事会规模扩大有利于治理效率的提高；然而，相反的观点却大量存在：利普顿和洛尔施（Lipton and Lorsch，1992）就指出，大规模董事会可能产生沟通与协调问题，从而导致决策效率降低；耶麦克（Yermack，1996）、艾森伯格（Eisenberg，1998）的研究也证实了董事会规模与公司绩效之间负相关。除董事会规模之外，在独立董事比例与董事长与总经理二职合一的研究上同样存在争议。伯亚辛格（Baysinger，1985）的研究表明，独立董事在董事会中的构成比例和公司业绩之间呈正相关关系。阿格拉沃尔等（1996）的研究却得出相反的结果：独立董事比例高的公司，其业绩反而更差。安德森、莱恩皮和戴利（Anderson，Lynn Pi and Daily）分别就总经理的两职合一与公司绩效之间的关系得出不同的结论：安德森（1986）认为两职合一会提升公司业绩，莱恩皮（1993）却坚持两职合一与公司业绩负相关，而戴利（1997）的研究则发现，是否两职合一与公司业绩之间并无显著关系。基于以上分析，我们提出假设 5 至假设 7：

　　H5a：董事会规模与脱困公司绩效正相关；

H5b：董事会规模与脱困公司绩效负相关；

H6a：独立董事比例与脱困公司绩效正相关；

H6b：独立董事比例与脱困公司绩效负相关；

H7a：董事长与总经理两职合一与脱困公司绩效正相关；

H7b：董事长与总经理两职合一与脱困公司绩效负相关。

高管激励对公司的绩效也有显著影响。巴尔鲁等（Barro et al.，1990）的研究发现，高管薪酬与公司业绩之间存在正相关关系，且高管变更公司其业绩水平一般会提高；莫克、施莱费尔和威士尼（Morck，Shleifer and Vishny，1998）的研究则证实了高管持股与公司业绩之间的关系，他们发现，随着高管持股比例的增加，其利益与外部股东利益趋于一致，从而提升公司业绩与价值。刘斌等（2003）认为，我国上市公司的 CEO 薪酬状况已体现了一定的激励约束机制，李瑞等（2011）的研究也证实高管薪酬与高管持股对公司绩效产生正向影响。基于此，我们认为，高管激励对 ST 公司脱困后的经营绩效产生促进作用，并以此为基础提出假设 8 至假设 10：

H8：高管变更公司其摘帽恢复业绩较好[①]；

H9：高管薪酬水平与脱困公司绩效正相关；

H10：高管持股比例与脱困公司绩效正相关。

二　样本选择

采用与长期经营绩效衡量研究相同的 74 家摘帽公司为样本，依据这些公司摘帽当年及摘帽后第 1—5 年共 6 年的经营绩效得分情况，将这些公司分为两组：绩优组与绩差组。其中，绩优组包括 6 年绩效得分平均值高于均值的公司 26 家，绩差组包括 6 年绩效得分平均值低于均值的公司 48 家，这些样本公司的构成情况及特征见表 6 – 26，

---

① 尽管本书第 5 章的实证结果显示，高管变更对财务困境公司的摘帽恢复并无显著影响。但实践中 ST 公司较频繁发生高管变更的现实确实存在，我们猜测，这种变更的效果在摘帽之后有可能会显现。

表 6－27。

由表 6－26 可见：74 家样本公司中，6 年绩效综合得分高于均值的公司（绩优公司）有 26 家，占比 35%，低于均值公司（绩差公司）有 48 家，占比 65%。内部重组与放弃式重组样本中的绩优公司分别占其总体样本数量的 44% 和 47%，超过平均值（26/74 = 35%）；而支持性重组样本中的绩优公司占其总样本数量的 26%，低于平均值（35%）。说明从摘帽后 6 年的长期绩效情况来看，支持性重组公司的绩效水平比自我重整与放弃式重组公司的绩效水平要偏低。

表 6－26   不同绩效水平样本公司构成情况

组别	内部重组	支持性重组	放弃式重组	合计
绩优组样本	4（44%）	9（26%）	14（47%）	26（35%）
绩差组样本	5（56%）	26（74%）	16（53%）	48（65%）
合计	9（100%）	35（100%）	30（100%）	74（100%）

再看表 6－27 的样本公司特征：绩优公司的控股股东性质均值为 0.621，绩差公司的控股股东性质均值为 0.496，双方在 10% 水平上存在差异，说明国有控股属性的公司其总体绩效水平更高；绩优公司的资本密集度[①]均值为 3.394，绩差公司的资本密集度均值为 2.665，双方在 5% 水平上差异显著，说明资本密集度高的公司其恢复后经营绩效水平更高。公司规模在绩优组与绩差组之间不存在显著性差异。

表 6－27   不同绩效水平样本公司的特征均值

特征变量	全部样本（74）	绩优组样本（26）	绩差组样本（48）
公司规模（SIZE）	9.092	9.043	9.118
控股股东性质（CSN）	0.540	0.621*	0.496*
资本密集度（CCD）	2.921	3.394**	2.665**

注：**、* 分别表示差别在 5%、10% 水平上显著。

---

① 此处指"单位产出资本密集度"，取"总资产/营业收入"，反映公司的资本产出比。

三　实证分析

接下来，我们根据样本公司的数据信息对前述的假设进行实证分析与检验。

（一）模型与变量设计

根据前面的分析与假设，以74家脱困摘帽样本的产业结构调整、关联交易、机构持股比例及公司治理情况（包括股权制衡度、董事会规模、独立董事比例、CEO的双重性、高管变更、高管薪酬、高管持股比例）为解释变量，以这些公司6年平均综合绩效得分为被解释变量，构建多元线性回归模型（见6.8）与logit回归模型（见6.9）。两模型的控制变量均为公司规模、控股股东性质和资本密集度。

$$LPERF_i = \alpha_0 + \alpha_1 INDUR_i + \alpha_2 RPT_i + \alpha_3 INSTIHR_i + \alpha_4 Z*_i +$$
$$\alpha_5 BDS_i + \alpha_6 ODR_i + \alpha_7 DUAL_i + \alpha_8 TMC_i + \alpha_9 TMS_i +$$
$$\alpha_{10} TMHR_i + \alpha_{11} SIZE_i + \alpha_{12} CSN_i + \alpha_{13} CAPIN_i + \varepsilon_i$$

$$6.8$$

$$P(LPERF_i = 1) = \frac{1}{1 + e^{-Z_i}}$$

$$Z_i = \alpha_0 + \alpha_1 INDUR_i + \alpha_2 RPT_i + \alpha_3 INSTIHR_i + \alpha_4 Z*_i + \alpha_5 BDS_i +$$
$$\alpha_6 ODR_i + \alpha_7 DUAL_i + \alpha_8 TMC_i + \alpha_9 TMS_i + \alpha_{10} TMHR_i + \alpha_{11} SIZE_i +$$
$$\alpha_{12} CSN_i + \alpha_{13} CAIPN_i + \varepsilon_i$$

$$6.9$$

$LPERF_i$表示脱困公司的长期经营绩效。在模型6.8中，$LPERF_i$指ST公司摘帽后6年综合绩效得分的平均值，为连续变量；在模型6.9中，$LPERF_i$指ST公司摘帽后6年综合绩效得分的平均值是否高于全部公司6年综合绩效平均得分的均值，即该公司是否属于绩优公司，为逻辑变量，属于绩优公司，取值1，否则取值0。模型中的其他各变量设定见表6-28。

表 6 - 28　　　　　　　　　　　**变量设定表**

变量符号	变量名称	变量设定
INDUR	产业结构调整	ST 公司在最大影响重组之后发生主业变更、产品结构调整等，取值 1；否则取值 0
RPT	关联交易比重	摘帽 ST 公司与其控股股东之间所发生的关联交易总额占其总资产比重（摘帽后 5 年的平均值）
INSTIHR	机构投资者持股比例	机构投资者持股数/公司总股本数（摘帽后 5 年的平均值）
Z*	股权制衡度	第 2 至第 5 大股东持股比例/第 1 大股东持股比例（摘帽后 5 年的平均值）
BDS	董事会规模	董事会人数（摘帽后 5 年的平均值）
ODR	独立董事比例	独立董事人数/董事会人数（摘帽后 5 年的平均值）
DUAL	董事长与总经理兼任	董事长与总经理二职合一，取值 1；否则取 0（摘帽后 5 年的平均值）
TMC	高管变更	ST 公司在恢复期内发生董事长或 CEO 变更，取 1；否则取 0
TMS	高管薪酬	年薪最高前 3 名高管薪酬总额（摘帽后 5 年的平均值）（单位：万元）
TMHR	高管持股比例	高级管理人员持股总数/公司总股本数（摘帽后 5 年的平均值）
SIZE	公司规模	公司总资产的自然对数（摘帽后 5 年的平均值）
CSN	控股股东性质	控股股东性质为国有，取值 1；否则取 0（摘帽后 5 年的平均值）
CAIN	资本密集度	总资产/营业收入（摘帽后 5 年的平均值）

（二）描述性统计

表 6 - 29 列示的是财务困境恢复公司的各变量均值。其中，长期经营绩效、关联交易比重在绩优公司与绩差公司之间存在 1% 水平上的显著差异，绩优组公司的长期经营绩效显著高于绩差组公司，而关联交易比重则显著低于绩差组公司；产业结构调整、机构投资者持股比例、高管变更在绩优公司与绩差公司之间存在 10% 水平上的显著差异，说明绩优组公司更多地调整了产业结构和发生了高管变更，且机构投资者对其的持股比例比绩差组公司要高。控制变量中，控股股东性质与资本密集度在绩优组公司与绩差组公司之间存在差异，且在 10% 水平上显著，说明国有控股属性和资本密集度高的公司其长期经营绩效更优。此外，股权制衡度、董事会规模、董事长与总经理兼

任、高管薪酬、高管持股比例及公司规模在绩优组公司的均值比绩差组公司均值要低，而独立董事比例在绩优组公司的均值比绩差组公司均值要高，但它们的差异在统计上都不显著。

表 6 - 29　　　　　　　　　　脱困公司各变量均值

变量	全部样本（74）	绩优组样本（26）	绩差组样本（48）
LPERF	1.006	1.333***	0.829
INDUR	0.135	0.231*	0.083
RPT	1.466	0.797***	1.829
INSTIHR	0.033	0.053*	0.022
Z*	0.131	0.122	0.135
BDS	9.041	9.000	9.063
ODR	0.357	0.361	0.354
DUAL	1.811	1.769	1.833
TMC	0.568	0.617*	0.542
TMS	54.541	45.869	59.238
TMHR	0.006	0.001	0.009
SIZE	9.092	9.043	9.118
CSN	0.540	0.615*	0.500
CAIN	2.921	3.394*	2.645

注：表中的 ***、* 分别表示差别在 1%、10% 水平上显著。

（三）回归结果

对 74 家摘帽恢复公司的指标数据进行多元线性回归与 logit 回归，得到模型的回归结果见表 6 - 30。

表 6 - 30　　　　　　　　模型 6.8、6.9 的回归结果

变量	模型 6.8（多元线性回归）		模型 6.9（logit 回归）	
	B	t 值	B	sig. 值
Constant	1.726	1.620	3.339	0.724
INDUR	0.190*	1.782	1.343*	0.093
RPT	-0.065**	2.117	-0.457	0.103
INSTIHR	1.686*	1.813	2.679*	0.070

续表

变量	模型 6.8（多元线性回归）		模型 6.9（logit 回归）	
	B	t 值	B	sig. 值
Z*	0.240	0.663	−1.898	0.571
BDS	−0.011	−0.455	0.097	0.713
ODR	0.762	0.967	0.196	0.147
DUAL	−0.077	−0.782	−0.966	0.244
TMC	−0.034	−0.448	0.100*	0.089
TMS	0.001	0.636	0.011	0.184
TMHR	−1.505	−1.373	−1.388	0.477
SIZE	−0.123	−1.172	−1.070	0.223
CSN	0.144*	1.882	0.882*	0.064
CAIN	0.042***	4.148	0.157*	0.071
F 值/−2log likehood	2.490		74.707	
Adj. R^2/ Nagelkerke R^2	0.210		0.343	

注：***、*分别表示在 1%、10% 水平上显著。

　　产业结构调整、机构投资者持股比例与公司绩效正相关，且在 10% 水平上显著，说明产业结构调整公司的业绩水平优于未进行产业调整的公司，机构投资者持股对经营绩效具有促进作用，机构投资者持股比例高的公司，其摘帽恢复之后的经营业绩水平要高。假设 1、假设 3 得到验证；关联交易比重在多元线性回归与 logit 回归中的系数均为负，且在多元线性回归中以 5% 水平而显著，说明财务困境恢复公司与其控股股东的关联交易会影响公司绩效，关联交易额越高，比重越大，公司业绩水平越低。假设 2 得到验证；高管变更在多元线性回归中系数为负，但不显著，在 logit 回归中系数为正，且在 10% 水平上显著，说明高管变更尽管对 ST 公司的摘帽不具有显著影响（见本文第五章的研究结论），但对摘帽之后的业绩提升有一定的作用，不过，这种作用没有得到完全的验证。独董比例、高管薪酬在两模型中的系数均为正，董事长与总经理兼任的系数为负，说明独立董事比例与高管薪酬水平能在一定程度上促进摘帽公司的业绩提升，而董事长与总经理的二职合一不利于业绩水平的提高,但在统计上都不显著;股权制衡度在两模型中的系数不一致,在线性回归中为正而在logit回归中为负,董事会规模在两个模型中的系数也存在反向差异,高管持股系数为负,但均不显著,说明董事会特征、高管薪酬与股权激励在我国证券市场的ST公司身上并未发挥其应有的效果。假设5、假设6、假设7、假设8、假设9及假设10均未得到验证。控制变量中,控股股东性质、资本密集度的系数全部为正,且至少在10%水平上显著,说明国有控股属性公司其摘帽后的业绩水平更好,而资本密集度越高,业绩水平越高。我们认为,国有控股股东的"掏空"行为在一定程度上为制度所规范,其对上市公司的"支持"大于"掠夺",故而导致ST公司摘帽脱困后的业绩水平较高。

第四节 本章小结

本章首先针对ST公司的脱困市场绩效与经营绩效研究现状进行回顾,之后分析我国ST公司摘帽脱困的短期市场绩效、长期市场绩效及长期经营绩效,最后对摘帽脱困公司经营绩效的提升进行了实证研究。

短期市场绩效方面,ST公司摘帽的市场反应比较明显。全部样本公司在摘帽公告日前后20天共计40个交易日累计超额收益率始终为正,公告日前后市场上的投资者获得了显著的正超额回报,摘帽向市场传递了积极信号,增加了股东的短期财富。不同重组行为选择的市场反应存在差异:放弃式重组样本与支持性重组样本的摘帽所引起的短期市场表现基本相同,且放弃式重组样本累计超额收益率最高,达到7.61%,支持性重组样本累计超额收益率次之,为5.60%,而内部重组样本的日超额收益率在(-20,20)内大部分为负值,且累计超额收益率最低,为-2.79%。三种不同的重组选择方式 *INTR*、*SURPR*、*ABONR* 分别进入模型回归结果表明内部重组选择对累计超额收益率产生负向作用,而支持性重组与放弃式重组选择对累计超额收益率产生正向作用，但这三种不同重组行为选择方式对 CAR 的影响差异并不显著。

　　长期市场绩效方面，样本公司的长期累计超额收益率（LCAR）在摘帽后 1 年内呈下降趋势，从第 13 个月起，LCAR 值开始上升，第 24 个月末达到 11.93%，财务困境公司摘帽恢复后其股东在总体上能够获得正的长期价值。不同重组行为选择的长期市场绩效存在差异：三种样本之间的（1，12）累计超额收益率在 5% 水平上存在显著差异，内部重组样本的 $LCAR_{12}$ 最高，其均值与中位数分别为 21.9%、14.3%，支持性重组样本公司次之，分别为 −4.64%、2.02%，放弃式重组样本最低，均值与中位数分别为 −31.39%、−17.76%；摘帽恢复之后的第 24 个月，支持性重组样本的 $LCAR_{24}$ 最高，其均值与中位数分别为 39.17%、18.02%，内部重组样本公司次之，分别为 22.04%、14.21%，放弃式重组样本依然最低，均值与中位数分别为 −52.14%、−18.21%，且放弃式重组样本的 $LCAR_{24}$ 与其他两类样本的 $LCAR_{24}$ 均值与中位数分别在 1% 和 5% 水平上存在差异。三种不同的重组选择方式 INTR、SURPR、ABONR 分别进入多元线性回归模型结果表明内部重组、支持性重组选择对长期累计超额收益率产生正向作用，而放弃式重组选择对长期累计超额收益率产生负向作用，且对 $LCAR_{12}$ 产生 10% 水平的显著负向影响，三种不同重组行为选择方式对 LCAR 的影响差异在 1 年期时是显著的，2 年期的回归结果与一年期的回归结果一致，只是结果在统计上不再显著。

　　经营业绩方面：与摘帽前 1 年的定比分析中发现，公司摘帽之后的盈利能力、风险情况及增长能力总体较摘帽之前都有显著改善，尤其是摘帽当年，各方面表现都比较好。尽管一些指标在第 3 年开始下滑，但与摘帽之前的水平相比依然要好。故而摘帽带来了企业经营业绩的提升。各年度分类样本横向比较发现，摘帽前 1 年，内部重组样本绩效最好，放弃式重组样本绩效最差，不过，经营绩效综合得分的均值与中位数水平在不同重组选择样本之间不存在显著性差异；摘帽当年，放弃式重组业绩最好，其经营绩效综合得分均值 1.701，中位数 1.375，支持性重组业绩水平居中，经营绩效综合得分均值 1.236，中位数 1.060，自我重整样本业绩水平最低，经营绩效综合得分均值 0.999，中位数 1.000。三种样本的综合绩效得分均值在 5% 水平上差异显著，中位数则在 10% 水平上差异显著。即摘帽当年，放弃式重组公司获得了较高的经营业绩水平；摘帽后第 1 年，放弃式重组公司依然保持了最高水平业绩（均值与中位数分别为 0.650、0.658），自我重组公司业绩开始提升至居中水平（均值 0.552、中位数 0.520），而支持性重组公司业绩开始下降（均值 0.466、中位数 0.495），且三者至少在 10% 水平上存在差异，说明了"支持"的即时性与短暂性；摘帽后第 2 年，各样本绩效得分排名与第 1 年相同，只不过统计上不再显著；摘帽后第 3—5 年，自我重整样本的绩效水平开始显著提升，并居于最高，而放弃式重组开始下降，第 3—4 年居中，至第 5 年甚至低于支持性重组的样本水平，但统计上并不显著。从摘帽当年至摘帽后第 3 年的总体绩效得分平均值看，放弃式重组最高（均值 1.140，中位数 0.987）、支持性重组居中（均值 0.992，中位数 0.898）及内部重组最低（均值 0.908，中位数 0.857），且均值与中位数分别在 5% 和 1% 水平上差异显著；从摘帽当年至摘帽后第 5 年的总体绩效平均值看，放弃式重组依然最高（均值 1.059，中位数 0.982），自我重组上升至居中水平（均值 0.981，中位数 0.903），支持性重组公司业绩下降至最低水平（均值 0.967，中位数 0.885），即摘帽后放弃式重组获得了最高水平的中长期经营业绩，自我重整公司获得了最低水平的中期业绩（摘帽当年及摘帽后 1—3 年），但获得了居中水平的长期业绩（摘帽当年及摘帽后 1—5 年），而支持性重组则获得了中等水平的中期业绩和最低水平的长期业绩。

ST 公司脱困后业绩提升实证方面：产业结构调整、机构投资者持股比例与公司绩效正相关，且在 10% 水平上显著，说明产业结构调整与机构投资者持股对经营绩效具有促进作用；关联交易比重与公司绩效负相关，且多元线性回归中在 5% 的水平上显著，说明 ST 公司脱困后其与控股股东的关联交易会降低其业绩水平；高管变更对脱困之后的业绩提升有一定作用，但不显著；独立董事比例与高管薪酬水平能在一定程度上促进摘帽公司的业绩提升，董事长与总经理的二职合一不利于业绩水平的提高，高管持股与公司绩效反向变动，但在统计上都不显著；股权制衡度、董事会规模在两个模型中的系数存在反向差异，统计上也不显著。说明董事会特征、高管薪酬与股权激励等公司治理对脱困后的绩效未能发挥作用。控制变量中的控股股东性质、资本密集度的系数为正，且至少在 10% 水平上显著，说明国有属性公司其业绩水平较高，而资本密集度越高，其脱困后的绩效程度越好。

第七章

结论与建议

第一节　研究结论

本书从我国 ST 公司最经常采用的脱困手段——重组入手，针对我国证券市场上 IPO 的严格审核、退市制度出台以及 ST、＊ST 制度规定、法人大股东集中控制的现实制度背景，分析 ST 公司脱困的重组路径，探析重组选择的理论依据及本质，研究 ST 公司的重组选择对脱困的影响、对脱困预测的作用，以及对脱困之后的绩效影响。本书主要研究结论如下：

（1）重组行为选择对 ST 公司的脱困产生影响

研究发现：2001 年证券监管部门虽然通过非经常性损益的扣除而提高 ST 公司重组摘帽的门槛与难度，但资产重组依然是 ST 公司恢复和摆脱困境的最主要手段。大股东对困境公司的支持在我国资本市场上显著存在。ST 公司资产重组的时间越早、成本越高，其脱困摘帽的可能性就越大。同时，ST 公司的摘帽并非只靠单一某种资产重组方式，但是，最终起决定作用的方式在摘帽与未摘帽公司中存在差异，实证结果是摘帽 ST 公司较明显采取了资产置换与股权转让方式，而未摘帽公司则更多地实施了兼并收购与债务重组方式。此外，控股股东性质与脱困摘帽正相关，国有控股属性公司其摘帽恢复的概率更高。对于重组摘帽公司而言，困境程度对 ST 公司的重组选择具有显著影响：困境程度高的摘帽公司采取了较显著的控制权转移重组策略，而困境程度低的公司则采取控制权保留的其他支持性重组策略。公司规模也对重组选择产生影响，规模越小的公司其被买壳收购的可能性越高。

（2）重组方式的引入能够改善 ST 公司脱困预测模型的准确率，提高模型的显著性和拟合优度水平

在对样本公司被 ST 前一年的数据实证检验中发现，基于财务与公司治理指标的脱困预测模型准确率为 70.2%，考虑重组选择方式的脱困预测模型准确率提高至 73.1%，而考虑具体重组选择模式的脱困预测模型准确率达到 75.0%；在以上分析基础上，引入动态重组样本，构建困境中 ST 公司的脱困预测模型发现：不考虑重组选择方式时，动态样本脱困预测模型的准确率为 83.7%，考虑重组选择方式时，动态样本脱困预测模型的准确率提高至 84.8%，比静态样本脱困预测模型的准确率分别提高 13.5% 和 9.8%。即动态 ST 公司样本的脱困预测模型比静态样本预测模型的预测效果要好，而且，动态样本预测中引入具体重组选择方式同样提高了模型的预测准确率水平（83.7% →84.8%）。

（3）ST 公司的财务能力、公司治理及重组选择方式对其摘帽脱困产生较显著影响

以上市公司被 ST 前一年的数据为依据进行实证研究发现：ST 公司的脱困主要受到公司财务能力中盈利能力的影响以及公司治理中股权结构特征的影响，盈利能力越强，越有利于公司脱困，股权集中度越高，越容易获得大股东支持而使 ST 公司成功摘帽。控股股东性质与高管规模也对公司脱困产生积极影响，高管变更与摘帽脱困之间不存在显著联系。重组选择方式中的控制权转移的放弃式重组、支持性重组中的资产剥离与资产置换对摘帽脱困具有积极作用，而兼并收购、债务重组及非控制权转移的股权转让则不利于 ST 公司的脱困。在以上分析基础上，引入动态重组样本，以困境中 ST 公司的动态数据为依据进行实证研究后发现：盈利能力依然是影响困境摆脱的首要财务因素，而偿债能力和发展能力对处于困境中的 ST 公司的摘帽也具有正向积极作用。公司治理中，股权集中度、控股股东性质与高管规模对困境摆脱有较好的效果，董事会的积极作为也会对困境公司的

摘帽产生有利的促进。作为公司治理质量衡量指标之一的股权制衡度与困境摆脱负相关,高管变更对摘帽脱困依然不产生显著影响。重组选择中,控制权转移的放弃式重组、资产置换、资产剥离及兼并收购(转移后)对困境中的 ST 公司的摘帽有积极的作用,内部重整、债务重组及不涉及控股股东变更的股权转让则不具有相应效果。

(4)基于不同重组行为选择方式而摘帽的 ST 公司,其脱困后的短期市场绩效与长期市场绩效均存在差异

短期市场绩效方面:ST 公司脱困摘帽的短期市场效应比较明显。全部样本公司在摘帽公告日前后 20 天共 40 个交易日内的累计超额收益率始终为正,摘帽向市场传递了积极信号,摘帽前后投资者获得了显著的正超额回报,增加了短期财富。不同重组行为选择的短期市场绩效存在差异:放弃式重组样本与支持性重组样本获得正的累计超额收益,内部重组样本获得负的累计超额收益率。三种不同的重组选择方式变量分别进入模型回归结果表明:内部重组选择对累计超额收益率产生负向作用,而支持性重组与放弃式重组选择对累计超额收益率产生正向作用,但这三种不同重组行为选择方式对短期市场绩效(CAR)的影响差异并不显著。

长期市场绩效方面:ST 公司摘帽脱困后的长期累计超额收益率(LCAR)在摘帽后 1 年内呈下降趋势,从第 13 个月起,LCAR 值开始上升,第 24 个月末达到 11.93%,ST 公司摘帽脱困后其股东在总体上能够获得正的长期价值。不同重组行为选择的长期市场绩效存在差异:内部重组、支持性重组长期超额收益为正,放弃式重组长期超额收益率为负。三种不同的重组选择方式变量分别进入模型回归结果表明:内部重组、支持性重组选择对长期累计超额收益率产生正向作用,而放弃式重组选择对长期累计超额收益率产生显著的负向作用。三种不同重组行为选择方式对 LCAR 的影响差异在一年期时是显著的,两年期的回归结果与一年期的回归结果一致,只是结果在统计上不再显著。

(5)ST 公司脱困后的经营绩效较摘帽之前有显著改善,不同年

度经营绩效水平在不同重组选择方式之间存在差异

与摘帽前 1 年的定比分析中发现，公司摘帽之后的盈利能力、风险情况及增长能力总体较摘帽之前都有显著改善，尤其是摘帽当年，各方面表现都比较好。尽管一些指标在第 3 年开始下滑，但与摘帽之前的水平相比依然要好。即摘帽带来了企业经营业绩的提升。

各年度分类样本横向比较发现，摘帽前 1 年，ST 公司的绩效水平在不同重组选择样本公司之间差异不大；摘帽当年，放弃式重组业绩最好，支持性重组业绩居中，自我重整公司的绩效水平最差，且三者的均值在 5%、中位数在 10% 水平上差异显著；摘帽后第 1 年，放弃式重组依然保持了较好的业绩，自我重组公司业绩开始提升至居中水平，而支持性重组公司业绩开始下降，且三者至少在 10% 水平上存在差异；摘帽后第 2 年与第 1 年的绩效排名相同，只不过统计上不再显著；摘帽后第 3—5 年，自我重整样本的绩效水平开始显著提升，并居于最高，放弃式重组开始下降，第 3、第 4 年居中，至第 5 年甚至低于支持性重组的样本水平，但统计上并不显著。

从摘帽当年至摘帽后第 3 年的总体绩效平均值看，放弃式重组最高、支持性重组居中及内部重组最低，且均值与中位数分别在 5% 和 1% 水平上差异显著；从摘帽当年至摘帽后第 5 年的总体绩效平均值看，放弃式重组依然最高，自我重组上升至居中水平，支持性重组公司业绩下降至最低水平。即摘帽后放弃式重组获得了最高水平的中长期经营业绩，自我重整公司获得了最低水平的中期业绩（摘帽当年及摘帽后 1—3 年），但获得了居中水平的长期业绩（摘帽当年及摘帽后 1—5 年），而支持性重组则获得了中等水平的中期业绩和最低水平的长期业绩。

（6）产业结构调整、机构投资者持股及关联交易对 ST 公司脱困后的绩效提升具有显著影响，公司治理对脱困后绩效未能发挥作用

ST 公司脱困之后的业绩提升实证研究发现：产业结构调整、机构投资者持股比例与经营绩效正相关，且在 10% 水平上显著，对 ST 公司脱困之后的经营业绩提升具有促进作用；关联交易比重与经营绩效

负相关，且多元线性回归中在 5% 水平上显著，即与控股股东的关联交易会降低脱困公司的业绩水平；高管变更、独董比例及高管薪酬水平对脱困之后的业绩提升有一定作用，董事长与总经理二职合一、高管持股与公司绩效反向变动，但在统计上都不显著；股权制衡度、董事会规模对公司绩效的作用不明晰。即董事会特征、高管薪酬与股权激励等公司治理对脱困后绩效未能发挥作用。控制变量中的资本密集度对脱困后的绩效具有显著的促进效果。

第二节　相关建议

一　对 ST 公司及其控股股东的建议

（一）分析困境形成原因，明确重组目的，确定重组行为选择方式。ST 公司及其控股股东在公司面临困境时，应对困境形成原因进行深挖分析，评估公司运营状况、困境程度以及自我脱困能力，制定合理可行的脱困战略；控股股东针对上市公司困境应明确重组动机，选择合适的重组行为方式。当公司困境程度较低，可以采取自我重整或支持性重组，当公司困境程度较高，可以考虑放弃控制权，为困境公司引入新股东，尽可能减少利益相关者损失。

（二）针对 ST 公司进行紧急支持过程中，在不影响相关中小股东利益前提下，尽可能采取有利于公司脱困的资产置换方式，以助其渡过难关。对于兼并收购、债务重组等对摘帽脱困不发挥积极作用的行为方式，则谨慎决策。

（三）考虑设立专用脱困基金。很多 ST 公司在困境中都获得相应的政府补贴，可以考虑将该部分作为专用基金，也可涵盖支持性重组收益部分，专门用于 ST 公司的扭转恢复，并在相关公告中披露详细的扭转计划和资金使用情况，提高上市公司对困境扭转和摆脱的重视程度。

（四）建立高管考核和变更机制，使高管薪酬、高管股权激励尽快与公司业绩挂钩，保证高管人员在 ST 公司摆脱困境中的作用与效果。

（五）以 ST 公司的脱困为契机，以重组为手段，加强内部管理，实施主业变更、增加优势新产品和调整产品结构等产业结构调整策略，优化资源配置和提升公司业绩水平。

（六）提高产品技术含量，增加资本密集度指数，尤其是一些传统的劳动密集型企业，在可能的范围内加大无形资产投入，尽快完成劳动密集向知识和资本密集的转化。

（七）树立长期发展意识。控股股东对 ST 公司的支持目前存在比较明显的逆向动机，即"支持"之后再通过"掏空"来获得控制权私有收益。上市公司的健康发展不仅是中小股东利益保障的前提，更是控股股东获取投资收益的合法途径。控股股东不应只关注眼前的控制权收益，更应关注上市公司的长远发展，为自身培育长期投资收益获取的源泉。

二　对投资者的建议

尽管 ST 公司的摘帽公告普遍具有正的短期效应，但其长期市场表现存在波动：1 年之内长期市场绩效普遍为负，1 年之后才开始上升，且不同重组选择方式的市场绩效存在差异。建议投资者在资本市场上不要盲目跟进，应分析 ST 公司摘帽的业绩基础、程度，重组之后的产业结构调整情况，并对其经营业绩水平进行全方面度量，尽可能选择具有长期投资价值的公司股票。

三　对政府监管机构建议

（一）引导和规范上市公司的资产重组行为

既然 ST 公司在现实中频繁采取资产重组策略而成功摘帽，这种重组行为一方面需要加以引导，另一方面更需要进一步规范。在当前 IPO 上市制度框架之下，鼓励初创的、新兴业态的及新商业模式的企业通过重组方式进入资本市场并为其提供便利，推进市场化的、竞争性重组机制的建立，规范上市公司重组程序，提高资产重组效率，为财务困境公司的长久发展提供保障。

（二）适当降低上市门槛

我国证券市场现有 IPO 制度比较严格，很多新兴企业由于规模和持续盈利能力不足，不能进入主板市场。于是，从 ST 公司入手买壳上市成为这些公司惯用的手法。虽然成功上市，但加大了上市成本。这种成本在后期可能会通过上市公司的特定行为而转嫁给中小投资者，不利于证券市场的规范运行和中小股东利益保护。建议 IPO 审核从持续盈利和募投可行性向披露信息完整真实和齐备性适当倾斜，尤其是对知识和技术创新型企业，可以通过针对性制度安排降低其上市门槛，使"壳资源"不再珍稀。

（三）加强上市公司控制权市场培育，降低控制权私有收益规模

当前，我国资本市场控制权私有收益较高，导致控制权接收成本加大，为控制权接手后控股股东的利益侵占埋下隐患。通过培育控制权接管市场，引入竞争机制，使敌意接管成为我国控制权市场的主要力量，可以从一定程度上遏制控股股东的侵害行为，促进上市公司的长期健康发展。

（四）发展机构投资者队伍，鼓励机构投资者持股

机构投资者能够促进上市公司规范运行、提升上市公司经营业绩和发挥资本市场稳定器作用。建议在现有信托投资公司、证券公司基础上，引入商业性养老基金、共同基金、保险基金及境外投资机构，实现机构投资者多元化，鼓励其在资本市场上的增持行为，发挥机构投资者的监督和治理作用。

（五）规范和限制关联方交易

对上市公司，尤其是摘帽脱困公司与其控股股东的关联方交易进行限制与规范，可通过歧视性税负政策、额外设置披露规则、发挥新闻媒体的监督力量和提高产品市场竞争程度等方式，限制和规范关联交易，遏制控股股东对上市公司的掏空。

（六）加强公司治理

可以考虑从以下三个方面着手：

第一，发挥董事会、独立董事作用。董事会是公司治理结构的重要组成部分。然而，我国证券市场上，董事会对公司效率的提升作用并未得到证实。董事会规模及独立董事在公司困境摆脱及其脱困后的业绩提升中也未能发挥其应有的影响。上市公司董事会与独立董事设置更偏重于符合政策要求而不是发挥其治理效果。因此，推进董事会尤其是独立董事在公司治理中的作用和影响，目前仍是公司治理改革的重要内容。

第二，培养股权制衡机制。股权集中和控制权掠夺是上市公司在"正常"状态下普遍存在的问题。尽管对于财务困境公司，控制权的掠夺转为支持，但这种支持具有明显的逆向动机。即财务困境公司摘帽恢复步入正常之后，控股股东的掠夺和利益侵占又随之而来。建议在股权分置改革基础上，继续简化国有股减持审批程序，引进战略投资者，为大宗股份转让提供专门的市场和相关服务，培育多元化股权制衡机制，以形成对控股股东掠夺行为的制衡。

第三，构建公司治理指数。上市公司的公司治理程度尚没有一个公认的评价标准和评价体系，而公司治理作用的发挥也缺乏统一的度量。建议针对我国上市公司的实际情况，分析发挥真正治理作用的因素，构建综合公司治理指数，评价、衡量公司治理状况及其效果，促进上市公司整体治理水平的提高。甚至在 ST 公司摘帽条件设置中，考虑增加必要的公司治理条件，保证其摘帽之后的治理效率。

（七）重新考虑新股票交易规则中对 ST 公司摘帽条件的"扣非"设置

1998 年 ST 制度刚开始实施，摘帽的利润条件中没有扣非规定；2001 年起，ST 公司摘帽条件中盈利的衡量要求必须是扣非之后；2012 年，新退市制度颁布和实施，与之相配套的新的股票交易规则，在摘帽条件中取消了"扣非净利润为正"的规定。该项设置使得 ST 公司的摘帽相对容易，即通过应急性重组提高非经常性损益就可以顺利恢复正常交易。但是，这些摘帽公司的后续发展能力堪忧。① 所以，建议将该规定恢复原状，即将"扣非为正"作为 ST 公司摘帽的必要条件之一。或在现有制度基础上提高对非经常性损益，尤其是 ST 公司据以摘帽年报的非经常性损益的监管程度，将非经常性损益具体化，由表外项目转为表内项目，在利润表中将其与正常经营损益分别披露，增加中小投资者对信息获取的便利性，释放非经常损益的风险传递信号。

第三节　主要贡献

（一）本书初步确立了 ST 公司脱困路径研究的基本思路："脱困前的影响（本文为重组选择）—脱困中的预测—脱困后的绩效衡量与提升"，从一定程度上弥补了我国困境公司脱困研究的空白，并为后续的脱困研究者们提供一个可资借鉴的研究框架。

（二）在 ST 公司脱困预测模型中引入重组选择指标，分别以静态样本与动态样本构建恢复预测模型，为投资者、债权人和公司管理者等相关利益群体的决策提供相应支持。

（三）基于不同的重组选择方式分别对 ST 公司脱困后短期市场绩效、长期市场绩效及长期经营绩效进行衡量与评价，克服了以往将摘帽公司作为一个整体进行研究的笼统性缺陷。针对 ST 公司摘帽脱困之后的业绩水平优化进行实证分析，为 ST 公司脱困之后的业绩提升提供实证结果。

（四）基于盈利、风险、增长"三维"视角进行经营绩效指标设计，针对 ST 公司摘帽复前 1 年、摘帽当年、摘帽后第 1 年至第 5 年，

---

① 针对 2002 年以前的 ST 公司的摘帽绩效衡量研究中，绝大部分结论是当年提升，之后下降甚至低于摘帽前水平；本书基于 2003—2011 年 ST 公司样本所得结论为：当年提升，后期尽管有所下降，但从中长期来看，依然要高于摘帽前水平。新规则取消扣非之后的效果如何还有待检验，但是，这种后续发展能力降低的风险大大存在。

共 7 年的经营业绩数据进行中长期经营绩效研究，克服以往 3—5 年的数据缺陷，并得出与传统研究不同的新的研究结论。

第四节　研究局限及后续研究方向

一　研究局限

（一）本书以 2003—2011 年被 ST 或 ＊ST 公司为研究样本，因为所研究问题为困境公司的"脱困"，必须预留三年恢复时间，这样导致最近三年的 ST 和 ＊ST 公司不被包括在内，时间上有所滞后。

（二）由于内部重组公司数量过少，在静态样本脱困预测模型研究中将内部重组公司样本去掉，导致脱困预测的样本不全。不过，在动态样本脱困预测研究中该问题被得以解决。

（三）动态样本的脱困预测研究中，摘帽公司样本数量偏少、比例偏低，可能会对相应预测模型的准确率产生影响，但不影响最终的实证结果。

（四）ST 公司脱困之后的业绩提升是一个复杂问题，可能会受多方面因素的影响，本书从产业结构调整、与控股股东关联交易、机构投资者持股、股权制衡、董事会规模、独董比例、董事长与总经理两职合一、高管变更、高管薪酬及高管持股共 10 个指标，分析其对脱困业绩提升的作用，有可能指标设计不全，存在一定的局限性。

（五）2012 年新的退市规则与新的股票上市规则相继出台，新旧政策交替对 ST 公司会产生何种影响，新规之下的重组选择对 ST 公司脱困的影响如何？扣非取消之后 ST 公司的业绩是否会发生变化？由于时间和篇幅问题，本书没有进行该方面的深入研究。

二　后续研究方向

（一）退市新规出台之后的效果与影响如何，它们对 ST 公司的脱困及其脱困后的绩效水平会产生何种影响，与先前的制度规范相比较，是否提升了证券市场的效率和保护了投资者的合法权益。这是未来研究应关注的问题。

（二）ST 公司脱困之后的业绩水平到底如何提升，哪些因素真正影响了公司摘帽之后的业绩水平，本书只是相对粗浅地进行了该方面的研究尝试，后期在该领域会继续关注并展开追踪研究。

（三）ST 公司的脱困在我国还是一个比较新的研究角度，相关文献较少。需要后续多方位、多角度的思考。上市公司的公开信息对困境预警及自身的研究十分有用，这些信息对脱困的研究是否具有相同价值？从 2009 年《内部控制基本规范》实施到 2012 年《内部控制指引》执行，不同的内部控制构建和披露水平是否影响 ST 公司的脱困？基于以往财务困境预警的各种指标，在困境摆脱功效上如何？这些指标中尤其是非财务指标应基于何种角度进行相应拓展？同时，摘帽 ST 公司的投资价值与投资风险到底如何有效地计量？这些问题都将是未来针对脱困公司研究的新方向。

参 考 文 献

中文参考文献

[1] 吴世农、黄世忠：《企业破产的分析指标和预测模型》，《中国经济问题》1987 年第 6 期。

[2] 吕长江、周现华：《上市公司财务困境预测方法的比较研究》，《吉林大学社会科学学报》2005 年第 6 期。

[3] 谷祺、刘淑莲：《财务危机企业投资行为分析与对策》，《会计研究》1999 年第 10 期。

[4] 傅荣、吴世农：《我国上市公司经营失败风险的判定分析——BP 神经网络模型和 Fisher 多类线性判定模型》，《东南学术》2002 年第 2 期。

[5] 刘景瑞、李伯圣、张福康：《财务失败企业决策行为畸变问题研究》，《管理世界》2002 年第 9 期。

[6] 吕长江、韩慧博：《财务困境、财务困境间接成本与公司业绩》，《南开管理评论》2004 年第 3 期。

[7] 吕长江、徐丽莉、周琳：《上市公司财务困境与财务破产的比较分析》，《经济研究》2004 年第 8 期。

[8] 李秉祥：《基于期望违约率模型的上市公司财务困境预警研究》，《中国管理科学》2004 年第 5 期。

[9] 陈静：《上市公司财务恶化预测的实证分析》，《会计研究》1999 年第 4 期。

[10] 章之旺：《现金流量在财务困境预测中的信息含量实证研究——来自 2003—2004 年度 ST 公司的新证据》，《中国管理科学》

2004 年第 6 期。

[11] 张培莉、蒋燕妮：《退市风险警示与财务困境》，中国会计学会高等工科院校分会 2005 年学术年会暨第十二届年会论文，合肥，2005 年 10 月。

[12] 孙铮、贺建刚：《中国会计研究发展：基于改革开放三十年视角》，《会计研究》2008 年第 7 期。

[13] 赵国忠：《上市公司财务困境研究》，北京大学出版社 2009 年版。

[14] 吴世农、章之旺：《我国上市公司的财务困境成本及其影响因素分析》，《南开管理评论》2005 年第 3 期。

[15] 吕峻：《基于非财务指标的财务困境预测及征兆分析——来自于制造业上市公司的实证研究》，《中国社会科学院研究生院学报》2006 年第 2 期。

[16] 鲜文铎、向锐：《基于混合 Logit 模型的财务困境预测研究》，《数量经济技术经济研究》2007 年第 9 期。

[17] 田菁：《财务困境公司预警问题的股权结构视角再探讨》，《现代财经》2008 年第 11 期。

[18] 潘越、戴亦一、李财喜：《政治关联与财务困境公司的政府补助——来自中国 ST 公司的经验证据》，《南开管理评论》2009 年第 5 期。

[19] 廖义刚、张玲、谢盛纹：《制度环境、独立审计与银行贷款——来自我国财务困境上市公司的经验证据》，《审计研究》2010 年第 2 期。

[20] 徐全华、王华、梁权熙：《会计稳健性、财务困境与公司风险转移》，《当代财经》2011 年第 9 期。

[21] 章铁生、徐德信、余浩：《证券发行管制下的地方"护租"与上市公司财务困境风险化解》，《会计研究》2012 年第 8 期。

[22] 赵丽琼、柯大刚：《股权结构特征与困境公司恢复——基于中国上市公司的实证分析》，《经济与管理研究》2008 年第 9 期。

[23] 赵丽琼：《高管报酬激励与困境公司的恢复》，《经济研究导刊》2010 年第 36 期。

[24] 路璐：《上市公司治理结构对财务困境恢复影响的分析》，硕士学位论文，中国科学技术大学，2010 年。

[25] 颜秀春、徐晞：《后金融危机时代财务困境企业解困的路径选择》，《统计与决策》2012 年第 4 期。

[26] 曹思源：《企业破产案创 14 年最低的反思》，《沪港经济》2010 年第 2 期。

[27] [美] 弗雷德·威斯通、[韩] 郑光、[美] 苏珊·侯格：《兼并、重组与公司控制》，唐旭等译，经济科学出版社 2003 年版。

[28] 张新：《并购重组是否创造价值？——中国证券市场的理论与实证研究》，《经济研究》2003 年第 6 期。

[29] 陈惠谷、张训苏：《资产经营与重组》，上海财经大学出版社 1998 年版。

[30] 魏杰：《中国企业大趋势》，中国经济出版社 1999 年版。

[31] 汤谷良：《企业重组与改制的财务设计》，浙江人民出版社 2001 年版。

[32] 万潮领：《沪深股票市场重组绩效研究》，《中国证券报》2001 年 1 月 9 日第 15 版。

[33] 朱宝宪、王怡凯：《1998 年中国上市公司并购实践的效应分析》，《经济研究》2002 年第 12 期。

[34] 李善民、李珩：《中国上市公司资产重组绩效研究》，《管理世界》2003 年第 11 期。

[35] 李秉祥：《我国上市 ST 公司财务危机的战略重组研究》，《管理现代化》2003 年第 3 期。

[36] 李孟鹏：《中国股市成年记：1996 年》，中国经济网（http://www.finance.ce.cn/sub/stockage/）。

[37] 吴世农、卢贤义：《我国上市公司财务困境的预测模型研究》，

《经济研究》2001 年第 6 期。

[38] 赵丽琼、柯大钢:《我国财务困境公司恢复过程预测研究》,《统计与决策》2008 年第 14 期。

[39] 过新伟、胡晓:《CEO 变更与财务困境恢复——基于 ST 上市公司"摘帽"的实证研究》,《首都经济贸易大学学报》2012 年第 3 期。

[40] 董保国:《我国上市公司财务困境恢复研究因素研究》,硕士学位论文,厦门大学,2009 年。

[41] 尹斌:《我国上市公司财务困境恢复的影响因素研究》,《会计之友》2012 年第 6 期(中)。

[42] 和丽芬、朱学义、苏海雁:《我国财务困境研究体系架构及展望》,《郑州大学学报》(哲学社会科学版)2013 年第 5 期。

[43] 侯晓红:《IPO 制度与大股东资源侵占》,《煤炭经济研究》2007 年第 7 期。

[44] 张新、祝红梅:《内幕交易的经济学分析》,《经济学季刊》2003 年第 4 期。

[45] 周俊生:《郭树清之问和 IPO 的制度困境》,《国际金融报》2012 年 2 月 13 日第 2 版。

[46] 吕长江、赵宇恒:《ST 公司重组的生存分析》,《财经问题研究》2007 年第 6 期。

[47] 刘建勇、朱学义、吴江龙:《大股东资产注入:制度背景与动因分析》,《经济与管理研究》2011 年第 2 期。

[48] 李哲、何佳:《支持、重组与 ST 公司的"摘帽"之路》,《南开管理评论》2006 年第 6 期。

[49] 马磊、徐向艺:《中国上市公司控制权私有收益实证研究》,《中国工业经济》2007 年第 5 期。

[50] 陈慧琴:《中国上市公司资产重组绩效之动态分析》,《统计教育》2006 年第 3 期。

[51] 秦锋:《ST 板块现状与出路探析》,《改革与战略》2000 年第

5 期。

[52] 杨薇、王伶：《关于 ST 公司扭亏的分析》，《财政研究》2002
年第 4 期。

[53] 李秉祥：《ST 公司债务重组存在的问题与对策研究》，《当代经
济科学》2003 年第 5 期。

[54] 赵丽琼：《财务困境公司的重组战略——基于中国上市公司的实
证分析》，《商业研究》2009 年第 2 期。

[55] 李增泉、余谦、王晓坤：《掏空、支持与并购重组——来自我国
上市公司的经验证据》，《经济研究》2005 年第 1 期。

[56] 侯晓红：《大股东对上市公司掏空与支持的经济学分析》，《中
南财经政法大学学报》2006 年第 5 期。

[57] 陈骏、徐玉德：《并购重组是掏空还是支持——基于资产评估视
角的经验研究》，《财贸经济》2012 年第 9 期。

[58] 陈晓、陈治鸿：《中国上市公司的财务困境预测》，《中国会计
与财务研究》2000 年第 3 期。

[59] 薛锋、乔卓：《神经网络模型在上市公司财务困境预测中的应
用》，《西安交通大学学报》（社会科学版）2003 年第 2 期。

[60] 陈磊、任若恩：《基于比例危险和主成分模型的公司财务困境
预测》，《财经问题研究》2007 年第 7 期。

[61] 韩建光、惠晓峰、孙洁：《遗传算法选择性集成多分类器的企
业财务困境预测》，《系统工程》2010 年第 8 期。

[62] 孙洁、李辉、韩建光：《基于滚动时间窗口支持向量机的财务
困境预测动态建模》，《管理工程学报》2010 年第 10 期。

[63] 卢永艳：《上市公司财务困境风险的行业差异性研究》，《宏观
经济研究》2012 年第 3 期。

[64] 姜秀华、孙铮：《治理弱化与财务危机：一个预测模型》，《南
开管理评论》2001 年第 5 期。

[65] 沈艺峰、张俊生：《ST 公司董事会治理失败若干成因分析》，
《证券市场导报》2002 年第 3 期。

［66］黄善东、杨淑娥：《公司治理与财务困境预测》，《预测》2007年第2期。

［67］赵丽琼、张庆方：《董事会特征与困境公司的恢复——基于中国上市公司的实证分析》，《工业技术经济》2009年第8期。

［68］王耀：《基于公司治理的我国上市公司财务困境研究》，博士学位论文，中国矿业大学，2010年。

［69］和丽芬、朱学义、杨世勇：《重组选择与财务困境恢复——基于2003—2011年沪深A股ST公司数据》，《河北经贸大学学报》2013年第5期。

［70］陈劢：《中国股市场对股票交易实行特别处理（ST）的公告的反应》，《当代经济科学》2001年第4期。

［71］王震：《上市公司被特别处理（ST）公告的信息含量与影响因素》，《金融研究》2002年第9期。

［72］陈收、邹鹏：《ST公司重组对股价波动的影响》，《统计与决策》2009年第16期。

［73］刘黎、欧阳政：《中国ST公司资产重组绩效实证研究》，《经济视角》2010年第24期。

［74］唐齐鸣、黄素心：《ST公布和ST撤销事件的市场反应研究——来自沪深股市的实证检验》，《统计研究》2006年第11期。

［75］孟焰、袁淳、吴溪：《非经常性损益、监管制度化与ST公司摘帽的市场反应》，《管理世界》2008年第8期。

［76］陈收、罗永恒、舒彤：《企业收购兼并的长期超额收益研究与实证》，《数量经济技术经济研究》2004年第1期。

［77］吕长江、宋大龙：《企业控制权转移的长期绩效研究》，《上海立信会计学院学报》2007年第5期。

［78］陈收、张莎：《特别处理公司重组绩效评价实证研究》，《管理评论》2004年第12期。

［79］赵丽琼：《我国财务困境公司重组摘帽的股价效应》，《系统工程》2011年第8期。

[80] 李善民、朱滔:《中国上市公司并购的长期绩效——基于证券市场的研究》,《中山大学学报》(社会科学版) 2005 年第 5 期。

[81] 张玲、曾志坚:《上市公司重组绩效的评价及财务困境预测实证研究》,《管理评论》2003 年第 5 期。

[82] 赵丽琼、柯大钢:《我国财务困境公司的长期绩效研究——基于 ST 上市公司重组摘帽前后的实证分析》,《山西财经大学学报》2009 年第 2 期。

[83] 陈晓、陈小悦、刘钊:《A 股盈余报告的有用性研究——来自上海、深圳股市的实证数据》,《经济研究》1999 年第 6 期。

[84] 孟卫东、陆静：《上市公司盈余报告披露的特征及其信息含量》,《经济科学》2000 年第 5 期。

[85] 冯根福、吴林江:《我国上市公司并购绩效的实证研究》,《经济研究》2000 年第 1 期。

[86] 李善民、史欣向、万自强：《关联并购是否会损害企业绩效？——基于 DEA - SFA 二次相对效益模型的研究》,《金融经济学研究》2013 年第 3 期。

[87] 李杭:《上市公司资产重组与产业结构调整》,硕士学位论文,华中科技大学,2004 年。

[88] 李维安、李滨:《机构投资者介入公司治理效果的实证研究——基于 CCGI^{NK}的经验研究》,《南开管理评论》2008 年第 1 期。

[89] 白重恩、刘俏、陆洲、宋敏、张俊喜:《中国上市公司治理结构的实证研究》,《经济研究》2005 年第 2 期。

[90] 刘斌、刘星、李世新、何顺文:《CEO 薪酬与企业业绩互动效应的实证检验》,《会计研究》2003 年第 3 期。

[91] 李瑞、马德芳、祁怀锦:《高管薪酬与公司业绩敏感性的影响因素——来自中国 A 股上市公司的经验证据》,《现代管理科学》2011 年第 9 期。

英文参考文献

[1] Altman, E., "Financial ratios, discriminate analysis and prediction

of corporate bankruptcy" *The Journal of Finance*, Vol. 23, No. 4, 1968.

[2] Aharony, J. and Jones, C., "An analysis of risk and return characteristics of corporate bankruptcy using capital market data" *The Journal of Finance*, Vol. 35, No. 4, 1980.

[3] Frydman H., Altman E. and Kao D., "Introducing recursive partitioning for financial classification: the case of financial distress" *The Journal of Finance*, Vol. 40, No. 1, 1985.

[4] Aziz, A., Emanuel, D. and Lawson, G., "Bankruptcy prediction – an investigation of cash flow based models" *Journal of Management Studies*, Vol. 25, No. 5, 1988.

[5] Aziz, A. and Lawson, G., "Cash flow reporting and financial distress models: testing of hypotheses" *Financial Management*, Vol. 18, No. 1, 1989.

[6] Harlan D. Platt, Marjorie B. Platt, Jon Gunnar Pedersen, "Bankruptcy discrimination with real variables" *Journal of Business Finance & Accounting*, Vol. 21, No. 4, 1994.

[7] Cecilia W., "Bankruptcy Prediction: The Case of the CLECS" *American Journal of Business*, Vol. 18, No. 1, 2003.

[8] Wruck, K., "Financial distress, reorganization, and organizational efficiency" *Journal of Financial Economics*, Vol. 27, No. 2, 1990.

[9] Datta, S., Datta, M., "Reorganization and financial distress: an empirical investigation" *Journal of Financial Research*, Vol. 18, No. 1, 1995.

[10] Ward, T. and Foster, B., "A note on selecting a response measure for financial distress" *Journal of Business Finance & Accounting*, Vol. 24, No. 6, 1997.

[11] Rose, S., Westerfield, R. and Jaffe, J., *Corporate finance* (2nd ed), Homewood: IL. Irwin, 1990.

[12] Turetsky, H., McEwen, R., "An empirical investigation of firm longevity: a model of the exante predictors of financial distress" *Review of Quantitative Finance and Accounting*, Vol. 16, No. 4, 2001.

[13] Deakin, E., "A discriminant analysis of predictors of business failure" *Journal of Accounting Research*, Vol. 10, No. 1, 1972.

[14] Blum, M., "Failing company discriminant analysis" *Journal of Accounting Research*, Vol. 12, No. 1, 1974.

[15] Argenti, J., *Corporate collapse: the cause and symptoms*. New York: John – Wiley, 1976.

[16] Crapp, H., "Stevenson, M. Development of a method to assess the relevant variables and the probability of financial distress" *Australian Journal of Management*, Vol. 12, No. 2, 1987.

[17] Franks, J., Sussman, O., "Financial distress and bank restructuring of small to medium size UK companies" *Review of Finance*, Vol. 9, No. 9, 2005.

[18] Chalos, P., "Financial distress: a comparative study of individual, model and Committee Assessments" *Journal of Accounting Research*, Vol. 23, No. 2, 1985.

[19] DeAngelo, H., "Dividend policy and financial distress: an empirical investigation of troubled NYSE firms" *The Journal of Finance*, Vol. 45, No. 5, 1990.

[20] Hill, N., Perry, S. and Andes, S., "Evaluating firms in financial distress: an event history Analysis" *Journal of Applied Business Research*, Vol. 12, No. 3, 1996.

[21] Kahya, E. and Theodossiou, P., "Predicting corporate financial distress: A time – series cusum methodology" *Review of Quantitative Finance and Accounting*, Vol. 13, No. 4, 1996.

[22] Platt, H. and Platt, M., "Predicting corporate financial distress:

reflections on choice – based sample bias" *Journal of Economics and Finance*, Vol. 26, No. 2, 2002.

[23] Altman, E., Haldeman, R. and Narayanan, P., "Zeta analysis: a new model to identify bankruptcy risk of corporations" *Journal of Banking & Finance*, Vol. 1, No. 1, 1977.

[24] Shrieves, R. E., Stevens, D. L., "Bankruptcy avoidance as a motive for merger" *Journal of Financial and Quantitative Analysis*, Vol. 14, No. 3, 1979.

[25] Taffler, R. J., "The assessment of company solvency and perform-ance using a statistical" *Accounting and Business Research*, Vol. 13, No. 52, 1983.

[26] Sudarsanam, S., Lai, J., "Corporate Financial Distress and Tur-naround Strategies: An Empirical Analysis" *British Journal of Man-agement*, Vol. 12, No. 3, 2001.

[27] Daily, C. and Dalton, D., "Corporate governance and the bank-rupt firm: An empirical assessment" *Strategic Management Journal*, Vol. 15, No. 8, 1994.

[28] La Porta, R., Lopez – de – Silane, F., Shleifer, A. and Vishny, R., "The quality of government" *The Journal of Law, Economics & Organization*, Vol. 15, No. 1, 1999.

[29] Elloumi, F., Pierre, J., "Financial distress and corporate govern-ance: an empirical analysis" *Corporate Governance*, Vol. 1, No. 1, 2001.

[30] Jones, S. Hensher, D., "Predicting firm financial distress: a mixed logit model" *The Accounting Review*, Vol. 79, No. 4, 2004.

[31] Bibeault, D., *Corporate governance: how managers turn losers into winners*, New York: Mc – Graw – Hill, 1982.

[32] Hong, S., *The Outcome of Bankruptcy: Model and Empirical Test*, Berkeley: University of California, 1984.

[33] Robbins, D., Pearce, J., "Turnaround: retrenchment and recovery" *Strategic Management Journal*, Vol. 13, No. 4, 1992.

[34] Yehning, C., Weston, J. F. and Altman, E. I., "Financial distress and restructuring models" *Financial Management*, Vol. 24, No. 2, 1995.

[35] Chatterjee, S., Dhillon, U. and Ramirez, G., "Resolution of financial distress: debt restructurings via chapter 11 prepackaged bankruptcies and workouts" *Financial Management*, Vol. 25, No. 1, 1996.

[36] Ashta, A., Tolle, L., *Criteria for selecting restructuring strategies for distressed or declining enterprise*, Working Paper, http://www. papers. ssrn. com/sol3/papers, 2004.

[37] Lai, J. and Sudarsanam, S., "Corporate restructuring in response to performance decline: impact of ownership, governance and lenders" *European Finance Review*, Vol. 1, No. 2, 1997.

[38] Barker, V., Patterson, P. and Mueller, G., "Organizational causes and strategic consequences of the extent of top management team replacement during turnaround attempts" *Journal of Management Studies*, Vol. 38, No. 2, 2001.

[39] DeAngelo, H., DeAngelo, L. and Wruck, K., "Asset liquidity, debt covenants and managerial discretion in financial distress: the collapse of L. A. Gear" *Journal of Financial Economics*, Vol. 64, No. 3, 2002.

[40] Lasfer, M., Remer, L., *Corporate financial distress and recovery: the UK evidence*, Working Paper, http://www. papers. ssrn. com/sol3/papers, 2010.

[41] Shleifer, A., Vishny, R., "Large shareholders and corporate control" *Journal of Political Economy*, Vol. 94, No. 3, 1986.

[42] La Porta, R., Lopez - de - Silane, F., Shleifer, A. and Vishny,

R. , "Law and finance" *Journal of Political Economy*, Vol. 106, No. 6, 1998.

[43] Ming, J. and Wong, T. J. , "Earnings management and tunneling through related party transactions: evidence from Chinese corporate groups" *EFA* 2003 *Annual Conference Paper*, No. 549, June 2003.

[44] Jianping, D. , Jie, G. and Jia, H. , *A dark side of privatization*: *creation of large shareholders and expropriation*, Chinese University of Hong Kong, 2006.

[45] Johnson, S. , La Porta, R. , Lopez – d – Silanes, F. and Shleifer, A. , "Tunneling" *American Economic Review*, Vol. 90, No. 2, 2000.

[46] La Porta, R. , Lopez – de – Silane, F. , Shleifer, A. and Vishny, R. , "Legal determinations of external finance" *Journal of Finance*, Vol. 52, No. 3, 1997.

[47] La Porta, R. , Lopez – de – Silane and F. , Shleifer A. , "Corporate ownership around the world" *Journal of Finance*, Vol. 52, No. 4, 1999.

[48] Bae, K. , Kim, K. J. , "Tunneling or value added? Evidence from mergers by Korean business groups" *The Journal of Finance*, Vol. 57, No. 6, 2002.

[49] Friedman, E. , Johnson, T. , "Mittton. Propping and tunneling" *Journal of Comparative Economics*, Vol. 31, No. 4, 2003.

[50] Johnson, S. , Boone, P. , Breach, A. and Friedman, E. , "Corporate governance in the Asian financial crisis" *Journal of Financial Economics*, Vol. 58, No. 1, 2000.

[51] Modigliani, F. , Miller, M. , "The cost of capital, corporation finance, and the theory of investment" *American Economic Review*, Vol. 48, No. 3, 1958.

[52] Baxter, N. D. , "Leverage risk of ruin and the cost of capital" *The*

Journal of Finance, Vol. 22, No. 3, 1967.

[53] Dodd, P., Richard, R., "Tender offers and stockholder returns: an empirical analysis" *Journal of Financial Economics*, Vol. 5, No. 3, 1977.

[54] Ho, T., Saunders, A., "The determinants of bank interest margins: theory and empirical evidence" *Journal of Financial and Quantitative Analyses*, Vol. 16, No. 4, 1981.

[55] Jensen, M., Meckling, W., "Theory of the firm: managerial behavior, agency costs and ownership structure" *Journal of Finance Economics*, Vol. 3, No. 4, 1976.

[56] Altman, E., Haldeman, R., "Corporate credit – scoring models: approaches and tests for successful implementation" *Journal of Commercial Lending*, Vol. 77, No. 9, 1995.

[57] Chong – en, B., Qiao, L. and Frank, M. S., *Bad news is good news: propping and tunneling evidence from china*, Working Paper, http://www. hiebs. hku. hk/working_ paper_ updates/pdf, 2004.

[58] Polsiri, R. and Wiwattanakantang, Y., *Restructuring of family firms after the East – Asian financial crisis: shareholder expropriation or alignment*, Working Paper, http://www. cei. ier. hit/ paper, 2004.

[59] John K., Lang H. P. and Netter J., "The voluntary restructuring of large firms In response to performance decline" *The Journal of Finance*, Vol. 47, No. 3, 1992.

[60] Ofek, E., "Capital structure and firm response to poor performance: An empirical analysis" *Journal of Financial Economics*, Vol. 34, No. 1, 1993.

[61] Kang, J. K., Shivdasani, A., "Corporate restructuring during performance declines in Japan" *Journal of Financial Economics*, Vol. 46, No. 1, 1997.

[62] Denis, D. J., Kruse, T. A., "Managerial discipline and corporate restructuring following performance declines" *Journal of Financial Economics*, Vol. 55, No. 3, 2000.

[63] Winnie, P. Q., John, K. C., Zhishu, Y., "Tunneling or propping: evidence from connected transactions in China" *Journal of Corporate Finance*, Vol. 17, No. 2, 2011.

[64] Fitz Patrick, P. J., *A comparison of the ratios of successful industrial enterprises with those of failed companies*, New York: The Certified Public Accountant, 1932.

[65] Beaver, W., "Financial ratios as predictors of failure" *Journal of Accounting Research*, Vol. 4, No. 4, 1966.

[66] Altman, E., Haldeman, R. and Narayanan, P., "Zeta analysis: a new model to identify bankruptcy risk of corporations" *Journal of Banking & Finance*, Vol. 1, No. 1, 1977.

[67] Ohlson, J., "Financial ratios and the probabilistic prediction of bankruptcy" *Journal of Accounting research*, Vol. 18, No. 1, 1980.

[68] Lane, W., Looney, S. and Wansley J. W., "An application of the cox proportional hazards model to bank failure" *Journal of Banking & Finance*, Vol. 10, No. 4, 1986.

[69] Campbell, S. "Predicting bankruptcy reorganization for closely held firms" *Accounting Horizons*, Vol. 10, No. 3, 1996.

[70] Coats, P. and Fant, L. "Recognizing financial distress patterns using a neural network tool" *Financial Management*, Vol. 22, No. 3, 1993.

[71] Kahya, E., "Predicting corporate financial distress: a time – series CUSUM methodology" *Review of Quantitative Finance and Accounting*, Vol. 13, No. 4, 1999.

[72] Shumway, T., "Forecasting bankruptcy more accurately: A simple

hazard model" *Journal of Business*, Vol. 74, No. 1, 2001.

[73] Arieh, A. and Yigal, T., "On the predictability and kibbutz financial distress: a principal component analysis with bootstrap confidence intervals" *Journal of Accounting*, Auditing & Finance, Vol. 16, No. 1, 2001.

[74] White, M., *Economics of bankruptcy: liquidation and reorganization*, New York University, August 1981.

[75] White, M., *Bankruptcy liquidation and reorganization: handbook of modern finance*, Boston: Warren, Gorham, and Lamont, 1984.

[76] Casey, C., Mcgee, C., Stiekney, "Discriminating between reorganized and liquidated firms in bankruptcy" *The Accounting Review*, Vol. 61, No. 2, 1986.

[77] Gregory, K., Frederick, R. and Uma, V., "The relevance of stock and flow – based reporting information in assessing the likelihood of emergence from corporate financial distress" *Review of Quantitative Finance and Accounting*, Vol. 26, No. 1, 2006.

[78] Kang, G., Richardson, F. and Graybeal, P., "Recession – induced stress and the prediction of corporate failure" *Contemporary Accounting Research*, Vol. 13, No. 2, 1996.

[79] Kang, G., Richardson, F. and Meade, N., "Rank transformations and the prediction of corporate failure" *Contemporary Accounting Research*, Vol. 15, No. 2, 1998.

[80] Bryan, D., Tiras, S. and Wheatley, C., "The interaction of solvency with liquidity and its association with bankruptcy emergence" *Journal of Business Finance & Accounting*, Vol. 29, No. 7, 2002.

[81] Opler, T., Titman, S., "Financial distress and corporate performance" *The Journal of Finance*, Vol. 49, No. 3, 1994.

[82] The Cadbury Committee, *Financial aspects of corporate governance*, Report of the Cadbury Committee, December 1992.

[83] Lee, T. and Hua, Y., "Corporate Governance and Financial Distress: evidence from Taiwan" *Corporate Governance: An International Review*, Vol. 12, No. 3, 2004.

[84] Alpaslan, C., Green, S. and Mitroff, L., "Corporate governance in the context of crises: towards a stakeholder theory of crisis management" *Journal of Contingencies and Crisis Management*, Vol. 17, No. 1, 2009.

[85] Giovanna, M., Valentina, M., "corporate governance in turnaround strategies: the definition of index of good governance and performance evidence" *GSTF Business Review*, No. 1, 2011.

[86] Claessens, S., Djankov, S. and Lang, L., "The separation of ownership and control in East Asian Corporations" *Journal of Financial Economics*, Vol. 58, No. 1, 2000.

[87] Lemmon, R., Lins, K., "Ownership Structure, Corporate Governance, and Firm Value: Evidence from the East Asian Financial Crisis" *The Journal of Finance*, Vol. 58, No. 4, 2003.

[88] Filatotchev and Steve, "Corporate governance and financial constraints on strategic turnarounds" *Journal of Management Studies*, Vol. 43, No. 3, 2006.

[89] Thain, D., Goldthorpe, R., "Turnaround management: how to do it" *Business Quarterly*, Vol. 54, No. 3, 1990.

[90] Gilson, S., "Management turnover and financial distress" *Journal of Finance of Economics*, Vol. 25, No. 2, 1989.

[91] Slatter, S., "The impact of crisis on managerial behavior" *Business Horizons*, Vol. 27, No. 3, 1984.

[92] Castrogiovanni, G., Baliga, B. and Roland E., "Curing sick businesses: changing CEOS in turnaround efforts" *Academy of Management Perspect*, Vol. 6, No. 3, 1992.

[93] Starkey, K., *How organizations learn: managing the search for*

knowledge, London: International Thomson Business Press, 1996.

[94] Kow, G. , "Turning around business performance" *Journal of Change Management*, Vol. 4, No. 4, 2004.

[95] Clapham, S. , Schwenk, C. and Caldwell, C. , "CEO perceptions and corporate turnaround" *Journal of Change Management*, Vol. 5, No. 4, 2005.

[96] Murphy, K. and Zimmerman, J. , "Financial performance surrounding CEO turnover" *Journal of Accounting and Economics*, Vol. 16, No. 1, 1993.

[97] Clayton, M. , Hartzell, J. and Rosenberg, J. , "The impact of CEO turnover on equity volatility" *The Journal of Business*, Vol. 78, No. 5, 2005.

[98] Clark, T. A. and Weinstein, M. , "The behavior of the common stock of bankrupt firms" *The Journal of Finance*, Vol. 38, No. 2, 1983.

[99] Barker, V. , Duhaime, I. , "Strategic change in the turnaround process: theory and empirical evidence" *Strategic Management Journal*, Vol. 18, No. 1, 1997.

[100] Beeri, I. , *Turnaround management strategies and recovery in local authorities*, Cork: National University of Ireland, 2009.

[101] Robbins, D. , Pearce, J. , "Turnaround: retrenchment and recovery" *Strategic Management Journal*, Vol. 13, No. 4, 1992.

[102] McKinley, W. , Sanchez, C. and Schick, A. "Organizational downsizing: constraining, cloning, learning" *Academy of Management Perspect*, Vol. 9, No. 3, 1995.

[103] Arogyaswamy, K. , Barker, V. and Ardekani, M. , "Firm turnarounds: an integrative two – stage model" *Journal of Management Studies*, Vol. 32, No. 4, 1995.

[104] Williamson, O. , *Markets and hierarchies: analysis and antitrust*

implication, New York: Macmillian Publishing Co, Inc. , 1975.

[105] Shirouzu, N. , Zaun, T. and Miller, S. , "Ford shake – up targets North America – reorganizations of management and brands are crucial to strategy for a turnaround", *Wall Street Journal*, August 22nd, 2002, B3.

[106] George A. , "A '3Rs' strategy for public service turnaround: retrenchment, repositioning and reorganization" *Public Money & Management*, Vol. 24, No. 2, 2004.

[107] Balcaen, S. , Ooghe, H. , *Alternative methodologies in studies on business failure: do they produce better results than the classical statistical methods*, Working Paper, http: //www. libra. msra. cn, 2004.

[108] Lang, H. P. and Stulz, R. , "Contagion and competitive intra – industry effects of bankruptcy announcements: an empirical analysis" *Journal of Financial Economics*, Vol. 32, No. 1, 1992.

[109] Dodd, P. , "Merger proposals, management discretion and stockholder wealth" *Journal of Financial Economics*, Vol. 8, No. 2, 1980.

[110] Jensen, M. , Ruback, R. S. , "The market for corporate control: the scientific evidence" *Journal of Financial Economics*, Vol. 11, No. 4, 1983.

[111] Franks, J. R. , Harris, R. S. , "Shareholder wealth effects of corporate takeovers: The U. K. experience 1955—1985" *Journal of Financial Economics*, Vol. 23, No. 2, 1989.

[112] Moeller, S. B. , Schlingemann, F. P. and Stulz, R. M. , *Do shareholders of acquiring firms gain from acquisitions?*, Working paper, http: //www. nber. org/papers/w9523, 2003.

[113] James, R. and David, G. , "Financial distress, reorganization and corporate performance" *Accounting and Finance*, Vol. 40,

No. 3, 2000.

[114] Madian, A. L. , "Meaningful restructuring: resolving the stranded cost dilemma" *The Electricity Journal*, Vol. 10, No. 1, 1997.

[115] Laitinen, E. K. , "Effect of reorganization actions on the financial performance of small entrepreneurial distressed firms" *Journal of Accounting & Organizational Change*, Vol. 7, No. 1, 2005.

[116] Bushee, B. J. , "The Influence of institutional investors on myopic R&D investment behavior" *The Accounting Review*, Vol. 73, No. 3, 1998.

[117] Guercio, D. , Seery, L. and Woidtke, T. , "Do boards pay attention when institutional investor activists just vote no?" *Journal of Financial Economics*, Vol. 90, No. 1, 2008.

[118] Berle, A. , Means, G. , *The modern corporation and private property*, New York: Macmillan, 1932.

[119] Erik Lehmann, E. , Weigand, J. , *Does the governed corporation perform better? governance structures and corporate performance in Germany*, Working paper, http: //www. papers. ssrn. com, 2001.

[120] Benjanmin, M. , Pajuste, A. , "Multiple large shareholders and firm value" *Journal of Banking and Finance*, Vol. 29, No. 7, 2005.

[121] Chaganti, R. , Mahajan, V. and Sharma, S. , "Corporate board size, composition and Corporate failure in retailing industry" *Journal of Management Studies*, Vol. 22, No. 4, 1985.

[123] William, O. , "Political dynamics and the circulation of power: CEO succession in U. S. industrial corporations, 1960 – 1990" *Administrative Science Quarterly*, Vol. 39, No. 2, 1994.

[124] Lipton, M. , Lorsch, J. , "A modest proposal for improved corporate governance" *Business Lawyer*, Vol. 48, No. 1, 1992.

[125] Yermack, D., "Higher market valuation of companies with a small board of directors" *Journal of Financial Economics*, Vol. 40, No. 3, 1996.

[126] Eisenberg, T., Sundgren, S. and Martin, T., "Larger board size and decreasing firm value in small firms" *Journal of Financial Economics*, Vol. 48, No. 9, 1998.

[127] Baysinger, B. D., Butler, H. N., "Corporate governance and the board of directors: performance effects of changes in board composition" *Journal of Law, Economics & Organization*, Vol. 1, No. 1, 1985.

[128] Agrawal, A. Charles, R., "Firm performance and mechanisms to control agency problems between managers and shareholders" *Journal of Financial and Quantitative Analysis*, Vol. 31, No. 3, 1996.

[129] Anderson, C. A., Anthony, R. N., *The new corporate directors: insights for board members and executives*, NewYork: Wiley, 1986.

[130] Lynn Pi, Timme, S., "Corporate control and bank efficiency" *Journal of Banking & Finance*, Vol. 17, No. 2, 1993.

[131] Daily, C. M., Dalton, D., "Separate, but not independent: board leadership structure in large corporations" *Corporate Governance: An International Review*, Vol. 5, No. 3, 1997.

[132] Barro J. R., Barro, R., "Pay, performance, and turnover of bank CEOs" *Journal of Labor Economics*, Vol. 8, No. 4, 1990.

[133] Morck, R., Shleifer, A. and Vishny, R., "Management ownership and market valuation: an empirical analysis" *Journal of Financial Economics*, Vol. 20, No. 1, 1988.

附　录

样本公司明细

2003—2008 年被 ST 公司样本 244 家

序号	证券代码	实施日期	变动前简称	变动后简称	变动原因
1	000004	2006 – 04 – 21	国农科技	*ST 国农	两年亏损
2	000005	2003 – 04 – 16	世纪星源	*ST 星源	两年亏损
3	000007	2007 – 04 – 23	深达声 A	ST 达声	权益缩水
4	000008	2007 – 03 – 30	宝利来	*ST 宝投	两年亏损
5	000010	2006 – 05 – 09	深华新	*ST 华新	两年亏损
6	000011	2008 – 04 – 16	S 深物业 A	S*ST 物业	两年亏损
7	000020	2004 – 04 – 27	深华发 A	ST 华发 A	资产缩水
8	000034	2005 – 05 – 10	深信泰丰	ST 深泰	权益缩水
9	000035	2005 – 07 – 01	中科健 A	*ST 科健	信息披露违规
10	000038	2006 – 05 – 09	深大通 A	*ST 大通	两年亏损
11	000040	2003 – 04 – 18	深鸿基 A	ST 鸿基	两年亏损
12	000048	2007 – 04 – 26	康达尔 A	*ST 康达	两年亏损（调整）
13	000049	2004 – 02 – 11	深万山 A	ST 万山	权益缩水
14	000058	2007 – 04 – 27	深赛格	*ST 赛格	两年亏损
15	000100	2007 – 05 – 08	TCL 集团	*ST TCL	两年亏损
16	000150	2007 – 04 – 04	S 光电	S*ST 光电	两年亏损
17	000156	2005 – 03 – 22	嘉瑞新材	*ST 嘉瑞	两年亏损（调整）
18	000403	2006 – 05 – 09	三九生化	*ST 生化	两年亏损
19	000408	2006 – 05 – 09	玉源控股	*ST 玉源	两年亏损
20	000409	2003 – 04 – 01	四通高科	ST 四通	两年亏损
21	000413	2007 – 04 – 11	宝石 A	*ST 宝石 A	两年亏损
22	000418	2003 – 04 – 30	小天鹅 A	ST 天鹅 A	两年亏损（调整）
23	000430	2007 – 03 – 12	S 张家界	S*ST 张股	两年亏损

续表

序号	证券代码	实施日期	变动前简称	变动后简称	变动原因
24	000506	2006－05－09	东泰控股	*ST 东泰	两年亏损
25	000509	2006－03－21	同人华塑	*ST 华塑	两年亏损
26	000517	2006－01－05	甬成功	*ST 成功	信息披露违规
27	000529	2003－04－22	粤美雅	ST 美雅	两年亏损
28	000537	2004－05－10	南开戈德	*ST 戈德	两年亏损
29	000540	2006－04－25	世纪中天	*ST 中天	两年亏损
30	000552	2004－04－30	长风特电	*ST 长风	两年亏损
31	000555	2003－04－17	太光电信	ST 太光	资产缩水，两年亏损
32	000561	2003－04－17	陕长岭 A	*ST 长岭	两年亏损
33	000569	2007－04－17	长城股份	*ST 长钢	两年亏损
34	000570	2003－04－11	苏常柴 A	ST 常柴 A	两年亏损
35	000578	2006－05－09	数码网络	*ST 数码	两年亏损
36	000587	2004－04－26	光明家具	*ST 光明	两年亏损
37	000596	2005－07－01	古井贡 A	*ST 古井 A	两年亏损（调整）
38	000605	2007－04－30	四环药业	*ST 四环	两年亏损
39	000621	2003－04－29	比特科技	ST 比特	两年亏损
40	000622	2005－04－21	岳阳恒立	*ST 恒立	两年亏损（调整）
41	000628	2008－04－22	高新发展	*ST 高新	两年亏损
42	000631	2005－05－10	兰宝信息	*ST 兰宝	两年亏损
43	000632	2006－05－09	三木集团	*ST 三木	两年亏损（调整）
44	000633	2006－04－26	合金投资	*ST 合金	两年亏损
45	000635	2003－04－15	民族化工	ST 民化	两年亏损
46	000650	2005－03－29	九江化纤	*ST 九化	两年亏损
47	000655	2006－05－09	华光陶瓷	*ST 华陶	两年亏损
48	000657	2008－04－24	中钨高新	*ST 中钨	两年亏损
49	000660	2003－05－12	南华西	*ST 南华	两年亏损，资产缩水
50	000672	2006－05－08	铜城集团	*ST 铜城	两年亏损
51	000673	2007－04－05	大同水泥	*ST 大水	两年亏损
52	000681	2007－05－08	远东股份	ST 远东	审计否定
53	000683	2005－04－25	天然碱	*ST 天然	两年亏损
54	000688	2006－05－29	朝华集团	*ST 朝华	两年亏损
55	000691	2004－04－29	寰岛实业	ST 寰岛	两年亏损

续表

序号	证券代码	实施日期	变动前简称	变动后简称	变动原因
56	000692	2007 – 04 – 17	惠天热电	*ST 惠天	两年亏损
57	000693	2006 – 05 – 09	聚友网络	*ST 聚友	两年亏损
58	000695	2003 – 02 – 18	灯塔油漆	ST 灯塔	两年亏损
59	000710	2003 – 03 – 18	天兴仪表	ST 天仪	两年亏损，资产缩水
60	000716	2007 – 05 – 08	南方控股	*ST 南控	两年亏损
61	000718	2003 – 04 – 24	吉林纸业	ST 吉纸	审计否定
62	000719	2005 – 11 – 14	焦作鑫安	ST 鑫安	经营受损
63	000722	2008 – 04 – 16	金果实业	*ST 金果	两年亏损
64	000725	2007 – 04 – 30	京东方 A	*ST 东方 A	两年亏损
65	000728	2007 – 03 – 28	S 京化二	S*ST 化二	两年亏损（调整）
66	000730	2003 – 05 – 12	环保股份	*ST 环保	资产缩水
67	000732	2006 – 06 – 13	福建三农	*ST 三农	两年亏损
68	000735	2007 – 04 – 27	罗牛山	*ST 罗牛	两年亏损
69	000736	2004 – 07 – 26	重庆实业	ST 重实	财务破产
70	000738	2006 – 04 – 28	G 南摩	G*ST 南摩	两年亏损
71	000748	2006 – 03 – 31	长城信息	*ST 信息	两年亏损
72	000750	2006 – 04 – 26	桂林集琦	*ST 集琦	两年亏损
73	000757	2006 – 04 – 24	方向光电	*ST 方向 A	两年亏损
74	000760	2005 – 04 – 14	博盈投资	*ST 博盈	两年亏损
75	000761	2003 – 06 – 27	本钢板材	ST 板材	审计否定
76	000765	2003 – 04 – 28	华信股份	ST 华信	两年亏损
77	000766	2004 – 04 – 12	通化金马	ST 通金马	资产缩水
78	000769	2004 – 04 – 28	菲菲农业	*ST 大菲	两年亏损
79	000776	2004 – 03 – 10	延边公路	*ST 延路	两年亏损
80	000779	2006 – 04 – 21	三毛派神	*ST 派神	两年亏损
81	000780	2006 – 11 – 01	草原兴发	*ST 兴发	两年亏损
82	000783	2007 – 03 – 21	S 石炼化	S*ST 石炼	两年亏损
83	000787	2006 – 05 – 09	创智科技	*ST 创智	两年亏损（调整）
84	000789	2006 – 04 – 26	江西水泥	*ST 江泥	两年亏损
85	000791	2005 – 04 – 29	西北化工	*ST 化工	两年亏损
86	000801	2003 – 03 – 26	四川湖山	ST 湖山	两年亏损
87	000802	2004 – 03 – 30	京西旅游	*ST 京西	两年亏损

序号	证券代码	实施日期	变动前简称	变动后简称	变动原因
88	000805	2004 – 06 – 17	炎黄物流	ST 炎黄	审计否定
89	000809	2003 – 02 – 24	第一纺织	ST 一纺	两年亏损
90	000813	2005 – 04 – 12	天山纺织	*ST 天纺	两年亏损
91	000816	2004 – 04 – 26	江淮动力	*ST 江力	两年亏损
92	000827	2004 – 01 – 15	长兴实业	*ST 长兴	两年亏损（调整）
93	000832	2004 – 04 – 30	龙涤股份	*ST 龙涤	两年亏损
94	000862	2005 – 04 – 27	吴忠仪表	*ST 仪表	两年亏损
95	000863	2005 – 05 – 09	和光商务	ST 商务	审计否定
96	000880	2005 – 04 – 28	山东巨力	*ST 巨力	两年亏损
97	000887	2005 – 04 – 20	飞彩股份	ST 飞彩	经营受损
98	000892	2006 – 05 – 09	星美联合	ST 星美	审计否定
99	000906	2008 – 04 – 16	S 南建材	S*ST 建材	两年亏损
100	000918	2006 – 03 – 01	亚华控股	*ST 亚华	两年亏损
101	000920	2007 – 04 – 23	南方汇通	*ST 汇通	两年亏损
102	000922	2007 – 04 – 18	阿继电器	*ST 阿继	两年亏损
103	000925	2006 – 05 – 08	浙江海纳	*ST 海纳	两年亏损
104	000927	2003 – 04 – 29	一汽夏利	ST 夏利	两年亏损
105	000928	2006 – 04 – 26	吉林炭素	*ST 吉炭	两年亏损
106	000931	2004 – 04 – 27	中关村	*ST 中科	两年亏损
107	000935	2008 – 04 – 30	四川双马	*ST 双马	两年亏损
108	000950	2004 – 04 – 27	民丰农化	*ST 农化	两年亏损
109	000951	2003 – 04 – 11	小鸭电器	ST 小鸭	两年亏损
110	000965	2007 – 04 – 14	S 天水	S*ST 天水	两年亏损
111	000967	2006 – 04 – 17	上风高科	*ST 上风	两年亏损
112	000971	2008 – 04 – 14	湖北迈亚	*ST 迈亚	两年亏损
113	000979	2006 – 04 – 14	科苑集团	*ST 科苑	两年亏损
114	000980	2003 – 04 – 10	金马股份	ST 金马	两年亏损，资产缩水
115	000981	2007 – 04 – 30	S 兰光	SST 兰光	审计否定
116	000982	2007 – 04 – 13	S 圣雪绒	S*ST 雪绒	两年亏损
117	000993	2005 – 04 – 05	闽东电力	*ST 闽电	两年亏损
118	002075	2008 – 09 – 02	高新张铜	ST 张铜	财务破产
119	600003	2007 – 07 – 03	东北高速	ST 东北高	审计否定

续表

序号	证券代码	实施日期	变动前简称	变动后简称	变动原因
120	600052	2007 - 04 - 24	浙江广厦	＊ST 广厦	两年亏损
121	600053	2003 - 04 - 30	江西纸业	ST 江纸	两年亏损，资产缩水
122	600057	2008 - 05 - 05	夏新电子	＊ST 夏新	两年亏损（调整）
123	600065	2005 - 04 - 01	大庆联谊	＊ST 联谊	两年亏损
124	600076	2006 - 04 - 21	青鸟华光	＊ST 华光	两年亏损
125	600080	2007 - 04 - 17	金花股份	＊ST 金花	两年亏损
126	600084	2007 - 04 - 27	新天国际	＊ST 新天	两年亏损
127	600086	2005 - 03 - 29	多佳股份	＊ST 多佳	两年亏损
128	600090	2003 - 11 - 25	啤酒花	ST 啤酒花	财务破产
129	600092	2005 - 05 - 09	精密股份	＊ST 精密	两年亏损
130	600093	2006 - 04 - 25	禾嘉股份	＊ST 禾嘉	两年亏损
131	600094	2007 - 05 - 08	华源股份	＊ST 华源	两年亏损
132	600101	2007 - 05 - 08	明星电力	＊ST 明星	两年亏损
133	600136	2006 - 05 - 09	道博股份	＊ST 道博	两年亏损
134	600146	2005 - 02 - 24	大元股份	＊ST 大元	两年亏损
135	600155	2007 - 02 - 16	宝硕股份	＊ST 宝硕	财务破产
136	600156	2004 - 03 - 18	益鑫泰	＊ST 鑫泰	两年亏损
137	600159	2003 - 07 - 01	宁城老窖	ST 宁窖	信息披露违规
138	600173	2006 - 04 - 25	牡丹江	＊ST 丹江	两年亏损
139	600180	2008 - 06 - 27	九发股份	＊ST 九发	两年亏损
140	600181	2005 - 05 - 10	云大科技	＊ST 云大	两年亏损
141	600182	2003 - 04 - 28	桦林轮胎	ST 桦林	两年亏损
142	600187	2005 - 04 - 21	黑龙股份	＊ST 黑龙	两年亏损
143	600190	2003 - 04 - 23	锦州港	ST 锦州港	权益缩水
144	600198	2007 - 04 - 30	大唐电信	＊ST 大唐	两年亏损
145	600199	2005 - 04 - 20	金牛实业	＊ST 金牛	两年亏损
146	600207	2007 - 05 - 08	安彩高科	＊ST 安彩	两年亏损
147	600212	2008 - 04 - 15	江泉实业	＊ST 江泉	两年亏损
148	600213	2005 - 04 - 27	亚星客车	＊ST 亚星	两年亏损
149	600217	2007 - 05 - 08	秦岭水泥	＊ST 秦岭	两年亏损
150	600223	2007 - 04 - 13	万杰高科	＊ST 万杰	两年亏损
151	600225	2006 - 04 - 28	天香集团	＊ST 天香	两年亏损

序号	证券代码	实施日期	变动前简称	变动后简称	变动原因
152	600234	2003 – 04 – 17	天龙集团	＊ST 天龙	两年亏损
153	600240	2004 – 04 – 26	仕奇实业	＊ST 仕奇	两年亏损
154	600242	2006 – 05 – 09	华龙集团	＊ST 华龙	两年亏损
155	600248	2006 – 05 – 09	秦丰农业	＊ST 秦丰	两年亏损
156	600259	2006 – 05 – 09	兴业聚酯	＊ST 聚酯	两年亏损
157	600275	2008 – 05 – 05	武昌鱼	＊ST 昌鱼	两年亏损
158	600286	2005 – 05 – 10	国光瓷业	＊ST 国瓷	两年亏损
159	600329	2008 – 04 – 02	中新药业	＊ST 中新	两年亏损
160	600338	2003 – 08 – 29	珠峰摩托	ST 珠峰	审计否定
161	600369	2005 – 05 – 10	长运股份	＊ST 长运	两年亏损
162	600372	2008 – 04 – 15	昌河股份	＊ST 昌河	两年亏损
163	600381	2007 – 05 – 08	贤成实业	＊ST 贤成	两年亏损
164	600385	2003 – 04 – 09	山东金泰	ST 金泰	资产缩水
165	600386	2007 – 04 – 23	北京巴士	＊ST 北巴	两年亏损
166	600401	2008 – 04 – 29	江苏申龙	＊ST 申龙	两年亏损
167	600419	2006 – 05 – 09	新疆天宏	＊ST 天宏	两年亏损
168	600421	2008 – 05 – 05	国药科技	ST 国药	审计否定
169	600429	2006 – 05 – 08	G 三元	G＊ST 三元	两年亏损
170	600462	2007 – 04 – 24	石岘纸业	＊ST 石岘	两年亏损
171	600466	2007 – 05 – 08	迪康药业	＊ST 迪康	两年亏损
172	600503	2004 – 02 – 05	宏智科技	ST 宏智	信息披露违规
173	600515	2005 – 05 – 10	第一投资	ST 一投	审计否定
174	600516	2006 – 04 – 26	海龙科技	＊ST 海龙	两年亏损
175	600552	2007 – 05 – 08	方兴科技	＊ST 方兴	两年亏损
176	600556	2007 – 05 – 08	北生药业	ST 北生	审计否定
177	600568	2007 – 04 – 19	潜江制药	＊ST 潜药	两年亏损
178	600576	2006 – 03 – 27	庆丰股份	＊ST 庆丰	两年亏损
179	600579	2007 – 05 – 08	黄海股份	＊ST 黄海	两年亏损
180	600599	2007 – 04 – 27	浏阳花炮	＊ST 花炮	两年亏损
181	600604	2008 – 03 – 18	二纺机	＊ST 二纺机	两年亏损
182	600608	2007 – 05 – 08	S 沪科技	S＊ST 沪科	两年亏损
183	600610	2007 – 05 – 08	S 中纺机	S＊ST 中纺	两年亏损

序号	证券代码	实施日期	变动前简称	变动后简称	变动原因
184	600613	2003 – 05 – 12	永生数据	*ST 永生	两年亏损
185	600614	2006 – 05 – 09	三九发展	*ST 发展	两年亏损
186	600615	2003 – 05 – 12	丰华股份	*ST 丰华	两年亏损
187	600645	2006 – 05 – 09	望春花	*ST 春花	两年亏损
188	600656	2006 – 05 – 09	华源制药	*ST 华药	两年亏损（调整）
189	600657	2006 – 04 – 28	青鸟天桥	*ST 天桥	两年亏损
190	600659	2004 – 12 – 08	闽越花雕	*ST 花雕	两年亏损
191	600672	2003 – 04 – 30	英豪科教	ST 英教	资产缩水，权益缩水
192	600681	2004 – 04 – 26	万鸿集团	*ST 万鸿	两年亏损
193	600691	2004 – 04 – 21	林凤控股	*ST 林控	两年亏损
194	600695	2003 – 04 – 29	大江股份	ST 大江	两年亏损，权益缩水
195	600699	2007 – 04 – 25	辽源得亨	*ST 得亨	两年亏损（调整）
196	600700	2004 – 04 – 28	数码测绘	*ST 数码	两年亏损
197	600703	2006 – 05 – 08	天颐科技	*ST 天颐	两年亏损（调整）
198	600705	2006 – 04 – 11	北亚集团	*ST 北亚	两年亏损
199	600706	2007 – 04 – 25	长安信息	*ST 长信	两年亏损
200	600711	2006 – 05 – 08	雄震集团	*ST 雄震	两年亏损
201	600714	2007 – 03 – 27	金瑞矿业	*ST 金瑞	两年亏损
202	600716	2007 – 04 – 30	耀华玻璃	*ST 耀华	两年亏损
203	600721	2006 – 05 – 09	百花村	*ST 百花	两年亏损
204	600722	2007 – 05 – 08	沧州化工	*ST 沧化	两年亏损
205	600728	2006 – 05 – 09	新太科技	*ST 新太	两年亏损
206	600734	2006 – 05 – 09	实达集团	*ST 实达	两年亏损
207	600735	2004 – 04 – 23	兰陵陈香	*ST 陈香	两年亏损，权益缩水
208	600738	2003 – 04 – 25	兰州民百	ST 民百	两年亏损
209	600745	2006 – 04 – 28	天华股份	*ST 天华	两年亏损
210	600749	2003 – 03 – 10	西藏圣地	ST 藏圣地	两年亏损，资产缩水
211	600751	2003 – 06 – 30	天津海运	ST 天海	审计否定
212	600752	2004 – 05 – 11	哈慈股份	*ST 哈慈	两年亏损
213	600757	2007 – 05 – 08	华源发展	*ST 源发	两年亏损
214	600758	2003 – 05 – 08	金帝建设	*ST 金帝	两年亏损
215	600760	2003 – 03 – 14	山东黑豹	ST 黑豹	两年亏损

序号	证券代码	实施日期	变动前简称	变动后简称	变动原因
216	600762	2005 - 03 - 30	金荔科技	ST 金荔	经营停顿
217	600767	2005 - 04 - 26	运盛实业	*ST 运盛	两年亏损
218	600771	2008 - 04 - 30	东盛科技	ST 东盛	审计否定
219	600772	2005 - 05 - 10	石油龙昌	ST 龙昌	审计否定
220	600773	2006 - 05 - 08	西藏金珠	*ST 金珠	两年亏损
221	600776	2004 - 04 - 26	东方通信	*ST 东信	两年亏损
222	600781	2003 - 04 - 30	民丰实业	ST 民丰	两年亏损，资产缩水
223	600784	2003 - 03 - 03	鲁银投资	ST 鲁银	两年亏损
224	600788	2004 - 05 - 10	达尔曼	ST 达尔曼	两年亏损，审计否定
225	600792	2008 - 04 - 01	马龙产业	*ST 马龙	两年亏损
226	600800	2006 - 07 - 03	天津磁卡	*ST 磁卡	信息披露违规
227	600807	2003 - 03 - 07	济南百货	ST 济百	两年亏损，资产缩水
228	600828	2007 - 04 - 24	成商集团	*ST 成商	两年亏损
229	600844	2004 - 05 - 10	大盈股份	*ST 大盈	两年亏损
230	600847	2003 - 05 - 19	万里电池	ST 渝万里	资产缩水
231	600852	2004 - 04 - 27	中川国际	*ST 中川	两年亏损
232	600854	2007 - 04 - 30	春兰股份	*ST 春兰	两年亏损
233	600864	2004 - 05 - 10	岁宝热电	ST 岁宝	审计否定
234	600868	2008 - 05 - 05	梅雁水电	*ST 梅雁	两年亏损
235	600869	2004 - 04 - 21	三普药业	*ST 三普	两年亏损
236	600870	2008 - 05 - 05	厦华电子	*ST 厦华	两年亏损
237	600873	2003 - 02 - 21	西藏明珠	*ST 明珠	两年亏损
238	600878	2003 - 04 - 30	北大科技	ST 北科	两年亏损，资产缩水
239	600886	2003 - 03 - 10	国投电力	ST 华靖	两年亏损
240	600890	2006 - 04 - 21	中房股份	*ST 中房	两年亏损
241	600891	2003 - 05 - 12	秋林集团	*ST 秋林	两年亏损
242	600892	2004 - 04 - 23	湖大科教	*ST 湖科	两年亏损，资产缩水
243	600984	2007 - 04 - 06	建设机械	*ST 建机	两年亏损
244	600988	2007 - 04 - 27	东方宝龙	*ST 宝龙	两年亏损

104 家摘帽公司

序号	证券代码	戴帽时间	摘帽时间	序号	证券代码	戴帽时间	摘帽时间
1	000011	2008 – 04 – 16	2009 – 09 – 16	27	000748	2006 – 03 – 31	2007 – 04 – 04
2	000040	2003 – 04 – 18	2005 – 05 – 26	28	000760	2005 – 04 – 14	2006 – 07 – 05
3	000049	2004 – 02 – 11	2005 – 03 – 16	29	000761	2003 – 06 – 27	2004 – 05 – 10
4	000058	2007 – 04 – 27	2009 – 06 – 30	30	000766	2004 – 04 – 12	2006 – 08 – 04
5	000100	2007 – 05 – 08	2008 – 03 – 28	31	000776	2004 – 03 – 10	2005 – 03 – 04
6	000150	2007 – 04 – 04	2008 – 05 – 15	32	000780	2006 – 11 – 01	2009 – 03 – 25
7	000413	2007 – 04 – 11	2008 – 04 – 23	33	000783	2007 – 03 – 21	2007 – 12 – 27
8	000418	2003 – 04 – 30	2004 – 05 – 12	34	000789	2006 – 04 – 26	2007 – 04 – 06
9	000537	2004 – 05 – 10	2005 – 05 – 19	35	000791	2005 – 04 – 29	2007 – 03 – 09
10	000540	2006 – 04 – 25	2007 – 06 – 08	36	000801	2003 – 03 – 26	2006 – 06 – 30
11	000552	2004 – 04 – 30	2006 – 06 – 26	37	000802	2004 – 03 – 30	2006 – 04 – 13
12	000569	2007 – 04 – 17	2008 – 07 – 16	38	000809	2003 – 02 – 24	2005 – 04 – 04
13	000570	2003 – 04 – 11	2004 – 04 – 05	39	000813	2005 – 04 – 12	2006 – 03 – 16
14	000578	2006 – 05 – 09	2009 – 04 – 10	40	000816	2004 – 04 – 26	2005 – 04 – 22
15	000596	2005 – 07 – 01	2007 – 03 – 21	41	000862	2005 – 04 – 27	2007 – 05 – 14
16	000628	2008 – 04 – 22	2009 – 05 – 12	42	000880	2005 – 04 – 28	2008 – 06 – 02
17	000632	2006 – 05 – 09	2007 – 05 – 14	43	000887	2005 – 04 – 20	2008 – 03 – 07
18	000635	2003 – 04 – 15	2004 – 03 – 26	44	000906	2008 – 04 – 16	2009 – 04 – 03
19	000650	2005 – 03 – 29	2008 – 02 – 26	45	000920	2007 – 04 – 23	2008 – 08 – 06
20	000655	2006 – 05 – 09	2007 – 02 – 12	46	000925	2006 – 05 – 08	2009 – 06 – 05
21	000683	2005 – 04 – 25	2006 – 06 – 13	47	000927	2003 – 04 – 29	2004 – 05 – 13
22	000692	2007 – 04 – 17	2010 – 04 – 23	48	000928	2006 – 04 – 26	2009 – 05 – 19
23	000695	2003 – 02 – 18	2005 – 04 – 05	49	000931	2004 – 04 – 27	2005 – 05 – 13
24	000725	2007 – 04 – 30	2008 – 04 – 18	50	000935	2008 – 04 – 30	2010 – 11 – 01
25	000728	2007 – 03 – 28	2007 – 10 – 30	51	000950	2004 – 04 – 27	2007 – 04 – 09
26	000735	2007 – 04 – 27	2008 – 05 – 27	52	000951	2003 – 04 – 11	2005 – 03 – 22

续表

序号	证券代码	戴帽时间	摘帽时间	序号	证券代码	戴帽时间	摘帽时间
53	000965	2007 - 04 - 14	2008 - 05 - 09	79	600386	2007 - 04 - 23	2008 - 03 - 27
54	000967	2006 - 04 - 17	2007 - 08 - 24	80	600429	2006 - 05 - 08	2008 - 04 - 29
55	000980	2003 - 04 - 10	2005 - 04 - 07	81	600466	2007 - 05 - 08	2009 - 03 - 19
56	000982	2007 - 04 - 13	2008 - 06 - 18	82	600516	2006 - 04 - 26	2008 - 03 - 07
57	000993	2005 - 04 - 05	2006 - 07 - 07	83	600552	2007 - 05 - 08	2008 - 04 - 07
58	002075	2008 - 09 - 02	2011 - 04 - 08	84	600568	2007 - 04 - 19	2009 - 08 - 27
59	600052	2007 - 04 - 24	2008 - 06 - 13	85	600576	2006 - 03 - 27	2007 - 06 - 01
60	600086	2005 - 03 - 29	2006 - 06 - 05	86	600599	2007 - 04 - 27	2008 - 06 - 18
61	600093	2006 - 04 - 25	2007 - 08 - 24	87	600613	2003 - 05 - 12	2006 - 01 - 11
62	600101	2007 - 05 - 08	2008 - 03 - 13	88	600614	2006 - 05 - 09	2008 - 03 - 06
63	600136	2006 - 05 - 09	2009 - 08 - 19	89	600657	2006 - 04 - 28	2009 - 04 - 10
64	600146	2005 - 02 - 24	2006 - 04 - 26	90	600703	2006 - 05 - 08	2009 - 01 - 23
65	600156	2004 - 03 - 18	2005 - 04 - 21	91	600716	2007 - 04 - 30	2010 - 04 - 02
66	600159	2003 - 07 - 01	2006 - 04 - 21	92	600734	2006 - 05 - 09	2009 - 05 - 21
67	600173	2006 - 04 - 25	2008 - 02 - 28	93	600738	2003 - 04 - 25	2005 - 04 - 11
68	600182	2003 - 04 - 28	2005 - 03 - 21	94	600745	2006 - 04 - 28	2009 - 04 - 22
69	600190	2003 - 04 - 23	2004 - 03 - 19	95	600749	2003 - 03 - 10	2004 - 04 - 22
70	600198	2007 - 04 - 30	2009 - 06 - 05	96	600767	2005 - 04 - 26	2007 - 07 - 03
71	600199	2005 - 04 - 20	2007 - 05 - 15	97	600776	2004 - 04 - 26	2005 - 05 - 17
72	600212	2008 - 04 - 15	2009 - 07 - 03	98	600784	2003 - 03 - 03	2004 - 03 - 16
73	600213	2005 - 04 - 27	2008 - 05 - 09	99	600792	2008 - 04 - 01	2011 - 11 - 01
74	600223	2007 - 04 - 13	2010 - 03 - 11	100	600828	2007 - 04 - 24	2008 - 05 - 30
75	600240	2004 - 04 - 26	2005 - 03 - 18	101	600864	2004 - 05 - 10	2004 - 08 - 09
76	600248	2006 - 05 - 09	2009 - 04 - 10	102	600869	2004 - 04 - 21	2005 - 06 - 08
77	600329	2008 - 04 - 02	2009 - 04 - 24	103	600873	2003 - 05 - 12	2005 - 03 - 22
78	600372	2008 - 04 - 15	2011 - 06 - 03	104	600886	2003 - 03 - 10	2004 - 02 - 04

120 家未摘帽公司

序号	证券代码	序号	证券代码	序号	证券代码
1	000004	41	000738	81	600556
2	000005	42	000750	82	600579
3	000007	43	000757	83	600604
4	000008	44	000779	84	600608
5	000010	45	000787	85	600610
6	000020	46	000805	86	600615
7	000034	47	000863	87	600645
8	000035	48	000892	88	600656
9	000038	49	000918	89	600681
10	000048	50	000922	90	600691
11	000156	51	000971	91	600695
12	000403	52	000979	92	600699
13	000408	53	000981	93	600705
14	000409	54	600053	94	600706
15	000430	55	600057	95	600711
16	000506	56	600076	96	600714
17	000509	57	600080	97	600721
18	000517	58	600084	98	600722
19	000529	59	600090	99	600728
20	000555	60	600094	100	600735
21	000561	61	600155	101	600751
22	000587	62	600180	102	600757
23	000605	63	600187	103	600758
24	000622	64	600207	104	600760
25	000631	65	600217	105	600762
26	000633	66	600225	106	600771
27	000657	67	600234	107	600773
28	000672	68	600242	108	600781
29	000673	69	600259	109	600800
30	000681	70	600275	110	600807
31	000688	71	600338	111	600844
32	000691	72	600369	112	600847
33	000693	73	600381	113	600854
34	000710	74	600385	114	600868
35	000716	75	600401	115	600870
36	000718	76	600419	116	600890
37	000719	77	600421	117	600891
38	000722	78	600462	118	600892
39	000732	79	600503	119	600984
40	000736	80	600515	120	600988

20 家退市公司

序号	证券代码	戴帽时间	退市时间	序号	证券代码	戴帽时间	退市时间
1	000621	2003 – 04 – 29	2004 – 09 – 27	11	600181	2005 – 05 – 10	2007 – 06 – 01
2	000660	2003 – 05 – 12	2004 – 09 – 13	12	600286	2005 – 05 – 10	2007 – 05 – 31
3	000730	2003 – 05 – 12	2004 – 09 – 24	13	600659	2004 – 12 – 08	2006 – 03 – 23
4	000765	2003 – 04 – 28	2005 – 07 – 04	14	600672	2003 – 04 – 30	2005 – 08 – 05
5	000769	2004 – 04 – 28	2005 – 09 – 21	15	600700	2004 – 04 – 28	2005 – 09 – 20
6	000827	2004 – 01 – 15	2005 – 09 – 21	16	600752	2004 – 05 – 11	2005 – 09 – 22
7	000832	2004 – 04 – 30	2006 – 06 – 29	17	600772	2005 – 05 – 10	2006 – 11 – 30
8	600003	2007 – 07 – 03	2010 – 02 – 26	18	600788	2004 – 05 – 10	2005 – 03 – 25
9	600065	2005 – 04 – 01	2007 – 12 – 07	19	600852	2004 – 04 – 27	2005 – 09 – 16
10	600092	2005 – 05 – 09	2006 – 11 – 30	20	600878	2003 – 04 – 30	2004 – 09 – 15

208 家外部重组样本公司

序号	证券代码	重组选择	是否摘帽	序号	证券代码	重组选择	是否摘帽
1	000004	支持性重组	N	31	000569	支持性重组	Y
2	000007	支持性重组	N	32	000570	支持性重组	Y
3	000008	支持性重组	N	33	000578	放弃式重组	Y
4	000010	支持性重组	N	34	000587	支持性重组	N
5	000011	支持性重组	Y	35	000596	支持性重组	Y
6	000020	支持性重组	N	36	000605	支持性重组	N
7	000034	支持性重组	N	37	000622	放弃式重组	N
8	000035	支持性重组	N	38	000628	支持性重组	Y
9	000038	支持性重组	N	39	000631	支持性重组	N
10	000040	支持性重组	Y	40	000633	支持性重组	N
11	000048	支持性重组	N	41	000635	支持性重组	Y
12	000049	放弃式重组	Y	42	000650	放弃式重组	Y
13	000058	支持性重组	Y	43	000655	放弃式重组	Y
14	000100	支持性重组	Y	44	000672	支持性重组	N
15	000150	放弃式重组	Y	45	000673	支持性重组	N
16	000156	支持性重组	N	46	000681	支持性重组	N
17	000403	支持性重组	N	47	000683	放弃式重组	Y
18	000408	支持性重组	N	48	000688	支持性重组	N
19	000409	放弃式重组	N	49	000691	支持性重组	N
20	000413	支持性重组	Y	50	000692	支持性重组	Y
21	000430	支持性重组	N	51	000693	支持性重组	N
22	000506	放弃式重组	N	52	000695	支持性重组	Y
23	000509	支持性重组	N	53	000710	支持性重组	N
24	000517	支持性重组	N	54	000716	支持性重组	N
25	000529	放弃式重组	N	55	000718	放弃式重组	N
26	000537	放弃式重组	Y	56	000719	支持性重组	N
27	000540	放弃式重组	Y	57	000722	支持性重组	N
28	000552	支持性重组	Y	58	000725	支持性重组	Y
29	000555	支持性重组	N	59	000728	放弃式重组	Y
30	000561	支持性重组	N	60	000732	放弃式重组	N

续表

序号	证券代码	重组选择	是否摘帽	序号	证券代码	重组选择	是否摘帽
61	000735	支持性重组	Y	98	000979	支持性重组	N
62	000736	支持性重组	N	99	000980	支持性重组	Y
63	000738	支持性重组	N	100	000981	支持性重组	N
64	000748	支持性重组	Y	101	000982	放弃式重组	Y
65	000750	支持性重组	N	102	000993	支持性重组	Y
66	000757	支持性重组	N	103	002075	放弃式重组	Y
67	000760	支持性重组	Y	104	600052	支持性重组	Y
68	000766	放弃式重组	Y	105	600053	放弃式重组	N
69	000776	支持性重组	Y	106	600057	支持性重组	N
70	000779	支持性重组	N	107	600076	放弃式重组	N
71	000780	放弃式重组	Y	108	600080	支持性重组	N
72	000783	放弃式重组	Y	109	600084	支持性重组	N
73	000787	放弃式重组	N	110	600086	放弃式重组	Y
74	000789	支持性重组	Y	111	600090	放弃式重组	N
75	000791	支持性重组	Y	112	600094	放弃式重组	N
76	000801	支持性重组	Y	113	600136	支持性重组	Y
77	000802	放弃式重组	Y	114	600146	放弃式重组	Y
78	000809	放弃式重组	Y	115	600155	放弃式重组	N
79	000862	放弃式重组	Y	116	600156	支持性重组	Y
80	000863	支持性重组	N	117	600159	放弃式重组	Y
81	000880	支持性重组	Y	118	600173	放弃式重组	Y
82	000887	放弃式重组	Y	119	600180	放弃式重组	N
83	000892	支持性重组	N	120	600182	放弃式重组	Y
84	000906	放弃式重组	Y	121	600187	支持性重组	N
85	000918	放弃式重组	N	122	600190	支持性重组	Y
86	000920	支持性重组	Y	123	600198	支持性重组	Y
87	000922	放弃式重组	N	124	600199	支持性重组	Y
88	000925	支持性重组	Y	125	600207	支持性重组	N
89	000927	支持性重组	Y	126	600212	支持性重组	Y
90	000928	支持性重组	Y	127	600213	放弃式重组	Y
91	000931	支持性重组	Y	128	600217	支持性重组	N
92	000935	支持性重组	Y	129	600223	放弃式重组	Y
93	000950	放弃式重组	Y	130	600225	支持性重组	N
94	000951	放弃式重组	Y	131	600234	支持性重组	N
95	000965	放弃式重组	Y	132	600240	支持性重组	Y
96	000967	放弃式重组	Y	133	600242	放弃式重组	N
97	000971	支持性重组	N	134	600248	放弃式重组	Y

序号	证券代码	重组选择	是否摘帽	序号	证券代码	重组选择	是否摘帽
135	600259	放弃式重组	N	172	600705	支持性重组	N
136	600275	支持性重组	N	173	600706	支持性重组	N
137	600329	支持性重组	Y	174	600711	支持性重组	N
138	600338	支持性重组	N	175	600714	支持性重组	N
139	600369	支持性重组	N	176	600716	放弃式重组	Y
140	600372	支持性重组	Y	177	600721	支持性重组	N
141	600381	支持性重组	N	178	600722	放弃式重组	N
142	600385	放弃式重组	N	179	600728	放弃式重组	N
143	600386	支持性重组	Y	180	600734	放弃式重组	Y
144	600401	支持性重组	N	181	600735	支持性重组	N
145	600419	支持性重组	N	182	600738	放弃式重组	Y
146	600421	支持性重组	N	183	600749	支持性重组	Y
147	600429	支持性重组	Y	184	600757	支持性重组	N
148	600462	支持性重组	N	185	600758	放弃式重组	N
149	600466	放弃式重组	Y	186	600760	放弃式重组	N
150	600503	支持性重组	N	187	600767	放弃式重组	Y
151	600515	放弃式重组	N	188	600771	支持性重组	N
152	600516	放弃式重组	Y	189	600773	支持性重组	N
153	600552	支持性重组	Y	190	600776	支持性重组	N
154	600556	支持性重组	N	191	600781	放弃式重组	N
155	600568	放弃式重组	Y	192	600784	支持性重组	Y
156	600576	放弃式重组	Y	193	600792	放弃式重组	Y
157	600579	支持性重组	N	194	600800	支持性重组	N
158	600599	支持性重组	Y	195	600807	支持性重组	N
159	600604	支持性重组	N	196	600828	支持性重组	Y
160	600608	支持性重组	N	197	600844	支持性重组	N
161	600610	支持性重组	N	198	600847	放弃式重组	N
162	600613	放弃式重组	Y	199	600854	支持性重组	N
163	600614	放弃式重组	Y	200	600868	支持性重组	N
164	600615	支持性重组	N	201	600869	支持性重组	Y
165	600645	放弃式重组	N	202	600870	支持性重组	N
166	600656	放弃式重组	N	203	600873	放弃式重组	Y
167	600657	放弃式重组	Y	204	600890	支持性重组	N
168	600691	支持性重组	N	205	600891	放弃式重组	N
169	600695	支持性重组	N	206	600892	支持性重组	N
170	600699	支持性重组	N	207	600984	支持性重组	N
171	600703	放弃式重组	Y	208	600988	支持性重组	N

12 家内部重组公司

序号	证券代码	序号	证券代码	序号	证券代码
1	000005	5	000805	9	600101
2	000418	6	000813	10	600681
3	000632	7	000816	11	600864
4	000761	8	600093	12	600886

2008 年底之前摘帽的 76 家样本

序号	证券代码	摘帽日期	摘帽前简称	摘帽后简称	重组选择
1	000040	2005 - 05 - 24	ST 鸿基	深鸿基 A	支持性重组
2	000049	2005 - 03 - 15	ST 万山	深万山	放弃式重组
3	000100	2008 - 03 - 27	*ST TCL	TCL 集团	支持性重组
4	000150	2008 - 05 - 14	*ST 宜地	宜华地产	放弃式重组
5	000413	2008 - 04 - 22	*ST 宝石 A	宝石 A	支持性重组
6	000418	2004 - 05 - 11	*ST 天鹅 A	小天鹅 A	内部自我重整
7	000537	2005 - 05 - 18	*ST 戈德	南开戈德	放弃式重组
8	000540	2007 - 06 - 07	*ST 中天	世纪中天	放弃式重组
9	000552	2006 - 06 - 22	G*ST 靖煤	G 靖煤	支持性重组
10	000570	2004 - 04 - 02	*ST 常柴 A	苏常柴 A	支持性重组
11	000596	2007 - 03 - 19	ST 古井 A	古井贡酒	支持性重组
12	000632	2007 - 05 - 10	*ST 三木	三木集团	内部自我重整
13	000635	2004 - 03 - 25	*ST 英化	英力特	支持性重组
14	000650	2008 - 02 - 25	ST 仁和	仁和药业	放弃式重组
15	000655	2007 - 02 - 09	*ST 金岭	金岭矿业	放弃式重组
16	000683	2006 - 06 - 09	G*ST 天然	G 天然碱	放弃式重组
17	000695	2005 - 04 - 04	*ST 滨能	滨海能源	支持性重组
18	000725	2008 - 04 - 17	*ST 东方 A	京东方 A	支持性重组
19	000728	2007 - 10 - 29	S*ST 国元	国元证券	放弃式重组
20	000735	2008 - 05 - 26	*ST 罗牛	罗牛山	支持性重组
21	000748	2007 - 04 - 03	*ST 信息	长城信息	支持性重组
22	000761	2004 - 04 - 30	ST 板材	本钢板材	内部自我重整
23	000766	2006 - 08 - 03	*ST 通金	通化金马	放弃式重组
24	000776	2005 - 03 - 02	*ST 延路	延边公路	支持性重组

续表

序号	证券代码	摘帽日期	摘帽前简称	摘帽后简称	重组选择
25	000783	2007-12-20	S*ST石炼	长江证券	放弃式重组
26	000789	2007-04-04	*ST江泥	江西水泥	支持性重组
27	000791	2007-03-07	ST化工	西北化工	支持性重组
28	000801	2006-06-29	ST湖山	四川湖山	支持性重组
29	000802	2006-04-12	ST京西	京西旅游	放弃式重组
30	000809	2005-04-01	ST中汇	中汇医药	放弃式重组
31	000813	2006-03-15	*ST天纺	天山纺织	内部自我重整
32	000816	2005-04-21	*ST江力	江淮动力	内部自我重整
33	000862	2007-05-10	ST仪表	银星能源	放弃式重组
34	000880	2008-05-30	ST巨力	山东巨力	支持性重组
35	000887	2008-03-06	ST中鼎	中鼎股份	放弃式重组
36	000920	2008-08-05	*ST汇通	南方汇通	支持性重组
37	000927	2004-05-12	*ST夏利	一汽夏利	支持性重组
38	000931	2005-05-12	*ST中科	中关村	支持性重组
39	000950	2007-04-05	ST建峰	建峰化工	放弃式重组
40	000951	2005-03-21	*ST重汽	中国重汽	放弃式重组
41	000965	2008-05-08	*ST天保	天保基建	放弃式重组
42	000967	2007-08-23	*ST上风	上风高科	放弃式重组
43	000980	2005-04-06	ST金马	金马股份	支持性重组
44	000982	2008-06-17	*ST中绒	中银绒业	放弃式重组
45	000993	2006-07-05	*ST闽电	闽东电力	支持性重组
46	600052	2008-06-12	*ST广厦	浙江广厦	支持性重组
47	600086	2006-06-01	G*ST多佳	G多佳	放弃式重组
48	600093	2007-08-23	*ST禾嘉	禾嘉股份	内部自我重整
49	600101	2008-03-12	*ST明星	明星电力	内部自我重整
50	600146	2006-04-24	G*ST大元	G大元	放弃式重组
51	600156	2005-04-20	*ST鑫泰	益鑫泰	支持性重组
52	600159	2006-04-19	GST宁窖	G大龙	放弃式重组
53	600173	2008-02-27	ST卧龙	卧龙地产	放弃式重组
54	600182	2005-03-18	*ST桦林	桦林轮胎	放弃式重组
55	600190	2004-03-18	ST锦州港	锦州港	支持性重组
56	600199	2007-05-11	ST金种子	金种子酒	支持性重组

续表

序号	证券代码	摘帽日期	摘帽前简称	摘帽后简称	重组选择
57	600213	2008 – 05 – 08	ST 亚星	亚星客车	放弃式重组
58	600240	2005 – 03 – 17	*ST 仕奇	仕奇实业	支持性重组
59	600386	2008 – 03 – 26	*ST 北巴	北京巴士	支持性重组
60	600429	2008 – 04 – 28	ST 三元	三元股份	支持性重组
61	600516	2008 – 03 – 06	ST 方大	方大炭素	放弃式重组
62	600552	2008 – 04 – 03	*ST 方兴	方兴科技	支持性重组
63	600576	2007 – 05 – 30	*ST 庆丰	万好万家	放弃式重组
64	600599	2008 – 06 – 17	*ST 花炮	浏阳花炮	支持性重组
65	600613	2006 – 01 – 09	*ST 永生	永生数据	放弃式重组
66	600614	2008 – 03 – 05	ST 鼎立	鼎立股份	放弃式重组
67	600738	2005 – 04 – 08	ST 民百	兰州民百	放弃式重组
68	600749	2004 – 04 – 21	*ST 圣地	西藏圣地	支持性重组
69	600767	2007 – 06 – 29	ST 运盛	运盛实业	放弃式重组
70	600776	2005 – 05 – 16	*ST 东信	东方通信	支持性重组
71	600784	2004 – 03 – 15	*ST 鲁银	鲁银投资	支持性重组
72	600828	2008 – 05 – 29	*ST 成商	成商集团	支持性重组
73	600864	2004 – 08 – 06	ST 岁宝	岁宝热电	内部自我重整
74	600869	2005 – 06 – 07	*ST 三普	三普药业	支持性重组
75	600873	2005 – 03 – 21	*ST 明珠	五洲明珠	放弃式重组
76	600886	2004 – 02 – 04	*ST 华靖	国投电力	内部自我重整

后　记

　　ST、＊ST 是每一上市公司在经营过程中可能会遇到的问题，也是财务学研究的热点。但迄今为止，相关研究主要聚焦于如何构建更为精确的困境预测模型，对于公司被 ST 或 ＊ST 而陷入困境之后的脱困问题研究则非常贫乏。笔者在攻读博士学位期间开始关注该问题，研读国内外文献、搜集各种数据资料，撰写并发表了一系列相关论文，并最终完成博士学位论文答辩。虽然在研究过程中遇到了一些困难及困惑，但是得到了众多帮助和支持：我的导师朱学义教授，为我的论文选题、框架设计、最终成稿而进行的悉心指导；各位盲审、答辩专家所提出的建设性意见；我所在单位的领导、同事对我的工作支持；我的朋友们对论文所进行的校对和修改。在此，向老师、各位专家、领导、同事和朋友们致以深深的谢意！

　　本书为笔者于 2014 年承担的河北省社会科学基金项目研究成果（项目编号：HB14GL055），获得了河北省社会科学基金、河北经贸大学学术著作出版基金及会计学河北省重点学科建设基金的资助。在本书的出版过程中，特别要感谢中国社会科学出版社编辑宫京蕾女士，她的敬业、认真和耐心，一直为我所深深敬佩，感谢她为本书所付出的辛勤劳动和汗水！

　　书稿出版之际，感慨颇多。感谢我的亲人们一直以来对我的默默奉献：父亲数次从老家来到石家庄，帮我照顾尚在上学的孩子；先生一路陪护我读完博士，如山般深情让我每每心安；儿子聪明上进又体贴懂事，成为我漫漫博士路途前行的巨大动力；还有虽因病离开、但永远在我心里守护的母亲，她是我完成学业和继续前进的精神支柱。感谢我的亲人们！

2015 年 8 月